"千万工程"的实践与应用
时间路线图

2023 年 7 月　贵州·麻江

万年清水江、千年红酸汤、百年状元府、十年蓝梦谷

2023 年 9 月　贵州·三都

全国唯一的水族自治县

2023 年 12 月　江西·婺源

"中国最美的乡村"

2024 年 3 月　福建·屏南

传统村落文化创意产业发展示范县

2023 年 7 月　贵州·麻江

"千万工程"在麻江

2023年7月，"千万工程·花园联创共富服务综合体"创设暨乡村治理人才培育启动仪式在贵州省麻江县举行。该项目由浙江省东阳市花园村、中国西部人才开发基金会和贵州省麻江县共同发起。图为麻江县委书记唐光宏（前排右一）接过服务队旗帜，标志着麻江调研行动正式启动

"千万工程·花园联创共富服务综合体"正式落地麻江。此为全国首个"千万工程·联创共富服务综合体"

服务队调研麻江县明洋食品有限公司，考察当地的酸汤产业发展情况

服务队队员入村户、看村情、问民需

"千万工程·麻江探索"的成果之一：麻江西部五村签订合作协议，依托党建引领，开展"村企联建"，共同发展高山冷凉蔬菜及康养产业

2023 年 9 月　贵州·三都

"千万工程" 在三都

2023年9月，"千万工程·联创共富"乡村治理人才培育计划在贵州省三都水族自治县启动。该项目由浙江省杭州市航民村、山东省日照市陵阳街村、中国西部人才开发基金会和三都水族自治县共同发起，是东西部协作的新一轮探索与实践

2023年9月，三都水族自治县委书记曾薇接过服务队旗帜，三都调研正式启动

"千万工程·联创带富服务队"队员入户调研三都水书文化传承情况

服务队队员与村干部座谈交流

2023 年 12 月 江西·婺源

"千万工程"在婺源

2023年12月，婺源县乡村治理人才培训启动仪式在婺源县许村镇汾水村新时代文明实践站举行。该项目由浙江省杭州市航民村、中国西部人才开发基金会和江西省婺源县共同发起

"千万工程·联创带富服务队"队员与村种植大户交流

2024 年 3 月　福建·屏南

"千万工程" 在屏南

"千万工程·联创带富服务队"队员与屏南县"新村民"刘亚伟老师交流并合影留念

服务队队员拜访屏南县委组织部并合影留念

服务队队员研究屏南园区规划图

"千万工程"的
实践与应用

——基于贵州省麻江县等地的探索

丁文锋　沈泽江　班　钢　赵艳艳 ◎ 主编

中国农业出版社

北京

图书在版编目（CIP）数据

"千万工程"的实践与应用：基于贵州省麻江县等地的探索 / 丁文锋等主编. -- 北京：中国农业出版社，2024.7. -- ISBN 978-7-109-32175-5（2024.10 重印）

Ⅰ. D638

中国国家版本馆 CIP 数据核字第 2024RY8210 号

中国农业出版社出版

地址：北京市朝阳区麦子店街 18 号楼
邮编：100125
责任编辑：刁乾超　任红伟　　文字编辑：赵冬博
版式设计：李向向　　责任校对：吴丽婷
印刷：中农印务有限公司
版次：2024 年 7 月第 1 版
印次：2024 年 10 月北京第 2 次印刷
发行：新华书店北京发行所
开本：700mm×1000mm　1/16
印张：20.5　插页：4
字数：320 千字
定价：80.00 元

编 委 会

序

践行"千万工程" 创新"人才培养"
协力谱写中国式农业农村现代化新篇章

以中国式现代化全面推进中华民族伟大复兴是全党的中心任务，中国式农业农村现代化是中国式现代化的重要基础和组成部分。推进中国式现代化，必须坚持不懈夯实农业基础，推进乡村全面振兴，一体推进农业农村现代化。学习运用"千万工程"经验，是推进农业农村现代化的重要引领和抓手，是2024年中央一号文件《中共中央 国务院关于学习运用"千村示范、万村整治"工程经验有力有效推进乡村全面振兴的意见》的主要精神和部署要求。学思践悟"千万工程"经验并分析"花园经验·麻江探索"实践，对于深入贯彻落实习近平总书记关于"三农"工作的重要论述，贯彻落实2024年中央一号文件精神，绘好宜居宜业和美乡村新画卷，以加快农业农村现代化更好推进中国式现代化建设，具有重要意义。

一、正确理解和把握中国式现代化的理论体系

党的十八大以来，我们党在已有基础上继续前进，不断实现理论和实践上的创新突破，成功推进和拓展了中国式现代化。2021年7月1日，习近平总书记在"七一"重要讲话中首提"中国式现代化"，指出"我们坚持和发展中国特色社会主义，推动物质文明、政治文明、精神文明、社会文明、生态文明协调发展，创造了中国式现代化新道路，创造了人类文明新形态"。同年11月，党的十九届六中全会指出，"党领导人民成功走出中国式现代化道路，创造了人类文明新形态，拓展了发展中国家走向现代化的途径，给世界上那些既希望加快发展又

希望保持自身独立性的国家和民族提供了全新选择"。

习近平总书记在党的二十大报告和 2023 年 2 月 7 日重要讲话中，深入阐述了中国式现代化的中国特色、本质要求、重大原则，构建了中国式现代化理论体系。党的二十大报告明确指出：从现在起，中国共产党的中心任务就是团结带领全国各族人民全面建成社会主义现代化强国、实现第二个百年奋斗目标，以中国式现代化全面推进中华民族伟大复兴。

要实现中国式现代化，首先要思考什么是"现代化"。早在 20 世纪 90 年代末，我就在《经济现代化模式研究》中对此问题进行过探讨，认为：社会变化是自古就有的现象，任何社会相对于过去的社会而言都是"现代"社会。在启蒙思想家之前，过去的学者用神意或循环论解释社会变化。直到 18 世纪，启蒙思想家开始用理性的发展作为线索试图作出全面解释。19 世纪的学者从进化论的原理出发，用生物体的进化比拟社会的进步，试图寻找出其中的规律。到了 20 世纪以后，出现工业化理论和发展理论等种种解释。我们今天所谈的"现代化"，是指工业革命以来随着科学技术在生产过程中的广泛应用而导致的社会生产力的大发展以及社会结构的根本转变的过程。

可以说，现代化起码有三个特征——自觉性、科技性、整体转变性。自觉性是指相较于近代工业革命之前人类社会的自发变化的过程，现代化是一种自觉的行动，这就把现代化与近代以前的社会变迁区别开来；科技性是指现代化是以现代科学技术在生产过程中的广泛应用为契机的，即现代科学技术发展及其应用是现代化的实质所在；整体转变性，是指科技革命不仅在生产中得以广泛应用，现代化更引起了经济、社会和政治结构的根本转变。

其次，要了解中国现代化的起步和发展过程。中国是世界上唯一一个在文明上没有断层的国家，在相当长的历史时期里始终走在世界文明发展的前列。然而，西方主要国家经过工业革命后，率先掀起现代化浪潮；中国也在新思潮和中西文化的冲撞下走上了现代化的历程。中国的现代化开始于1840年的第一次鸦片战争。英国侵略者的坚船利炮轰开了中国大门，五千年文明古国从此惨遭帝国主义列强铁蹄的蹂躏。中国人民前赴后继，不屈不挠，谱写了一曲曲悲壮激越的近代史诗，开启了现代化的艰难历程。中国现代化进程可分为三个大的阶段：一是清末，中华大地现代化起步阶段；二是民国时期，中华大地局部现代化阶段，清末和民国时期现代化的主要特点是工业化；三是新中国的现代化，包括1949年到1978年的社会主义革命和建设时期，1978年到2012年的改革开放和社会主义现代化建设时期，以及2012年以来中国式现代化形成和拓展的新时代。

要认真学习领会习近平总书记关于中国式现代化的重要论述精神，正确理解和把握中国式现代化的理论体系。习近平总书记强调，一个国家走向现代化，既要遵循现代化一般规律，更要符合本国实际，具有本国特色。中国式现代化既有各国现代化的共同特征，更有基于自己国情的鲜明特色。中国式现代化是人口规模巨大的现代化，是全体人民共同富裕的现代化，是物质文明和精神文明相协调的现代化，是人与自然和谐共生的现代化，是走和平发展道路的现代化，即呈现出这"五大特色"。中国式现代化的本质要求是坚持中国共产党领导，坚持中国特色社会主义，实现高质量发展，发展全过程人民民主，丰富人民精神世界，实现全体人民共同富裕，促进人与自然和谐共生，推动构建人类命运共同体，创造人类文明新形态，即"九个本质要求"。推进中国式现代化，必须牢牢把握"五个重大原则"：坚持和加强党的全面领导，坚持中国特色社会主义道路，坚持以人民为中心的发展思想，坚持深化改革开放，坚持发扬斗争精神。

二、正确理解和把握"中国式现代化""高质量发展""新质生产力"之间的内在联系

首先，中国式现代化是全党全国人民的中心任务，是高质量发展和形成发展新质生产力的实践载体和远大目标。"以中国式现代化全面推进中华民族伟大复兴"是"从现在起，中国共产党的中心任务"。中国式现代化是亿万人民群众的伟大实践，也是实现中华民族伟大复兴中国梦的远大理想和宏伟目标。毋庸置疑，经济社会高质量发展、新质生产力的形成发展，一方面要以中国式现代化为实践载体，投入中国式现代化的伟大实践中；另一方面也要以实现中国式现代化、实现中华民族伟大复兴的中国梦为目标，在这一目标引领下不断激励前行、创新发展。

其次，高质量发展是中国式现代化的重要组成部分和首要任务，也是形成发展新质生产力的首要任务。党的二十大报告明确指出：高质量发展是全面建设社会主义现代化国家的首要任务。发展是党执政兴国的第一要务。没有坚实的物质技术基础，就不可能全面建成社会主义现代化强国。强调"要坚持以推动高质量发展为主题"。也就是说，中国式现代化是中心任务，高质量发展是实现中心任务的首要任务。可见，高质量发展既是中国式现代化的重要组成部分，同时也是推进中国式现代化的首要任务。对于新质生产力而言，一方面要将实现中国式现代化作为宏伟目标，同时，也要将实现高质量发展作为首要任务。

最后，形成和发展新质生产力是实现中国式现代化、实现高质量发展的内在要求和重要着力点。习近平总书记指出：发展新质生产力是推动高质量发展的内在要求和重要着力点，必须继续做好创新这篇大文章，推动新质生产力加快发展。当前，高质量发展已成为经济社会发展的主旋律，但制约因素还大量存在。高质量发展需要新的生产

力理论来指导，而新质生产力已经在实践中形成并展示出对高质量发展的强劲推动力、支撑力。因此，要推进中国式现代化（包括农业农村现代化）、推进高质量发展（包括农业农村的高质量发展），就要紧紧扭住新质生产力这一重要着力点，继续做好创新这篇大文章，培育发展新质生产力的新动能；进一步全面深化改革，形成与之相适应的新型生产关系；畅通教育、科技、人才的良性循环，完善人才培养、引进、使用、合理流动的工作机制。

三、正确理解和把握中国式现代化与中国式农业农村现代化之间的内在联系

实施乡村振兴战略是关系全面建设社会主义现代化国家的全局性、历史性任务。没有农业农村现代化，就没有整个国家现代化。由此可以看出，农业农村现代化是整个国家现代化的重要组成部分，中国式农业农村现代化是中国式现代化的重要组成部分。中国式现代化理论体系为中国式农业农村现代化提供基本理论的指导，中国式农业农村现代化为整个中国式现代化的推进与实现提供物质基础和发展路径。

在这里，有必要明确农业现代化、农村现代化以及农业农村现代化的概念。农业现代化是整个经济社会现代化的基础和重要组成部分，是人类最古老的第一产业部门适应科技创新要求，不断工业化、信息化，从传统农业转化为现代农业，从自然经济转化为商品经济、市场经济的过程，是农业领域生产力与生产关系、经济基础与上层建筑互动变迁的过程。到目前为止，这个过程可分为两个先后继起、紧密联系的阶段：农业工业化（机械化、化学化、工程化等），农业信息化（数字化、智慧化）。

农村现代化是相对于城镇的农村区域，在社会现代化的大背景下，不断调整农业生产方式和农村生活方式，实现乡村与城镇及现代社会的统筹融合，从传统农村不断发展转变为现代农村，实现农村经济、

政治、文化、社会、生态文明"五位一体"现代性转化的过程。这一内涵集中体现：区域性，从空间视角一国之内的农村区域为主体；整体性，农村经济、政治、文化、社会、生态文明"五位一体"发展变化过程；现代转变性，在社会现代化的大背景下，不断调整农业生产方式和农村生活方式，实现乡村与城镇及现代社会的统筹融合，从传统农村不断发展转变为现代农村。

农业现代化、农村现代化、农业农村现代化是三个联系紧密又相互区别的概念。①农业现代化偏向于产业现代化，主要关注农业这一特定产业部门的现代化问题。②农村现代化则偏向于地域现代化，主要关注相对于城镇的农村区域现代化问题。③农业农村现代化是一个综合性概念，不是农业现代化和农村现代化的简单叠加，而是农业现代化和农村现代化相互交织、相互渗透、不可分割的统一体，"是农业现代化与农村现代化的有机耦合"。从现有研究来看，对农业现代化和农业农村现代化内涵与外延的界定较多，但对农村现代化的独立定义相对较少。

基于农业现代化、农村现代化及其与中国式现代化的内在联系，必须一体推动农业农村现代化。习近平总书记强调："农村现代化是建设农业强国的内在要求和必要条件，建设宜居宜业和美乡村是农业强国的应有之义。要一体推进农业现代化和农村现代化，实现乡村由表及里、形神兼备的全面提升。"建设农业强国，实现农业农村现代化的目标就是农业强（优化结构、构建体系、高质高效）、农村美（宜居宜业和美、治理有效、生态文明）、农民富（富裕富足、精神文明、素质提升），从"三农"角度支撑和服务中国式现代化建设，实现第二个百年奋斗目标和中华民族伟大复兴。

四、"千万工程"是深入贯彻习近平新时代中国特色社会主义思想的生动实践载体，是一体推动中国式农业农村现代化的典范

"千万工程"是"千村示范、万村整治"工程的简称。该工程是习近平总书记在浙江工作时亲自谋划、亲自部署、亲自推动的一项重大决策，是深入贯彻习近平新时代中国特色社会主义思想生动实践载体。浙江从农村环境整治入手，由点及面、迭代升级，20年持之以恒、锲而不舍推进，造就了万千美丽乡村，造福了万千农民群众，创造了农业农村现代化的成功经验和实践范例。

推广"千万工程"经验具有重大现实意义和深远历史意义。第一，推广"千万工程"经验是贯彻新发展理念的重大举措。"千万工程"是农村发展理念变革、发展方式转换的生动体现，彰显了新发展理念的实践伟力。第二，推广"千万工程"经验是加快城乡融合发展的有效途径。推广"千万工程"经验，有利于破除妨碍城乡要素平等交换、双向流动的制度壁垒，推动城市基础设施向农村延伸、公共服务向农村覆盖、资源要素向农村流动，加快形成工农互促、城乡互补、协调发展、共同繁荣的新型工农城乡关系，推动农村基本具备现代生活条件。第三，推广"千万工程"经验是建设美丽中国的有力行动。"千万工程"推动"绿水青山就是金山银山"从理念变为现实，打造了践行习近平生态文明思想的样板和典范，为推进人与自然和谐共生的中国式现代化贡献了成功方案。第四，推广"千万工程"经验是扎实推进乡村振兴的必然要求。"千万工程"积极呼应农民群众的期盼诉求，有力有效改善农村生产生活条件，实现乡村由表及里、形神兼备的全面提升，树立了乡村全面振兴的新标杆。

"千万工程"充分彰显了习近平总书记以非凡魄力开辟新路的远见卓识和战略眼光，其中蕴含的科学方法，与习近平新时代中国特色社会主义思想的世界观和方法论，一以贯之、一脉相承。中央财办、中央农办、农业农村部、国家发展改革委2023年6月26日《关于有力有序有效推广浙江"千万工程"经验的指导意见》概括为六个方面：一是人民至上、共建共享。坚持把人民的诉求和利益放在"千万工程"

的首要位置，把群众满意度作为工作成效的最高评判标准，引导群众自觉投入工程建设，共建共享美好家园。二是创新驱动、绿色发展。在促进人与自然和谐共生中，挖掘乡村多种功能、多元价值，培育新产业、新业态、新模式，提升可持续内生动力，实现"美丽乡村"向"美丽经济"的精彩蝶变。三是统筹协调、突出重点。以人居环境整治为切入点，坚持美村与富村并进、塑形和铸魂并重，统筹推进"美丽乡村、共富乡村、人文乡村、善治乡村、数字乡村"建设，实现乡村产业、人才、文化、生态、组织全面振兴。四是因地制宜、分类施策。坚持从实际出发，区分发达地区和欠发达地区、城郊村庄和传统农区，结合地方发展水平、财政承受能力、农民接受程度推进工作，标准有高有低、不搞整齐划一，真正把实事办好、好事落实。五是加强领导、完善机制。建立"一把手"亲自抓、分管领导直接抓、一级抓一级、层层抓落实的领导体制，构建科学规划、逐步扩容、投资建设、制度创新等一整套推进机制，形成领导挂帅、部门协同、分级负责的工作格局。六是锲而不舍、久久为功。坚持一张蓝图绘到底，一件事情接着一件事情办，一年接着一年干，不折腾、不动摇，不断积小胜为大胜。

为确保推广"千万工程"经验取得实效、建立长效机制，四部委（办）的指导意见中首先划出明确的底线红线，可以概括为"三不"：不超越发展阶段、不搞形象工程、不搞强迫命令。同时提出要重点抓好组织领导、宣传交流、推广运用三个方面工作：一是把全面推广"千万工程"经验贯彻到推进乡村振兴、加快建设农业强国全过程，落实到宜居宜业和美乡村建设、美丽中国建设、推进中国式现代化的各领域各方面。二是加强"千万工程"经验的理论研究和宣传阐释，提高广大党员干部学习践行的能力和水平。三是结合学习贯彻习近平新时代中国特色社会主义思想，认真组织开展"千万工程"经验案例学习，提升运用党的创新理论分析解决问题的能力，推动学习运用不断走深走实。

五、"花园经验·麻江探索"是学思践悟"千万工程"经验的可贵探索

浙江省金华市下属的东阳市南马镇花园村，是浙江省内"千万工程"的一个典范。这个村庄在"千万工程"实施过程中，通过一系列的改革和发展措施，实现了从贫穷到富裕、从小村庄到城市化的转变。"千万工程"的目标是从全省近4万个村庄中选择1万个左右进行全面整治，把其中1000个左右的中心村建成全面小康示范村。花园村正是在这个背景下，通过不懈的努力和探索，成为一个成功的案例。

花园村原是一个贫穷的小村庄，村民主要依靠农业和有限的工业收入维持生活。但在改革开放之后，花园村抓住机遇，大力发展工商业，逐渐走上了共同富裕的道路。2003年，浙江省"千万工程"会议结束后6天，时任浙江省委书记的习近平来到花园村视察，并称赞"花园真好"。在"千万工程"中，花园村的表现尤为出色。它通过实行两次"一村并九村"，扩大了村域面积，并通过兴办实业、搭建平台、多方融资等方式激活了资金要素，以旧村改造和土地整治盘活了土地资源，以健全完善的激励机制和公共服务激发了人才要素、集聚了人力资源，为经济发展提供了有力支撑。在习近平生态文明思想的引领下，花园村始终以"强党建、抓工业、兴产业、惠民生、善治理"为重点，成为产业兴旺、生态宜居、乡风文明、治理有效、生活富裕的乡村振兴样板村和美丽乡村建设示范村，先后荣获"全国文明村""全国先进基层党组织""中国十大优秀国际乡村旅游目的地""全国民主法治示范村""首批全国农村幸福社区""全国乡村旅游重点村"等近百项荣誉，成功创建国家AAAA级旅游景区，在2023年"全国名村综合影响力"排名中列第一位，被列为全省唯一的乡村振兴综合改革试点和全国唯一的村域小城市试点，浙江省"千万工程"展示馆就建在花园村。正是受益于"千万工程"的乡村革命，花园村变得更加和美、更有活力，也正是在这场革命中花园村蓄积了通向未来的强劲动力。花园村的成功经验也被广泛传播，成为其他村庄学习的榜样。

2023 年 7 月，花园村通过中国西部人才开发基金会"筑梦工程"专项基金捐赠资金，在贵州省麻江县启动了"千万工程·联创共富"乡村治理人才培育计划公益项目，支持贵州省麻江县乡村治理人才培育，成为深入贯彻习近平总书记关于"千万工程"经验的重要指示批示精神，认真学习借鉴浙江"千万工程"经验，扎实推进宜居宜业和美乡村建设的生动体现。项目开展以来，"千万工程·联创带富服务队"的青年朋友们，奋发努力，汇聚各领域专家和实践型村庄共富指导师，扎实开展各项工作，发扬和推广浙江先富带后富、促进共同富裕的"精神理念"与"方式方法"，以人才和组织振兴为切入口，走村入户深入开展调研座谈，帮助麻江打造一支复合型、专业化、合成式的人才队伍，形成 20 余份村庄发展建议书、4 份主导产业或流域或片区专题策划书和 1 份县级整体实施方案，并为之提供精准化、场景化赋能，取得了初步的实际成果，并在不断完善深化之中。

从"浙江"到"贵州"，从"花园"到"麻江"，"千万工程·联创共富"乡村治理人才培育计划公益项目作出了学习运用"千万工程"经验的积极探索，也是东西部协作的得力举措，我们将其称为"花园经验"的"麻江探索"。该探索坚持因地制宜，从麻江实际出发，学习借鉴"千万工程"经验特别是花园村的成功经验，从人才振兴入手，抓住基层治理人才这个关键，在产业振兴、生态振兴、文化振兴、组织振兴的丰富实践中做到"干中学""学中干"，为学习运用"千万工程"提供了案例参考，为县域学习运用"千万工程"经验提供了借鉴。

特别值得总结的是，麻江县委、县政府高度重视和自觉，以党建引领和统筹"千万工程"经验学习推广及公益项目推进工作，县委书记唐光宏多次去花园村考察学习，到中国西部人才开发基金会座谈交流，给"麻江探索"提供了坚强有力的组织领导保障。花园联合党委书记邵钦祥同志慷慨捐赠公益项目，多次接待麻江县和基金会的同志，介绍花园村的做法和经验，分析探讨东西交流、联创共富的路径和措施。中国国土经济学会副理事长沈泽江同志积极促成各方的合作，精心指导"千万工程·联创共富服务综合体"创设与"千万工程·联创带富服务队"工作开展；乔惠民主任积极参加调研、交流活动，给实践探索出谋划策，悉心指导。中国西部人才开发基金会"筑梦工程"专项基金管委会江龙亮、赵艳艳和中国国土经济学会副秘书长班钢等青年同志更是深入一线，刻苦奉献、勤奋努力，展现了真正的青年志愿者风范。由此也体现出，"千万工程"经验的推广，学习"花园经验"，总结"麻江探索"，实施乡村振兴，推进农业农村现代化，必须加强党的领导，更好发挥政府作用，充分发挥广大农民群众、市场与企业的主体作用，多元投入农业农村建设；同时，也需要各类社会组织和广大志愿者积极参与，发挥不可取代的助力作用。

正是基于以上考虑，本书着力在学思践悟"千万工程"经验的基础上，深入剖析"花园经验·麻江探索"的积极实践以及"千万工程"在贵州省三都水族自治县、江西省婺源县、福建省屏南县等地的再实践，旨在为全国各地学习运用"千万工程"提供实践教材和示范样板。本书选题新颖，主题重大，论述清楚，案例鲜活，理论与实践相结合，是来自一线的学思践悟新成果，郑重推荐给广大基层干部、各类乡村建设者与服务者、所有关心农业农村现代化的人们共同研读。由于时间有限，难免存在错漏，诚挚欢迎各领域专家学者和读者朋友提出宝贵的意见和建议。

推广"千万工程"是贯彻新发展理念的重大举措，是加快城乡融合发展的有效途径，是建设美丽中国的有力行动，也是扎实推进乡村振兴的必然要求。中国西部人才开发基金会愿与各方携手，重点培养一批政治强、能带富、善治理的乡村振兴带头人，成为推进"千万工程"的领头雁，形成县域人才队伍的"雁阵"，为打造高质量发展的乡村振兴示范样板，加快推进中国式农业农村现代化作出积极贡献！

丁文锋

2024 年 5 月

前　言

2003年6月，浙江省启动实施"千村示范、万村整治"工程（简称"千万工程"）。从全省4万个村庄中选择1万个左右的行政村进行全面整治，把其中1000个左右的中心村建成全面小康示范村。20年来，"千万工程"久久为功、扎实推进，造就浙江万千美丽乡村，造福万千农民群众，成效显著、影响深远。2018年9月，"千万工程"被联合国环境规划署授予最高环保荣誉——"地球卫士奖"。

2023年是"千万工程"实施20周年，习近平总书记专门作出重要批示，为新时代新征程以学习运用浙江"千万工程"经验为引领、全面推进乡村振兴提供了根本遵循和行动指南；2023年6月，中央财办、中央农办、农业农村部、国家发展改革委四部委（办）联合印发《关于有力有序有效推广浙江"千万工程"经验的指导意见》，进一步明确了学习运用浙江"千万工程"经验的任务要求、底线红线和长效机制；2024年中央一号文件《中共中央 国务院关于学习运用"千村示范、万村整治"工程经验有力有效推进乡村全面振兴的意见》，以学习运用"千万工程"经验为引领，对当前及今后一个时期"三农"工作进行系统部署。

2023年7月，一场学习运用"千万工程"的实践在贵州省麻江县落地。以浙江花园村和麻江县的协作帮扶为契机，以"千万工程·联创带富服务队"（简称服务队）为实施主体，"千万工程·联创共富"乡村治理人才培育计划公益项目（简称乡村治理人才培育计划）正式落地麻江县，从人才和组织振兴入手，通过深入调研和项目策划，致力帮助麻江打造一支复合型、专业化、合成式的人才队伍，并形成基层组织可以落地实施的"项目清单"，通过精准化的资源对接和持续赋能，帮助基层干部将思想、理念转化为乡村发展的实际成果。

这场基于区域实践的西部县域学习运用"千万工程"经验的积极探索，被称之为"千万工程"的"麻江探索"，旨在为县域学习"千万工程"提供案例参考和借鉴。从"探索"到"再实践"，再到总结提炼，"麻江探索"仅仅是一个起点，在深入剖析"麻江探索"经验的基础上，服务队不断优化服务路径和内容，并先后将"麻江探索"的理论与实践成果应用于贵州省三都水族自治县、江西省婺源县和福建省屏南县等地。其中三都探索如何通过一个县域的乡村振兴实践来推动一个少数民族地区的发展，婺源县探索乡村发展较好的区域如何通过学习运用"千万工程"经验带动县域乡村全面振兴，屏南县则是基于偏远山区县乡村振兴成果的总结和提升。通过这几个县域的再实践，让"麻江探索"有了更多的落地路径和适用场景。

本书是对"千万工程"麻江探索及其再实践的提炼和总结，核心内容包括四个方面：

第一，从背景、阶段、经验和案例的角度，对浙江"千万工程"20周年的实践进行全面的梳理和总结，深刻领会学习"千万工程"蕴含的战略思维、变革理念、系统观念、为民情怀、问题导向。

第二，对"麻江探索"的来龙去脉进行了详细阐述，重点是对探索的理念、路径、内容和特色进行了详细阐释。乡村振兴是未来最重要的任务，但乡村振兴怎么做？中央进行了一系列的决策部署，各地制定了一系列的行动指南和方案，社会各界也在探寻乡村振兴的有效路径。麻江探索是在深入总结浙江名村特别是东阳花园村的发展经验的基础上，立足麻江的资源禀赋和现实状况作出的尝试，是一个西部县域率先开启的贯彻"千万工程"的探索与实践。

第三，麻江的试验性探索能否在其他区域得到有效应用？"知是行之始，行是知之成"，只有不断地升华和传播，上下打通，才能成为有效的知识。在优化、完善麻江经验的基础上，服务队不断改进，由点及面，延伸到三都水族自治县、婺源县等地，并争取落地，探索既有普遍性又有独特性的方法和路径。

第四，将"千万工程·联创带富服务队"的工作实践化、专业化、系统化，将服务队推动区域乡村振兴思想理念和方法实践以具体服务内容的形式展现给读者。乡村振兴是一个系统工程，需要全社会的共同参与，服务队聚集了一批懂农村、爱农村的专业团队，并通过长期服务乡村的资源积累，形成了独特的落地逻辑和系统成果。

从上述四个方面出发，本书分为四个篇章，且每个篇章各有侧重。

学习篇侧重经验的梳理与总结。"千万工程"是怎样提出、实施和推进的，具体的历程和措施是什么，是怎样因地制宜、科学规划，提供了哪些值得借鉴的做法与经验，这都是我们学习运用"千万工程"首先想要了解的。本篇从实施背景、发展阶段、做法与经验、启示与突破等角度对"千万工程"的发展历程进行了全面的梳理，特别是从党建引领乡村、生态扮靓乡村、产业兴旺乡村、文化浸润乡村、融合带动乡村、惠民温暖乡村六个方面，对浙江不同区域涌现出的实践"千万工程"的典型经验进行了细致地归纳，比如新时代枫桥经验、后陈经验、共富工坊等。此外，本篇还从县域和村庄两个维度精选了"千万工程"的典型案例，其中对浙江花园村、航民村发展历程和经验给予了全面的剖析。

探索篇作为全书的最主要部分，是对麻江探索的由来、过程和在实践过程中的路径、内容、方法和成果进行的总结。源于一个西部刚刚摆脱贫困的县对发展的强烈渴望，通过与浙江花园村的紧密联结，到引入服务队，再到"千万工程"的学习实践，一个新的尝试与探索在麻江孕育。从如何帮助麻江打造乡村振兴人才队伍着手，通过主题报告、专题研讨、结构化研讨、场景化研学等手段，系统提升复合型乡村治理人才的基础认知、创新服务和现代治理等能力；针对麻江乡村现状，坚持"点、线、面"协同推进的发展思路，围绕乡村建设、乡村产业和乡村治理的目标，分类规划实施，形成了特色庭院经济设计、特色产业谋划、特色村庄规划等乡村建设方案，探索了跨界合作、区域联建、三产融合、文化铸魂、村企联动等产业提升路径，"蓝莓第一村"——光明村、"酸汤第一村"——共和村等村庄品牌的提出和打造让人耳目一新；政府主导、部门配合、社会资助、企业参与的多元共治的乡村工作机制，坚持问题导向，将"千万工程"经验转化为方法论，对不同发展阶段的村庄分类施策，逐步构建高效现代和美的乡村治理新局面。

应用篇是"麻江探索"的再实践。在总结麻江探索经验的基础上，服务队不断完善服务模式和内容，相继开展了三都、婺源等县域的乡村治理人才培育计划，将麻江探索的成果应用于更多的区域。再实践过程中，服务队针对县域现状，突出特色和亮点，做到每个区域都有几项核心抓手。比如在三都，侧重于少数民族的先行示范，解决了一个县的乡村振兴问题，就解决了一个民族的发展问题；婺源县名气大、发展特色鲜明，服务队突破以往整县推进的思路，精选婺源发展相对缓慢的西部三个乡镇，以赋春田园谷和水口林文化的申遗作为统筹区域的总体抓手，以新时代文明实践站的创新探索为末端抓手，聚焦特色村庄、带动周边村庄、联动区域发展、聚合全县示范；屏南县敢试敢飞，用新理念、新政策引进优秀人才，引领乡村文创产业发展，把日渐"空心化"的乡村建设成为美丽家园，服务队在此基础上为其策划了党建学习品牌和多条特色研学线路，提升了"践行两个结合"推动传统村落发展的新路径，推动了"空间经济"变"主体经济"。这些因地制宜的实践推广，为服务更多地区奠定了基础。

服务篇以"乡村治理人才培育计划"公益项目为案例，从服务队的视角出发，阐述学习践行"千万工程"推动区域乡村振兴的思想理念和实践方法，从服务队的基本情况、能力支撑入手，对服务队和"千万工程·联创带富"的下一步服务方向作了说明，而服务队成员和服务区域的县、镇、村干部的反馈，也为联创带富服务补充了多维视角，留下了鲜活资料。

本书在思想理念和实践方法上取得了一定突破，主要体现在县域乡村振兴人才队伍构建与赋能、特色产业项目策划与资源精准对接、场景化公共服务与市场化持续运作等方面。然而，书中内容距理想仍有差距，希望未来在深入运用"千万工程"经验、全面推动乡村振兴的实践中，进一步开展系统化理论的研究和体系化服务的构建，以期为乡村振兴、城乡融合和高质量发展、高品质生活贡献力量。

本书编委会

2024 年 5 月

CONTENTS
目　录

序

前言

学习篇·学思践悟"千万工程"

第一章　"千万工程"的发展历程与经验　　　　　　　　　　　/2

　　第一节　"千万工程"的实施背景　　　　　　　　　　　　/2

　　第二节　"千万工程"的发展阶段　　　　　　　　　　　　/4

　　第三节　"千万工程"的做法与经验　　　　　　　　　　　/8

　　第四节　"千万工程"的启示与突破　　　　　　　　　　　/21

第二章　"千万工程"的浙江案例　　　　　　　　　　　　　/23

　　第一节　县级案例　　　　　　　　　　　　　　　　　　/23

　　第二节　村级案例　　　　　　　　　　　　　　　　　　/35

第三章　"千万工程"的学习思考　　　　　　　　　　　　　/64

　　一张蓝图绘到底——浅析"八八战略"引领下的"千万工程"　/64

　　创造多功能的经济社会发展新空间——从文化和治理角度认识"千万工程"　/74

$$探索篇·"千万工程"的麻江探索$$

第四章　缘起·一个西部县的向外观　　/82

　　第一节　这里的麻江"酸甜美"　　/82

　　第二节　能人引路，结缘浙江花园村　　/86

　　第三节　基金助力，开启新一轮东西部协作　　/91

　　第四节　融创共建，"富共体"落地麻江　　/93

第五章　聚力·打造乡村振兴人才队伍　　/105

　　第一节　人才队伍的组成和构建　　/105

　　第二节　人才培训的 N 种方式　　/115

　　第三节　不同人才的协同共进　　/125

第六章　共创·谋划麻江发展新蓝图　　/129

　　第一节　乡村建设：宜居宜业和美　　/129

　　第二节　乡村产业："专精特新"联动　　/146

　　第三节　乡村治理：高效现代和美　　/161

第七章　赋能·构建系统的发展支撑　　/173

　　第一节　人的赋能：示范引领带动　　/173

　　第二节　事的赋能：降本提质增效　　/180

　　第三节　场景赋能：共享共治共生　　/189

第八章　突破·麻江探索的经验与启示　　/195

　　第一节　麻江探索的经验　　/195

　　第二节　麻江探索的突破与创新　　/204

　　第三节　麻江探索的成果和启示　　/208

应用篇·"千万工程"的再实践

第九章　"千万工程"在三都 ································ 214

第一节　三都乡村振兴的实践 ·························· 214

第二节　三都践行"千万工程"的突破 ·················· 218

第三节　三都探索的经验与启示 ······················ 223

第十章　"千万工程"在婺源 ·························· 227

第一节　婺源乡村振兴的实践 ·························· 228

第二节　婺源践行"千万工程"的突破 ·················· 232

第三节　婺源探索的经验与启示 ······················ 236

第十一章　"千万工程"在屏南 ························ 245

第一节　屏南乡村振兴的实践 ·························· 245

第二节　屏南践行"千万工程"的突破 ·················· 249

第三节　屏南探索的经验与启示 ······················ 254

服务篇·践行"千万工程"的探索与服务

第十二章　"千万工程·联创带富"的服务探索 ·········· 258

第一节　走进"千万工程·联创带富服务队" ············ 258

第二节　"千万工程·联创带富"的未来方向 ············ 266

第十三章　联创带富服务感言集锦 ···················· 278

第一节　服务感言 ·································· 278

第二节　参与反馈 ·································· 294

后记 ·· 300

学思践悟『千万工程』

　　2003年6月，浙江省拉开了实施"千村示范、万村整治"工程（"千万工程"）的帷幕。一项新蓝图在之江大地展开，20多年久久为功，"千万工程"造就了万千美丽乡村，造福了万千农民群众。2018年9月，联合国环境规划署将年度"地球卫士奖"中的"激励与行动奖"颁给了浙江省的"千村示范、万村整治"工程。"浙江省'千村示范、万村整治'工程这一极度成功的生态恢复项目表明，让环境保护与经济发展同行，将产生变革性力量。"这是联合国环境规划署给"千万工程"的颁奖词。让环境保护与经济发展同行，这是新发展理念在浙江省的实践与应用。浙江省"千万工程"经验为乡村振兴提供了新路径和新方法。

　　本篇试图追寻浙江省20多年的脚步，还原"千万工程"的背景与历程，解读浙江省"千万工程"的县域和村域案例，总结、学习、运用"千万工程"经验，深刻领会并学习"千万工程"蕴含的战略思维、变革理念、系统观念、为民情怀、问题导向。

第一章

"千万工程"的发展历程与经验

　　20多年来，浙江省"千万工程"不断迭代升级，从"千村示范、万村整治"引领起步，推动乡村更加整洁有序，到"千村精品、万村美丽"深化提升，推动乡村更加美丽宜居，再到"千村引领、万村振兴"迭代升级，推动乡村实现共富、共美，"千万工程"的内涵不断得到深化、外延不断得到扩展、成果不断得到放大。

第一节　"千万工程"的实施背景

　　2002年年底，浙江省经历了改革开放以来20多年的高速发展，已实现了由温饱向小康的历史性跨越，浙江大地呈现出一派蓬勃发展的生机。浙江省已经从一个资源小省一跃成为经济大省，经济社会发展水平和农民人均收入都处在全国前列。

　　2002年，浙江全省的经济继续保持较快增长，实现地区生产总值7 670亿元（1978年，浙江省的地区生产总值才123.72亿元）。2002年，全省人均地区生产总值为16 570元，比上年增长11.7%。2002年，浙江全省城镇居民人均可支配收入为11 716元，农村居民人均纯收入4 940元[①]。作为对比参考数据，2002

---

① 浙江省统计局.2002年浙江省国民经济和社会发展的统计公报.http：//tjj.zj.gov.cn/art/2020/6/19/art_1229129205_519745.html.

年，我国国内生产总值跃上 10 万亿元的新台阶，达到 102 398 亿元，全国城镇居民人均可支配收入 7 703 元；农村居民人均纯收入 2 476 元。浙江省地区生产总值约占全国的 7.5%，浙江省农村居民人均纯收入是全国农村居民人均纯收入的近 2 倍。

从当时浙江省"全面建设小康社会、提前基本实现现代化"的目标来看，浙江省人民的生活水平总体上已达到小康标准，但达到的还是低水平、不全面、不平衡的小康。当时，浙江省城乡差距很大。"这种低水平、不全面、不平衡，主要反映在农村。农村环境脏乱差非常突出，农村道路、水电等基础设施落后，农村教育、医疗、卫生、文化等公共事业发展滞后，与农民对美好生活的要求形成了强烈的反差。"①

如何处理经济发展与环境保护的关系？这已经是摆在浙江省发展面前的一项必须解决的课题。浙江省的"千万工程"是在工业化、城市化极速推进、人均国内生产总值超过 2 000 美元的时代背景下，着眼于缩小城乡差距，改变农村环境脏乱差及基础设施、社会事业发展滞后的状况而实施的。

没有调研就没有发言权。刚到浙江省工作不久的习近平，用了 118 天的时间，跑遍 11 个地级市，深入浙江省实地开展调研。在深入调查研究后，一项深谋远虑的历史性工程即将开始。

2003 年 6 月，习近平同志从浙江省农村人居环境脏乱差及农村基础设施和公共服务严重滞后的实际出发，亲自调研、部署、推动了"千村示范、万村整治"工程，深入推进新农村建设。"村美、户富、班子强"成为初始目标。

浙江省于 2002 年年底提出生态省建设战略；2003 年，创建生态省成为"八八战略"的重要组成部分。在浙江省"千村示范、万村整治"工作会议上，习近平指出，建设生态省，打造绿色浙江，农村是重点、是难点，也是主战场。会议部署了之后 5 年实施"千村示范、万村整治"工程的目标任务：从浙江全省近 4 万个村庄中选择 1 万个左右的行政村进行全面整治，把其中 1 000 个左右的中心村建设成全面小康示范村。

---

① 顾益康．"千万工程"与美丽乡村．杭州：浙江大学出版社，2021.

第二节 "千万工程"的发展阶段

"千万工程"有一个迭代升级的过程：2003—2010年为第一阶段（"千村示范、万村整治"），从人居环境整治入手，环境变革触发了生态变革；2011—2020年为第二阶段（"千村精品、万村美丽"），美丽乡村的建设带来了产业、文化和城乡重构的变革；2021年，"千万工程"进入第三阶段（"千村引领、万村振兴"），堪称中国式现代化在"三农"领域的"先声"。

一、"千村示范、万村整治"（2003—2010年）

2003年6月5日，在世界环境日这一天，"千万工程"启动会召开，实施以农村生产、生活、生态的"三生"环境改善为重点，以改善农村生态环境、提高农民生活质量为核心的村庄整治建设行动。

在浙江省"千万工程"启动会召开6天后，习近平同志调研的第一个村庄是金华市东阳市城东街道寀卢村，习近平指出，农村工作做得好，关键是要有一个好的基层党组织和一个好的带头人。

2004年7月，"千万工程"的第一次现场会在湖州市召开，会议指出，"千万工程"是统筹城乡的"龙头工程"，是全面小康的"基础工程"，是优美环境的"生态工程"，是造福农民的"民心工程"。同时，会议体现了从树点到扩面的发展思路：实施"千村示范、万村整治"工程，"千村示范"提供的是样板，"万村整治"要求的是扩面。要以点带面、点线结合，逐乡逐镇成片推进，不断扩大整治成果。

2005年8月，在嘉兴市召开的第二次现场会提出，要建立健全体现群众愿望、时代特征、与时俱进要求的建设扩容机制，不断丰富和拓展工程建设的内涵与外延。

2006年8月，在台州市召开的第三次现场会提出，要把对传统农村的改造和对传统农业、传统农民的改造有机结合起来，整体推进农村生产、生活、生态条件的改善。

三次现场会实现了从扩面、扩容再到整体推进的演变。同时，强调了"两个结合"：把整治村庄与经营村庄结合起来，把改善村落村貌与发展生产、富裕农民结合起来。把村庄整治过程变成开发利用乡村特色优势资源、发展特色产业的过程，让更多的村庄成为充满生机活力和特色魅力的富丽乡村。

2007 年 8 月 30 日，浙江省"千村示范、万村整治"工程现场会在衢州市召开。会议强调，全面冲刺"千万工程"五年目标，着力提高工程建设水平，努力走出一条资源节约、环境友好、城乡一体的整治建设路子，使浙江省新农村建设走在全国前列。截至当年年底，浙江省累计建成全面小康示范村 1 181 个，建成环境整治村 10 303 个，全面完成了 2003 年提出的"千万工程"阶段性目标。

从 2003 年到 2010 年，浙江省将"千万工程"作为"一把手"负责工程来抓，以此来推动这项省域范围内的人居环境整治工程。2010 年 8 月，现场会首次提出了美丽乡村建设，从而使美丽乡村建设成为"千万工程"的新目标。2010 年 9 月 25—26 日，浙江省委、省政府召开全省美丽乡村建设座谈会，会议明确了美丽乡村建设的内涵、要求、实施重点。

二、"千村精品、万村美丽"（2011—2020 年）

2010 年 12 月 31 日，浙江省委、省政府印发《浙江省美丽乡村建设行动计划（2011—2015 年）》，提出了"四美三宜两园"的目标要求，美丽乡村建设成为"千村示范、万村整治"工程的新目标。从人居环境整治到美丽乡村建设，意味着浙江"千万工程"发展进入了新阶段。可以说，美丽乡村建设是"千村示范、万村整治"工程的 2.0 版。

《浙江省美丽乡村建设行动计划（2011—2015 年）》主要规划了 4 项主要任务。一是实施"生态人居建设行动"。按照"规划科学布局美"的要求，推进中心村培育、农村土地综合整治和农村住房改造建设，改善农民居住条件，构建舒适的农村生态人居体系。二是实施"生态环境提升行动"。按照"村容整洁环境美"的要求，突出重点、连线成片、健全机制，切实抓好改路、改水、改厕、垃圾处理、污水治理、村庄绿化等项目建设，扩大"千村示范、万村整治"工程的建设面，提升建设水平，构建优美的农村生态环境体系。三是实施"生态经济推进行动"。按照"创业增收生活美"的要求，编制农村产业发展规划，推进产业集聚升级，发展新兴产业，促进农民创业就业，构建高效的农村生态产业体系。四是实施"生态文化培育行动"。按照"乡风文明身心美"的要求，以提高农民群众生态文明素养、形成农村生态文明新风尚为目标，加强生态文明知识普及教育，积极引导村民追求科学、健康、文明、低碳的生产生活和行为方式，增强村民的可持续发展观念，构建和谐的农村生态文化体系。

简而言之，《浙江省美丽乡村建设行动计划（2011—2015年）》提出了"四美三宜两园"的目标要求。"四美"主要聚焦科学规划、村容村貌、乡村经济和乡村文化。具体指"规划科学布局美"：在新农村建设中，要有科学合理的规划，确保布局合理，美观宜人；"村容整洁环境美"：强调村庄的卫生和整洁，打造宜人的居住环境；"创业增收生活美"：通过发展乡村经济，增加村民收入，提高生活水平；"乡风文明身心美"：注重乡村文化建设，提升村民的文化素质和精神风貌。"三宜"指宜居、宜业、宜游。宜居指村庄适合居住，具有良好的居住环境和生活条件；宜业意味着村庄能够提供良好的就业机会和创业环境，使村民能够通过劳动获得收入；宜游表示村庄具有旅游价值，能够吸引游客，促进乡村旅游的发展。"两园"指农民幸福生活的家园、城市居民休闲旅游的乐园。农民幸福生活的家园指村庄是农民幸福生活的场所，拥有良好的生活设施和服务；城市居民休闲旅游的乐园则指村庄对城市居民具有吸引力，是休闲旅游的好去处。

美丽乡村建设以县为单位，系统推进，是对乡村发起的一项全面、系统的乡村建设行动，这为浙江省的乡村振兴奠定了重要基础。

党的十八大首次提出"美丽中国"执政理念，生态文明建设的作用被反复强调。2015年10月，在十八届五中全会上，"美丽中国"首度被纳入《中华人民共和国国民经济和社会发展第十三个五年规划纲要》，加快建设资源节约型、环境友好型社会，推进美丽中国建设的步伐加快。2016年，为响应生态文明建设和建设美丽中国新要求，加快推进浙江省"两富"（物质富裕、精神富有）建设、"两美"（美丽浙江、美好生活）建设，进一步深化美丽乡村建设，打造美丽乡村升级版，浙江省委、省政府印发《浙江省深化美丽乡村建设行动计划（2016—2020年）》，为下一个五年浙江省的美丽乡村建设提出了新规划、新要求，这可以看成"千万工程"的3.0版。该行动计划提出，美丽乡村建设从"一处美"向"一片美"转型，突出"以点带面"，注重把"盆景"变成"风景"。

三、"千村引领、万村振兴"（2021—　　）

新形势下，浙江再出发，加快速度绘就"千村引领、万村振兴、全域共富、城乡和美"的新画卷。

"千村引领"，即深化运用先行示范、典型引路、以点带面的理念方法，在全省选树建成1000个左右的景美人和、业兴共富示范村，差异化打造、特质化发展、全域化提升，加快探索走出中国式农业农村现代化新路径；"万村振兴"，即深化运用尊重规律、因地制宜、分类施策的理念方法，全面推进乡村产业、人才、文化、生态、组织"五个振兴"，形成全省1.97余万个行政村比学赶超、争先创优、千帆竞发、万马奔腾的生动局面；"全域共富"，即深化运用扬长补短、共建共享、务实求实的理念方法，推动高质量发展建设共同富裕示范区，以缩小收入差距、城乡差距、地区差距为目标，大力推进强村富民乡村集成改革，全方位促进农民农村共同富裕；"城乡和美"，即深化运用党政主导、统筹协调、塑形铸魂的理念方法，坚持新型城镇化战略和乡村振兴战略"双轮驱动"，坚持农村物质文明和精神文明相协调，加快破除城乡二元结构，全面构建城乡居民幸福共同体。

2022年，为持续深化"千万工程"，促进农民农村共同富裕，按照浙江省委、省政府关于全面推进乡村振兴、争创农业农村现代化先行省的有关部署，经省政府同意，浙江省政府办公厅发布了《浙江省人民政府办公厅关于开展未来乡村建设的指导意见》。该意见提出了未来乡村建设的总体目标："有农村区域的县（市、区）每年开展1～3个未来乡村建设。自2022年开始，全省每年建设200个以上未来乡村。到2025年，全省建设1000个以上未来乡村。"

浙江省的"千万工程"是一场省域总动员：每年召开高规格现场会，省、市、县党政"一把手"参加，形成了党政"一把手"亲自抓、分管领导直接抓、一级抓一级、层层抓落实的工作推进机制，并且建立起相应的绩效考核机制，强化了奖惩激励。同时，完善了党组织领导的自治、法治、德治相结合的治理体系，创新了乡村治理抓手和载体。

第三节 "千万工程"的做法与经验

浙江省的"千万工程"是一个系统性工程。其具体做法主要包括党建引领乡村、生态扮靓乡村、产业兴旺乡村、文化浸润乡村、融合带动乡村、惠民温暖乡村6个方面。

一、党建引领乡村

"千万工程"坚持党的领导、强化党建引领，有利于充分整合各类资源、有效激发各方力量，将各项工作落地落实，为形成共建共治共享良好局面打下坚实基础。具体做法与经验主要有新时代"领雁工程"、党建联建与"共富工坊"、农村工作指导员制度、新时代"枫桥经验"、"后陈经验"、"四治融合"乡村治理体系等。

(一)新时代"领雁工程"

浙江省实施新时代"领雁工程"，旨在破解村（社区）带头人队伍建设存在的问题并补齐短板，打造能担强振兴、促共富重任的基层骨干队伍。同时，加强对村（社区）干部的监督管理，全面开展村级组织换届届中"回头看"，对村（社区）组织运行、村党组织书记和村"两委"班子成员进行政治素质"体检"。浙江省大力实施新时代"领雁工程"，系统构建村干部培训、课程、学制、考评"四大体系"，近年来全员轮训 12.6 万名村"两委"干部，每年遴选 2 000 名村党组织书记和后备力量参加省级培训。

(二)党建联建与"共富工坊"

党建联建是党建统领先富带后富、区域共同富的有效路径，"共富工坊"是深化强村富民乡村集成改革的创新探索。近年来，浙江省各地、各部门把党建联建和党建引领"共富工坊"建设摆在重要位置，通过以强带弱、以城带乡、优势互补等方式，因地制宜推行各具特色的联建方式和工坊组建模式，推动组织共建、产业共兴、资源共享、治理共抓，取得了明显成效。

中共浙江省委组织部充分发挥党组织政治功能和组织功能，坚持党建引领"共富工坊"建设，畅通村企合作渠道，搭建村企合作平台，促进农民在家门口就业增收。截至2023年，浙江省共建成"共富工坊"5 599家，累计吸纳27.8万农民就业，人均月增收约2 600元，合计年增收约87亿元[①]。

"共富工坊"是浙江省高质量发展建设共同富裕示范区的一大创举，被国家发展和改革委员会列入《浙江高质量发展建设共同富裕示范区第一批典型经验》，其目的是实现农民增收、企业增效、集体增富、百姓增信。

"共富工坊"的建设方式主要是坚持组织共建、市场运作、精准服务、政策支持4个方面。

（三）农村工作指导员制度

农村工作指导员制度是习近平同志在浙江工作期间部署推动的一项重要制度，即从各级机关挑选一批党员干部下农村，基本实现全省每个行政村都派驻一位农村工作指导员。自此开始，浙江省农村工作指导员制度实施了20年。

2004年3月，浙江省委办公厅、省政府办公厅下发《关于建立农村工作指导员制度的通知》，省派首批100名农村工作指导员奔赴情况最复杂的村子，带动市、县、乡选派3.8万名机关干部，实现了村村都有农村工作指导员。

此后，省级层面7次发文、7次召开会议深化推进，不断推动这项工作走深走实，使之成为浙江省加强农村党建、促进乡村发展、密切党群关系、培养优秀干部的重要抓手、重大工程。农村工作指导员制度紧扣"推动党委、政府工作重心下移"这条主线，浙江省始终坚持把农村工作指导员制度作为忠实践行"八八战略"、深入推进"千万工程"的重要抓手，自上而下推动各地不断深化探索，使农村工作指导员这支队伍成为乡村振兴的重要力量。20年来，浙江省各级共选派48万余名农村工作指导员奔赴基层。

[①] 第三节关于浙江省"千万工程"的统计数据皆来自浙江省官方公开发布的新闻，特别说明的除外。

这项制度是"千万工程"得以取得成功的人才保证。一批又一批的年轻干部深入基层，接续奋斗，团结带领干部群众脱贫致富奔小康，成为农村改革发展的"领头雁"。这项制度既培养、锻炼了储备人才，又为乡村发展注入了活力。

（四）新时代"枫桥经验"

"枫桥经验"是指20世纪60年代初，浙江省诸暨县（现诸暨市）枫桥镇干部群众创造的"发动和依靠群众，坚持矛盾不上交，就地解决，实现捕人少、治安好"的经验。为此，毛泽东同志在1963年就曾亲笔批示："要各地仿效，经过试点，推广去做。""枫桥经验"由此成为全国政法战线的一面旗帜。

之后，"枫桥经验"得到不断发展，形成了具有鲜明时代特色的"党政动手，依靠群众，预防纠纷，化解矛盾，维护稳定，促进发展"的"新时代枫桥经验"，成为新时期把党的群众路线坚持好、贯彻好的典范。2023年11月6日，习近平会见全国"枫桥式工作法"入选单位代表，并勉励他们再接再厉，坚持和发展好新时代"枫桥经验"，为推进更高水平的平安中国建设作出新的更大贡献。浙江省近年来，坚持和发展新时代"枫桥经验"，完善群防群治的常态化制度机制，完善社会矛盾纠纷多元预防调处化解机制。

（五）"后陈经验"

"后陈经验"是浙江省金华市武义县白洋街道后陈村在探索基层治理的过程中创新提出的关于村务监督机制的经验，简单来说指"一机构两制度"，即后陈村村务监督委员会独立监督村里的财务、村务情况；通过了《后陈村村务管理制度》和《后陈村村务监督制度》。"后陈经验"得到不断发展，逐渐从"治村之计"上升为"治国之策"，推动了村务监督制度的全国推广，完善了村民自治下的监督机制。新时代，浙江省不断创新"后陈经验"，加强对村级小微权力的监督，深化清廉村居建设。

（六）"四治融合"乡村治理体系

浙江省围绕农业农村现代化先行省和高质量发展建设共同富裕示范区的定位

要求，以率先实现乡村治理现代化为目标，大力构建自治、法治、德治、智治"四治融合"的乡村治理体系，持续深化全国乡村治理建设体系试点示范建设。当前，浙江省党建统领的乡村治理体制得到不断完善，"四治融合"的乡村治理体系得到有效构建，"万村善治"的品牌创建得到持续推进。浙江省着眼于率先建成"全国乡村治理现代化先行区"，不断加强乡村治理体系建设试点探索，打好自治、法治、德治、智治协同发力"组合拳"。在自治方面，浙江省宁波市象山县持续打造"村民说事"品牌，迭代升级"线上说事"等。在法治方面，浙江省深入开展民主法治示范村创建活动，推广"法治驿站""一米阳光""法律诊所"等做法，实现了每村配有一名法律顾问。在德治方面，浙江省推进移风易俗工作，立好、用好村规民约，推广婚丧喜事流程规约制、标准菜单制、金牌厨师制、礼堂准入制等机制，倡导婚事新办、丧事简办。探索建立"好家风信用贷""好家风褒奖礼"激励机制，擦亮"浙江有礼·好家风"品牌。在智治方面，浙江省紧跟"数字强省"建设步伐，创新数字驱动的乡村治理路径。浙江省杭州市建德市与阿里巴巴合作开发了"乡村钉"平台并基本实现了村户全覆盖，该平台获得"2020年度中国十大社会治理创新典范"奖。

二、生态扮靓乡村

生态建设主要包括以垃圾治理、污水治理、"厕所革命"为主要内容的农村人居环境整治，以及全域"大花园"建设等。

（一）垃圾治理

小垃圾，大革命。生活垃圾治理是关键小事，也是民生大事，更是治理难事。浙江省把垃圾治理作为"千万工程"的重要内容，垃圾治理从一般收集处理发展到规范化分类处理，逐步实现常态保洁、分类处理、资源化利用，基本实现"零增长"和"零填埋"。截至2022年年底，浙江省建成农村生活垃圾资源化处理站点1 217个，回收利用率63％、资源化利用率超过99％、垃圾分类行政村覆盖面达100％、无害化处理率达100％。

浙江省垃圾治理主要有4个阶段。

一是试点示范阶段（2003—2006年），一般收集处理。2003年启动"千村示范、万村整治"工程，垃圾治理主要内容为垃圾集中处理、无害化处理。2005年，全省"千村示范、万村整治"工程现场会提出，要从花钱少、见效快的农村垃圾集中处理、村庄环境清洁入手，推进村庄整治。

二是重点整治阶段（2007—2013年），初步资源化。2007年提出垃圾"再利用、资源化"新要求，并关注长效保洁机制，完善垃圾处理设施，探索市场化处理的方式，形成了较为系统的生活垃圾收集处理机制。

三是攻坚治理阶段（2014—2018年），全面推行垃圾分类。2014年印发《关于开展农村垃圾减量化资源化处理试点的通知》，在减量化的基础上积极推进垃圾资源化利用，工作重心逐步从集中收集、有效处理转向分类处理。2018年，浙江省发布《农村生活垃圾分类管理规范》，这是全国首个农村生活垃圾分类管理地方标准。2018年出台《浙江省农村生活垃圾分类处理工作"三步走"实施方案》，提出"一年见成效、三年大变样、五年全面决胜"目标。

四是全面决胜阶段（2019—），垃圾零增长。2020年出台《2020年度浙江省农村生活垃圾分类处理实施方案》，全省农村生活垃圾总量基本实现"零增长"，生活垃圾"零填埋"。2022年出台《2022年度浙江省农村生活垃圾分类处理工作实施方案》，全省实现了农村生活垃圾资源化利用率、设区市农村生活垃圾分类覆盖率和无害化处理率3个100％。2023年出台《关于高质量推进农村生活垃圾分类收运和处置体系综合提升工作的意见》，要求加快建立"四分四定"农村生活垃圾分类处理体系，全面提升农村生活垃圾减量化、资源化、无害化水平。

金华市"二次四分法"

金华市首创农村生活垃圾分类"二次四分法"，农户按"会烂""不会烂"进行源头分类，分拣员按"好卖""不好卖"进行二次分拣，简单好记，方便操作，有效破解了分类难题，实现了减量化、资源化、无害化目标，达到了"农民可接受、财力好承受、面上可推广、长期可持续"的治理效果，得到住建部充分肯定。

（二）污水治理

水是生命之源、生产之要、生态之基。水光潋滟的湖泊和溪流，不仅承担着百姓劳作生息的重任，也承载着人们诗意栖居的生活梦想。

2013年开始，浙江省全力决战农村"污水治理"，从"寻找可游泳的河"，到宣布"彻底剿灭劣V类水"，从率先启动"五水共治"，到公开承诺"决不把污泥浊水带入全面小康"，探索出农村污水治理十大模式。实行"河长制"；资金保障，铺就发展"快车道"：推进社会化投资、明确县财政保障、强化市场化引导。

（三）"厕所革命"

"厕所革命"是关乎群众健康和文明生活的民生工程，"千万工程"实施之初，浙江省按照每年2 000个村、50万户左右的进度推进农村改厕；2018年起，浙江省对全省5万座农村公厕进行改造提升；2020年，浙江省启动农村公厕服务大提升行动，浙江省的农村公厕逐步变得更加便利化、智慧化、人性化、特色化、规范化。

常山县首创公厕"所长制"

常山县围绕建设"何处心安、慢城常山""大花园"的目标，借鉴"河长制"，在浙江省首创并推行公厕"所长制"。在塔山脚下有一座星级公厕，被评为"全国最美公厕"。常山县"所长制"的具体做法如下：

认识有高度，"所长"皆用心。 由县委书记担任全县公厕"总所长"，县委副书记和常务副县长分任农村和城区公厕"总所长"，部门、乡镇（街道）"一把手"分任各领域和辖区公厕"所长"，村"两委"干部担任农村公厕"所长"，形成"所长"任职体系。

覆盖有广度，设施能称心。 量力而行，合理布点，理性投入。启动了农村128座、城区36座公厕的新建和改造提升工程，确保城市、集镇、景区、农村全覆盖。围绕百姓需求去建设公厕，提升公厕硬件水平。

建设有亮度，管理必精心。 一厕一风情，厕厕成风景，主动吸纳社会资本参与公厕管理，将城乡现有 48 座公厕试点推向市场化保洁，实行政府购买服务，专业公司承包。

保障有力度，厕改以精心。常山县把推进"厕所革命"作为党政"一把手"工程来抓，县、乡两级专门成立了工作小组和专班，县财政划拨专项资金保障城乡公厕建设项目，并对开放厕所的部门和企业给予一定的补助。

服务有温度，文明更入心。运用"互联网+"，开发厕所管理网络平台和手机 App，制作常山县公厕电子地图，一键搜索，精准定位，为公厕打造自动售卖、电子阅读等便民服务功能，拓展"一厕式"多功能空间，给群众提供"方便"以外的更多方便。

（四）全域"大花园"建设

2017 年 6 月，中国共产党浙江省第十四次代表大会提出，要在提升生态环境质量上更进一步、更快一步，努力建设美丽浙江并首次提出谋划实施"大花园"建设行动纲要。

"大花园"的本质是人与自然和谐共生，空间形态是"国家公园+美丽乡村+美丽城市+美丽河湖+美丽田园+美丽园区+美丽海岛"，基本要求是生产空间集约高效、生活空间宜居适度、生态空间山清水秀，基本路径是串珠成链、共建共享"诗画浙江、美好家园"，让自然生态美景永驻浙江。开展美丽乡村示范县（先进县）、示范乡（镇）、风景线、特色精品村、美丽庭院的"五美联创"，形成"一户一处景、一村一幅画、一镇一天地、一城一风光"的全域大美格局，建设新时代的"富春山居图"。

建设"大花园"五大工程

生态环境质量提升工程、全域旅游推进工程、绿色产业发展工程、基础设施提升工程、绿色发展机制创新工程。

三、产业兴旺乡村

产业是乡村振兴的重中之重。浙江省广袤的乡村围绕"田园变公园、村庄变景区、农房变客房、村民变股民、资源变资产、绿水青山变金山银山",不断拓宽生态价值转化通道,催生美丽乡村的多元新业态,实现了一二三产业融合跨越,"村美"推进"业新","业新"实现"民富",成为践行绿色发展理念的生动案例。

(一)发展新产业、新业态

浙江省在发展乡村旅游、休闲农业、文化体验、健康养老、电子商务等新产业、新业态方面,既追求速度,又追求高质量,以实现健康可持续发展。

探访浙江"数字游民公社"

在浙江省湖州市安吉县溪龙乡的新型青年社区"数字游民公社",聚集了100多名"数字游民",他们从事设计、自媒体运营、程序开发、电子商务等工作,不少人拥有硕士以上学历。

自2021年12月试运营以来,这个由废弃的竹木加工厂改造而来的"数字游民公社",已累计入住"数字游民"超过700人次。这些"数字游民"通过互联网,边度假、边工作,在体验一种全新生活方式的同时,为乡村发展增添了新的活力。

资料来源:新华社

(二)做好"土特产"文章,实施"百县千碗"

习近平总书记指出:"各地推动产业振兴,要把'土特产'这3个字琢磨透。'土'讲的是基于一方水土,开发乡土资源。……'特'讲的是突出地域特点,体现当地风情。……'产'讲的是真正建成产业、形成集群。"

浙江省充分挖掘"土特产",打造了"百县千碗"。2019年6月,浙江省文化和旅游厅联合省商务厅、省市场监督管理局等六部门共同发布《做实做好"诗画浙江·百县千碗"工程三年行动计划（2019—2021年）》。随后，浙江省文化和旅游厅、省商务厅又发布《关于做实打响"诗画浙江·百县千碗"的通知》等多个引导文件，持续推动工程落地。

（三）乡村经营

乡村经营是浙江省"千万工程"的一大特色，也是引领思想变革的重要启示。以往在推进乡村发展方面，大多注重"建设"乡村，忽略了"经营"乡村，盘活资源，促使资产增值、资本裂变，让乡村资源变资产、资产变资本。"千万工程"的乡村经营是把整治村庄和经营村庄结合起来，把改善村容村貌与发展生产、富裕农民结合起来，把单纯的村庄整治过程变成开发利用乡村特色优势资源、发展特色产业的过程，让更多的村庄成为充满生机活力和特色魅力的富丽村庄。

乡村经营八大路径

1. 激活乡村经营，引入懂农村、善经营、会管理的专业人才或团队参与乡村经营，并建立紧密型利益联结机制。

2. 做强特色产业，立足乡村特色资源，因地制宜壮大特色产业。

3. 提质数字经济，建设数字乡村，融合数字技术，推动乡村产业数字化升级。

4. 繁荣文化艺术，大力推进乡村文化产业化，赋能乡村振兴。

5. 激发双创活力，优化乡村营商环境，推动乡村创业和就业。

6. 丰富新型业态，利用乡村多种价值，开发乡村多种功能，丰富乡村产业业态。

7. 弘扬社会公益，加强对乡村困难群体的帮扶力度，提升乡村公共服务水平。

8. 推进组织振兴，发挥村级党组织战斗堡垒作用和党员先锋模范作用，赋能乡村产业振兴。

（四）发展夜间经济

美丽乡村夜经济是指在乡村的夜间发生的，以充分利用农业农村资源为基础，以饮食、住宿、娱乐、购物、游览、体验等为主要形式的消费经济，是乡村休闲旅游经济从白天向夜间的延伸和拓展。

2019 年，浙江省商务厅等十四部门印发《加快夜间经济发展促进消费增长实施意见》，加快推进浙江省夜间经济发展，更好地满足人民群众品质化、多元化、便利化消费需求。该意见明确了浙江省夜间经济发展的指导思想、工作路径，以"浙里来消费·美好夜生活"为主题，围绕加强夜间经济规划引导、提升夜间经济供给能力、凸显夜间经济特色亮点、优化夜间经济公共服务等方面，提出了让城市夜景"靓起来"、让城市名片"响起来"、让城市商业"旺起来"、让浙菜品牌"火起来"、让人民群众"乐起来"五大任务，着力打造一批特色鲜明、业态多元、靓丽美观、整洁卫生的城市夜间经济地标，加快形成与高质量发展、高品质生活相匹配的夜间经济体系，力争用 3 年时间培育 20 个夜间经济试点城市。

2023 年，浙江省省商务厅等五部门联合印发《高品质消费集聚区创建三年行动方案》，浙江省将通过 3 年的持续努力，着力打造一批商业业态丰富、消费场景创新、消费时段完整、商品服务优质、物流通畅有序、消费体验愉悦的高品质消费集聚区。该行动方案提出，通过 3 年创建行动，构建"30＋30＋50"集聚区发展格局，建设省级夜间经济样板（特色）城市 30 个、省级高品质步行街 30 条、省级特色商业街（区）50 条，消费生态持续优化，"浙里来消费"品牌影响力显著增强。

四、文化浸润乡村

（一）历史文化（传统）村落保护利用

2012 年，浙江省在全国率先开展全省域历史文化（传统）村落保护利用。截至 2022 年年底，浙江省共有国家级历史文化名村 44 个，占全国总数的 9％，在国家级历史文化名村数量方面居全国各省份第三位。截至2023年年底，11批次共475个重点村和2 308个一般村得到保护利用，一大批濒临消亡的古村落重新焕发勃勃生机。浙江省实施"千村档案"工程和"千村故事"工程，传承乡土文化，留住乡愁记忆。

历史文化（传统）村落保护十大模式

1. 古建活化模式。利用优雅的传统建筑资源，通过修缮与整治建筑风貌、改造更新建筑功能，植入多元业态，提升古建利用效率，形成"以用促保"的建设模式。

2. 山水养心模式。依托优美的自然生态环境，通过保护与维护村落自然格局，改善与协调村落风貌肌理，提升自然环境品质，构建"山水村筑"融合的人居系统。

3. 民俗传承模式。挖掘独特的民俗文化资源，通过保护、传承及活化各类文化遗产要素，彰显村落民俗风情特色，创新"融陈拓新"的民俗传承路径。

4. 红色寻根模式。依托丰富的红色革命遗迹，深挖、传承革命精神，发挥培根铸魂、红色赓续、特色引领作用，促进村落"四治融合"，探索"红绿结合"的发展模式。

5. 艺术赋能模式。立足浓郁的文化艺术禀赋，实施艺术人才与活动的内培外引，激活村落的艺术特质，解码村落的文艺基因，培育、发展村落文化艺术产业，形成"艺术乡建"的有效模式。

6. 文化深耕模式。依托深厚的历史文化底蕴，挖掘宗族文化、非物质文化遗产等文化资源，结合古建修缮、旅游项目，开展多维、多样的展示与宣传，营造"古今融合"的文化氛围。

7. 品牌牵引模式。借助多元的社会资源和社会力量，打造精品民宿、主题研学、农旅体验等具有辨识度的新兴业态，凸显品牌牵引作用，构建"浙里风韵"乡村品牌。

8. 校村共建模式。发挥科研院所的学术资源优势与人才优势，建立战略合作机制，巧用智库的智力支持，开展常态化在地指导，形成"校村协作"的共建模式。

9. 产村融合模式。发挥独特的在地产业的优势，持续推进"两进两回"，盘活乡村资产，吸引社会资本，推进产业转型升级，形成"农、文、旅融合"的发展模式。

10. 片区联动模式。发挥相邻村庄区位优势并利用差异化的资源条件，优化公共服务和配套设施，推进项目共建、资源共享、产业共促，推进集群发展，促进互利共赢。

（二）新时代文明实践中心

浙江省是全国新时代文明实践中心建设首批试点省。2018 年，新时代文明实践中心建设启动以来，实现了新时代文明实践中心从无到有、从有到优、从"盆景"到"风景"的跃升，许多工作走在全国前列。2022 年 6 月，浙江省率先实现中心、所、站全覆盖，建成文明实践所、站、点 5 万余个。涌现出"李家播报""幸福巴士"等宣讲品牌，推出了"美在安吉""德润建德"等 104 个区域品牌。

浙江省新时代文明实践中心建设已从"有没有""够不够"向"好不好""精不精"转变，文明实践工作的重心也从"量"的铺开转变到"质"的提升，推动了新时代文明实践中心从物理空间向文化空间飞跃。

五、融合带动乡村

浙江省坚持向改革创新要动力，在城乡融合发展中求突破，畅通要素流动，在全国率先构建有利于城乡融合和共同富裕的体制机制和政策体系，推动浙江省成为城乡发展均衡性很好的省份之一。"城市让乡村更美好、乡村让城市更向往"成为浙江省城乡融合发展的生动写照。

"千万工程"的持续深化实施，促进了美丽生态、美丽经济、美好生活的有机融合，浙江省已成为农业农村现代化进程最快、乡村经济最活、乡村环境最美、农民生活最优、城乡区域非常协调的省份之一，是全国唯一的高质量发展建设共同富裕示范区、全国唯一的部省共建乡村振兴示范省、全国唯一的数字乡村引领区。

城乡融合发展深入推进。城乡基础设施同规同网进程加快，基本公共服务均等化水平全国领先，农村"30分钟公共服务圈""20分钟医疗卫生服务圈"基本形成，城乡居民收入比从2003年的2.43缩小到2022年的1.90。

"十万农创客培育工程"

浙江省实施"十万农创客培育工程"以来，累计培育农创客超5.2万名。越来越多善经营、会管理、有情怀、勇担当的农创客返乡创业，带领村民搭上致富快车，奔向共同富裕之路。

"两进两回"

即科技进乡村、资金进乡村，青年回农村、能人回农村。破解要素制约，加速资源流向农村，推动乡村振兴，实现高质量发展，让乡村成为投资兴业的沃土、创新创业的热土、安居乐业的净土。

六、惠民温暖乡村

农村人居环境得到深刻重塑。浙江省农村生活垃圾基本实现"零增长""零填埋"，农村卫生厕所全面覆盖，规划保留村生活污水的治理覆盖率达100%，森林覆盖率超过61%，农村人居环境质量居全国前列，成为首个通过国家生态省验收的省份。截至2022年年底，浙江省建成美丽乡村风景线743条、特色精品村2 170个、美丽庭院300多万户，形成"一户一处景、一村一幅画、一线一风光"的发展图景。

乡村产业蓬勃发展。休闲农业、乡村旅游、农村电商、文化创意等新业态不断涌现，浙江省农村居民人均可支配收入由2003年的5 431元提高到2022年的

37 565 元，村级集体经济年经营性收入 50 万元以上的行政村占比达 51.2%。启动实施公共服务"七优享"工程，高质量完成教育助学、医疗卫生、养老帮困、就业创业等 10 方面的 56 项 31 569 个民生实事项目。

第四节 "千万工程"的启示与突破

一、"千万工程"的启示

坚持党建引领。党建引领是方向不跑偏的前提，浙江省突出抓基层、强基础、固基本的工作导向，健全党组织领导的基层治理体系。只有坚持以党建引领基层治理，善于发动群众、依靠群众，才能把党的政治优势、组织优势、密切联系群众的优势不断转化为全面推进乡村振兴的工作优势。

坚持系统观念。必须强化系统观念，着力推动城乡融合发展。把农村和城市作为一个有机统一的整体来系统考虑、统筹协调，充分发挥城市对农村的带动作用和农村对城市的促进作用，兼顾多方面因素，注重多目标平衡。

必须锚定目标、真抓实干，一张蓝图绘到底。保持战略定力和历史耐心，一任接着一任干，才能积小胜为大胜。真抓才能攻坚克难，实干才能让梦想成真。

必须大兴调查研究。调查研究是中国共产党的传家宝，是一代代中国共产党人从胜利走向胜利的谋事之基、成事之道，要从实际出发想问题、作决策、办事情。正确的决策离不开调查研究，正确的贯彻落实同样也离不开调查研究。

坚持以人民为中心，走时代性群众路线。必须坚持以人民为中心的发展思想，把实现人民对美好生活的向往作为出发点和落脚点。只有心里真正装着农民，想农民之所想，急农民之所急，不断解决好农业农村发展最迫切、农民反映最强烈的实际问题，才能得到农民群众的真心支持和拥护。

以乡村经营激发乡村发展活力。浙江省"千万工程"最大的特色是走乡村经营的路子，把整治乡村和经营乡村结合起来，把改善村容村貌与发展生产、富裕农民结合起来，整合乡村资源，挖掘特色产业并引入人才，激活乡村经营。

二、"千万工程"的突破

回顾其历程，其逻辑可被概括为整治、示范、突破3个层面。从最初的人居环境整治入手，到打造示范样板，逐渐使得乡村有了突破性发展，探索出乡村振兴的新路径。其突破主要表现在8个方面。

从开放资源上突破。利用开放的乡村资源如宅基地、集体建设用地、森林湖泊、田园山水等，实现资源变资本，推动了城镇优质基础设施和公共服务向乡村延伸，打通了城乡资源交互的通道。

从市场主导上突破。开展乡村经营，坚持以市场为主导、企业为主体的原则，从市场化道路上寻求突破，推动了乡村的持续发展。

从政策扶持上突破。政策扶持不是简单的金钱式扶贫，浙江省在政策扶持方面坚持产业扶贫这一"造血式扶贫"。多渠道整合政策资源和资金，着力于政策与资源结合的大项目突破发展。

从吸引人才上突破。浙江省"千万工程"真正为年轻人打造了"乡村广阔天地"，让青年人才"大有可为"。如"十万农创客培育工程""两进两回""数字游民"等，实现了人才回流乡村。

从策划规划上突破。从盘活乡村本土资源出发，策划新产业，打造合理的乡村空间格局，调整产业结构、生产方式和生活方式，促进乡村人与自然和谐共生，让更多人爱上乡村，促进乡村经济的发展。

从产业融合上突破。推动一二三产业融合发展，打造产业新村、产业庄园。发展创意农业，把田园变乐园，让生产劳动更有乐趣、让加工生产更具体验性。

从用地政策上突破。发展农旅融合的田园综合体、产业庄园、特色小镇等，将集体土地用于住房租赁，发展旅游康养服务业。

从金融改革上突破。金融是实体经济的血脉。打破金融供给不足、农业经营主体信贷较差的困局，政府部门制定鼓励政策、突破信贷瓶颈，用金融"活水"浇灌乡村产业。

第二章

"千万工程"的浙江案例

为了更好地认识和理解浙江省"千万工程"的实施过程和效果，本章从县级、村级两个层面选取了一些代表性案例。县级层面案例包括安吉县、桐庐县、仙居县，村级层面案例包括后陈村、下姜村、李祖村、花园村、航民村。

第一节　县级案例

■ 安吉县："两山"理念的实践范例

安吉县位于浙江省西北部，位于长江三角洲腹地，县域面积 1 886 平方千米，境内"七山一水两分田"，下辖 8 个镇、3 个乡、4 个街道，共有 217 个行政村（社区），常住人口 59.61 万人。安吉建县于公元 185 年，县名取自《诗经》中的"安且吉兮"，是一代艺术大师吴昌硕的故乡，境内的上马坎遗址，将浙江省境内人类活动的历史提前到了 80 万年前。2023 年，安吉县实现地区生产总值 615.1 亿元，城乡居民人均可支配收入分别为 7.17 万元和 4.55 万元。作为参考对比的数据，2023 年，全国城乡居民人均可支配收入分别为 5.18 万元和 2.17 万元。

一、以"两山"理念推动"千万工程"实践不断迭代

(一) 绿水青山就是金山银山

安吉县是"绿水青山就是金山银山"理念的诞生地。说到安吉县，不得不提安吉县的余村，余村走过的发展道路就是安吉县"千万工程"历程的一个缩影。走进余村，道路干净整洁，绿化带围绕着一幢幢白墙红瓦的民居，让人眼前一亮。在这里，望得见山，看得见水，记得住乡愁。看着眼前的余村，很难想象，20世纪70年代的余村是怎样的一番景象。

常言道，靠山吃山，靠水吃水。20世纪70年代，余村周围山上石灰岩资源丰富，为了发家致富，村里开办了石灰窑、水泥厂，"石头经济"让这里成为远近闻名的富裕村。据说，余村是当时安吉县第一个喝上自来水的村庄。但以破坏生态环境为代价换来的发展，让余村自食恶果。因为开山采矿，山体遭到破坏，整个河道污染也很严重。痛定思痛，安吉县下定决心，关闭矿山。当时在矿山就业的都是当地村民，70%的劳动力围绕着矿山产业，关停矿山意味着大量村民将会失去收入来源，村集体数百万的收入也就没有了。余村发展面临的困局是安吉县的普遍现象，也是浙江省发展的一个缩影。

保护生态与发展之间的矛盾成为浙江省需要着手解决的棘手问题，绿色发展被推上日程。

余村迈出了第一步，要发展绿色休闲产业，但前景不明，为了在老百姓心中树立信心，安吉县坚持党建引领，开展了党员先行先试，扶植出一批发展典型。余村开始发展全域旅游，当地环境越来越好，游客越来越多，实现了从"卖石头"到"卖风景"的转变。2005年8月15日，时任浙江省委书记的习近平在安吉县余村考察，首次提出了"绿水青山就是金山银山"的科学论断，生态资源是最宝贵的资源。从此，保护生态与发展在余村同时进行，余村的绿色发展步履稳健、提速向前，老百姓的收入也不断增加。生态美、产业兴、村民富成为常态。

多年来，安吉县以"两山"理念为引领，统筹推进山水林田湖草系统治

理，积极探索生态价值转化的路径，实现了从生态立县到生态强县的转变。全县植被覆盖率、森林覆盖率常年保持在 70% 以上，地表水、饮用水、出境水达标率均为 100%，空气优良率保持在 90% 以上，被誉为气净、水净、土净的"三净之地"，先后获评全国首个生态县、"联合国人居奖"首个获得县，成为新时代浙江省在县域践行"两山"理念综合改革创新试验区。

（二）美丽乡村在这里真正实现了

安吉县是美丽乡村发源地。2008 年，在浙江全省推进"千万工程"的背景下，安吉县创新开展"中国美丽乡村"建设，全县 187 个行政村（社区）实现美丽乡村创建全覆盖。2016 年，安吉县把建设"中国美丽乡村"上升到中国最美县域的目标愿景，成为中国最美乡村百佳县，入选浙江省首批"大花园"示范县，获评全国文明城市，以安吉县人民政府为第一起草单位的《美丽乡村建设指南》成为国家标准。近年来，安吉县坚持与时俱进，大踏步推进城乡能级提升，率先发布乡村能级指数，致力探索一条中国式现代化乡村路径。2020 年 3 月 30 日，习近平总书记考察安吉县时指出："美丽乡村在这里真正是实现了。"

2024 年 1 月，《乡村美丽庭院建设指南》国家标准在浙江省湖州市安吉县发布，这是我国首个针对美丽庭院建设的国家标准，使美丽庭院建设"有标可依"。这一标准在安吉县美丽庭院建设模式基础上，吸收了各地成功经验，结合了相关政策文件，明确了乡村美丽庭院的庭院布局、庭院风貌、环境卫生、家风文明、庭院经济、长效管理等方面的要求，提高了标准的科学性、适用性、可操作性。

该标准由全国妇联指导，安吉县妇联作为第一起草单位，联合湖州市妇联、安吉县农业农村局、安吉县美丽乡村标准化研究中心、浙江省妇联、浙江省标准化研究院、中国标准化研究院等单位共同起草，该标准是《美丽乡村建设指南》国家标准的延伸和补充。

2020 年 3 月 30 日，习近平总书记时隔 15 年重访安吉县，并带给安吉县"再接再厉、顺势而为、乘胜前进"的新指示、新期望。安吉全县忠实践行"绿水青山就是金山银山"这一理念，大力推进现代产业振兴、城乡能级提升、共同富裕先行，高水平打造生态文明典范城市先行区，高质量建设国际化绿色山水美好城市，奋力谱写中国式现代化安吉篇章！

（三）以产业发展推动农民富裕富足

安吉县突出产业为本，实施美丽乡村转化举措，着眼于闲散生态资源的"零存整取"，有效盘活闲置农房等资产，全面挖掘乡村多元价值、农民多方利益。同时，以市场化改革为牵引，打造强村富民公司矩阵，推动村级集体经济壮大跃迁。2022 年，15 家区域型强村富民公司实现利润超 2 800 万元，村均分红 10 万元。

将培育村书记作为推动乡村振兴和打造新业态典范的红色引擎，围绕"村书记人人都是运营官"的目标，通过举办"雄鹰"擂台赛、"强基育星"双月谈等活动，回引有企业经营管理经验的乡村振兴新青年担任村书记，打造特色项目，增加村集体经营性收入。2022 年，安吉县村均集体经济经营性收入达 282.3 万元，突破 500 万元的村共有 19 个。

二、安吉县推进"千万工程"的经验

安吉县在推进"千万工程"的过程中，积累了许多宝贵的经验。

（一）坚持生态优先

安吉县注重生态环境保护，通过关停矿山、水泥厂等污染企业，实施村庄绿化、庭院美化、垃圾分类等措施，不断优化人居环境。同时，积极发展生态旅游、生态农业等产业，将生态优势转化为经济优势。

（二）坚持规划引领

安吉县在实施"千万工程"过程中，注重规划引领，先后编制了一系列规划，明确了美丽乡村建设的目标、任务和措施。

（三）坚持因地制宜

安吉县根据当地的自然条件和资源禀赋，因地制宜发展特色产业。例如，安吉县是中国著名的竹乡，拥有丰富的竹林资源。该县通过发展竹产业，打造了竹制品、竹饮料、竹纤维等一系列竹产品，提高了竹林的附加值。同时，安吉县注重文化传承和创新，将文化元素融入产业发展，提升了产业的附加值。

（四）坚持城乡融合

通过加强基础设施建设、改善公共服务供给、促进要素融通等措施，不断缩小城乡差距，实现城乡融合发展。例如，安吉县实现了城乡公交一体化、供水一体化、垃圾处理一体化等，让农村居民享受到了与城市居民同等的公共服务。

▉ 桐庐县：新时代的"富春山居图"

600多年前，元代画家黄公望泛舟富春江，留下了传世名画《富春山居图》，画中富春江两岸山清水秀、宁静祥和的景象，是千百年来中国人心中向往的家园。桐庐县位于分水江和富春江交汇之处，是名画《富春山居图》的素材来源。

说到新时代的"富春山居图"，桐庐县最有发言权。这里隶属于杭州市，有"杭州后花园"之称，有"诗画之城"的美誉。同时，桐庐县也是民营快递企业之乡。桐庐县北接黄山，毗邻千岛湖、杭州西湖及仙华山，山水文化历史悠久，是历史上文人墨客笔下咏诵的地方，曾入选《国家地理》杂志2021年"25个全球最佳旅行目的地"，有"中国最美县"之美誉。

一、"千万工程"在桐庐

时间回到2003年，桐庐县以"千万工程"为抓手，开展村庄环境整治，并在全省率先实现农村生活污水处理全覆盖；2013 年，首届全国改善农村人居环境工作会议在桐庐召开，桐庐启动"美丽乡村 1.0"建设，项目化持续推进农村道路、农房改造、美丽庭院、污水处理等方面的农村公共基础设施工程，农村整体面貌逐步焕新，为催生"美丽经济"打下了坚实基础。

2020 年以来，桐庐县以连片发展、组团经营的思路，对美丽乡村进行全方位、系统性、重塑性改革，从以往单纯拼"美丽"、拼投入、拼"盆景"的传统路径中跳出来，重点推进富春山居"黄金左岸"、江南古村落、芦茨慢生活体验区、"两山"农旅融合和西部宜居宜业五大区块，构建"一窗引领、两区示范、九线共美、百村特色、全域美丽"的乡村新格局，致力打造"新时代乡村生活样板地"。

2021 年，浙江省提出打造"整体大美、浙江气质"的城乡风貌新时代"富春山居图"的目标，桐庐县制定《桐庐县城乡风貌整治提升行动方案》，围绕"潇洒桐庐郡、中国最美县"目标、"富春山居·潇洒桐庐"风貌定位，坚守山水生态，以景区的理念规划全县、以景点的标准建设镇村，描绘全域美丽的城乡画卷。

为深入贯彻落实习近平总书记关于"千万工程"的重要指示批示精神，进一步深化新时代"千万工程"，擦亮"中国最美县"品牌，打造现代版富春山居图桐庐标杆，2023 年，桐庐县制定了《深化新时代"千万工程"打造现代版富春山居图桐庐标杆行动方案（2023—2025 年）》。

该方案要求以习近平新时代中国特色社会主义思想为指导，全面贯彻落实党的二十大精神，深入践行"绿水青山就是金山银山"这一理念，坚持以"千万工程"牵引全域景区化建设，实施六大行动，着力筑牢山水田园大美本底、推进城乡风貌大美建设、绘就都市农业大美画卷、展现文化文明大美韵味、构建基层治理大美格局、实现共同富裕大美场景，打造现代版富春山居图桐庐标杆。到 2025 年建县 1 800 周年时，创建国家乡村振兴示范县和国家农业现代化示范区，形成"六区示范、九园联创、百村共富"发展格局：打造"黄金左岸"、江南古村落、仙境瑶琳、慢生活体验区、"两山"融合、西部宜居宜业六大和美乡村示范区；创建高标粮园、放心菜园、特色菌园、生态茶园、精品果园、道地药园、智慧蜂园、美丽牧场、健康渔场九大现代农业示范园；100万元以上经营性收入村在100个以上，农村居民年人均可支配收入在5万元以上，城乡居民收入比在1.6以内。

二、桐庐推动"千万工程"的经验、启示

（一）突出党建引领

桐庐县积极探索党建推动农业、农民、农村高质量发展的实现路径，以"党建十"为方法形成一系列特色经验做法。

"党建十产业"增强发展动力。桐庐县启动"党建十金融"模式，为党员带头致富提供金融保障；推行"党组织十公司十基地（合作社）十农户"的产业发展模式，实现了"支部建在产业上，党员聚到产业中"，重点发展农产品加工业、休闲农业和乡村旅游业，促进了农村资源、要素、技术、市场需求的整合、优化和重组，扩大了产业范围，增加了就业岗位和增收渠道，带动群众增收致富。

"党建十人才"激活发展活力。桐庐县率先建立"1十2"党建引领机制，以提升基层组织力为核心、以乡村振兴工作队和科技人才服务队为支撑，分层、分类对新一届村（社区）"两委"主职干部、第一书记及农村工作指导员、村（社区）后备干部、村级后备人才等进行专业能力提升培训。

"党建十治理"培育发展动能。通过党建引领，释放基层民主自治活力，调动农民参与村级事务的积极性、能动性。建立"斗笠议事会"民主协商机制，形成党建引领示范第一街、梧桐议事会机制、柯家湾邻里中心、"楼下书记"及"志愿家"孵化培育站等党建阵地，充分发挥了人民群众的主体作用。

（二）发展特色产业

加强产业规划，桐庐县制定了科学合理的产业规划，明确了各乡镇（街道）的产业定位和发展方向，推动乡镇（街道）宜工则工、宜商则商、宜游则游、宜农则农，做大做强特色产业。

桐庐县突出美丽乡村向美丽产业的转变，坚持产业导向，以区域公共品牌"桐庐味道"作为抓手，加快桐庐县特色农业规模化、品牌化发展。聚力龙井茶、蜜梨产业发展，通过建立"一产业一首席一团队"引聘机制，推动22项茶、梨产业政策项目落地。蜂、茶、果、药四大主导产业年总产值超过70亿元。

充分依托山水和历史文化资源，桐庐县抓住"空心村"二次创业等改革机遇，大力发展民宿经济，床位数量突破万张，成为中国国际民宿发展论坛永久举办地。

（三）保护与利用文化资源

注重保护和利用历史文化资源，通过"一村一档""微村志"等方式，对村落的历史文化信息进行挖掘、收集、整理和归档，同时加大对历史建筑的保护和管理力度，实现了历史文化村落的全覆盖。

开展特色乡村文化活动。以桐君街道、凤川街道、百江镇等地为"主场"，桐庐县陆续迎来"山水艺术季""动漫艺术节""乡村音乐节"等一大批特色乡村文化活动，吸引更多县内外游客走进桐庐美丽乡村，享受农文旅融合发展的成果。

（四）注重人才培养与引进

通过实行"桐庐工匠""百名农创客""千名农村实用人才"培育等措施，加大了对"土专家""田秀才"等人才的培育力度，同时深入推进"两进两回"行动，支持青年和能人回乡创业、兴业，为乡村振兴提供了人才支持。

开办各类农业技能培训班、手工艺培训班等，提升本地村民的技能水平，培养一批懂技术、会经营的本土人才。建立乡村创业园区、孵化基地等，为人才提供资源和施展才华的空间。

（五）加强科技支撑

桐庐县推动科技特派员精准服务乡村产业发展，开展"组团式"帮扶，组织科技特派员跨乡镇（街道）、跨专业领域进驻提供服务，为企业及农户提供各项支持，破解技术难题；推动科研单位与基层党支部共建，引领关键技术攻关。例如，在茬山畲族乡甜樱桃基地，通过科技赋能实现了甜樱桃亩均产值3万元。

▓ 仙居县：擦亮生态底色，绘就村美、业兴的新图景

2023年10月，全国学习运用"千万工程"经验现场推进会在浙江省召开，仙居县是考察线路点位之一。

仙居县地处浙江省东南部，是历史文化悠久、人杰地灵的千年古城，县域面积2 000平方千米，下辖7个镇、10个乡、3个街道，辖311个行政村和21个社区。

20年来，仙居县始终沿着"千万工程"指引的道路，按照浙江省委、省政府"八八战略"的部署，深入挖掘各村特色，发展农文旅融合的美丽经济，因地制宜发展产业，做强集体经济，逐步实现点上出彩、线上美丽、面上洁净，从"一处美"迈向"全域美"。不断擦亮生态底色，做优产业特色，提升发展成色，全力绘就乡村美、产业兴、群众富的幸福新图景。荣获全国休闲农业和乡村旅游示范县、"四好农村路"全国示范县、浙江省"美丽乡村"创建先进县等称号，获评浙江省"美丽乡村"示范县。

一、"千万工程"谱写发展新篇章

（一）"垃圾河"重变"母亲河"

浙江省第三大水系椒江的源头永安溪全长141.30千米，流域面积为2 704平方千米，其发源地就在仙居县。永安溪曾经千疮百孔，河道采砂、石材加工、垃圾倾倒、污水直排、非法捕捞等人类活动，导致防护林及湿地、鱼类等资源骤减，水环境污染等问题突出，"母亲河"变成了"垃圾河"。

爱水重在治水，痛定思痛，仙居县经过反复调研，并结合永安溪实际，提出"打造柔美永安溪，建设中国山水画城市"的构想，吹响了永安溪全面

综合治理和保护永安溪的号角。严控污染源头，以水定产、水陆统筹，一方面严格环境准入，另一方面关停低小散的医化企业，将城南医化园区整体搬迁；率先在全国县一级实施全域农村人畜分离改革，在村外集中建生态养殖小区，有效杜绝了农村养殖污水直排入河；率先实施"全域河长制"，责任制涵盖了从县领导到村民等各个群体。近年来，仙居县还成立了由私营企业家和个体户组成的护河队，目前已发展到了400多人，不定期开展公益巡河。

通过"五水共治"（治污水、防洪水、排涝水、保供水、抓节水），全民参与治水，仙居县成功创建省级水生态文明建设试点，2015年和2016年连续两年获得浙江省治水最高奖"大禹鼎"。2017年年底，永安溪被水利部水情教育中心等单位评为"最美家乡河"，成为浙江省唯一入选河流。

（二）生态绿道串联山水田园

永安溪被治好了，但如何将生态禀赋转化成"金山银山"？依托永安溪山水，仙居县积极打造国家全域旅游示范区，构建了生态健体休闲带、地域文化体验带、美丽田园风光带等，打响了"四季花海"品牌，民宿经济迅猛发展。

沿着永安溪，总规划492千米长的仙居绿道与江水紧紧相依。这条叶脉状的绿道网，将散落在沿线的山水田园、滩林溪流、古村名镇等优质旅游资源串联，形成一幅"绿地图"。仙居绿道是唯一获得"中国人居环境范例奖"的绿道，是常年免费开放的国家AAAA级风景区。

围绕绿道网，沿线乡（镇）纷纷以溪流、水库、滩林等资源为载体，鼓励沿线农村整合果园、田塘、林木和村道，发展休闲观光农业、水上运动、农家乐等旅游休闲项目，带动农民就业和增收。据统计数据，绿道为沿线村提供就业岗位3 000多个，实现农民年人均增收1 800余元，沿线各村村集体经济增长速度比非沿线村快53.6%。

（三）特色经济助力产业振兴

仙居县是"中国杨梅之乡"，杨梅产业是仙居县的支柱产业之一。2023

年，仙居杨梅入选全国"土特产"推介名单。目前，仙居县杨梅种植面积14.5万亩，产量12万吨，鲜果产值11.2亿元，占当地农林牧渔总产值的近四成。

为深化发展这项富民、惠民产业，仙居县制定出台《杨梅产业高质量发展三十条》，加快杨梅产业升级。此外，当地围绕"三端"发力：种质端，打造杨梅种质资源圃，成立杨梅研究中心，目前已完成种质资源圃规划、正在开展一期基础设施建设；种植端，开展春季杨梅种植技术、绿色高效栽培技术培训两场；储运端，围绕全国农产品产地冷藏保鲜整县推进试点，全面畅通杨梅产业"最先一千米"。

同时，仙居还积极发展杨梅加工业和旅游业，延长了杨梅产业链，增加了农民收入，以杨梅全产业链建设为主线，不断推进杨梅产业链纵向发展、链上各环节横向拓宽，把杨梅产业建成现代化大产业。通过实施"品牌＋公司（合作社）＋基地＋农户"的产业化经营道路，不断提升杨梅的品质和附加值，目前，"仙居杨梅"区域公用品牌价值达26.23亿元，仙居杨梅全产业链条年产值40亿元，其中鲜果产值11.2亿元，杨梅龙头企业19家，梅农3.3万户、10万余人。

（四）"组团式"打造共富乡村

乡村旅游发展了，但资源开发利用受限、多数产品较为单一，资金和人才缺乏等通病仍严重制约着乡村旅游发展，为切实提高农民收入，仙居县全域开展"共富工坊"建设，通过"建坊赋能""吹哨报道""共富驿站"等举措，以乡（镇）"共富工坊"服务中心为核心、村（社区）党群服务中心为单元，形成"1＋X"多元订单派发模式，实现乡村旅游工坊全链条建设、管理和运行，送项目到村、送就业到户、送技能到人，综合赋能农民近距离、新模式、多渠道就业增收，点燃乡村共富"引擎"。

虽然在乡村振兴路上取得了显著成果，但作为浙江省26个山区县之一，仙居311个行政村中还有118个村的集体经济相对薄弱。为破解村集体经济发展难题，探索集体经济全面发展、群众多渠道增收的致富渠道，以打造

"东西抱团"＋"镇村帮扶"片区"组团式"乡村共富联合体、毗邻协作型乡村共富联合体为抓手，县委书记挂帅，县财政局内部成立"共富专班"，采取"一局长一团队一包干村"模式，全方位地指导、帮扶示范村建设；县财政局联合县农业农村局、县水利局、县民政局等部门梳理出 65 个项目，统筹调配全县财政资金，形成建设共同富裕示范村的项目清单，供相关村"点菜下单"；举办共同富裕示范村项目集中对接会，搭建起部门、乡（镇）、村三级的项目集中对接平台，邀请相关县级部门从资源整合、资金统筹、项目实施 3 个层面对共同富裕示范村项目的可行性进行分析评估，实现从"点菜"到"上菜"的无缝对接，为共同富裕示范村项目的推进奠定坚实基础。

二、仙居推进乡村全面振兴的经验

（一）坚持因地制宜发展

仙居县深入挖掘各村特色，发展农文旅融合的美丽经济，因地制宜发展产业，做强集体经济，逐步实现点上出彩、线上美丽、面上洁净，从"一处美"迈向"全域美"。

（二）充分发挥人才的作用

仙居县开展现代新农人培育行动，实施百名农创客"头雁"领航、千名好青年好人才"归雁"助航、万名新农人"群雁"展翅计划，重点培育神仙梅农、乡村民厨、民宿管家、乡村规划师、农创客、共富生活委员六方面人才，落实新农人培训孵化支持举措，示范带动全县新农人素质整体提升。

仙居县在域内率先探索开展乡土人才分类评价管理，建立乡土人才档案库，由起初培育一个新农人网红或一个新农人团队，正逐步向培育新农人集群、区域新农人的方向发展。

（三）做大做强"土特产"品牌

仙居县结合自身实际，因地制宜探索出了一条符合当地特色的乡村产业发展之路。近年来，仙居县创建了区域公用品牌——"神仙大农"，构建了收购、包装、定价、销售为一体的全链式管理体系，形成了以"供应链中心＋线下实体店＋线上直播间"为发展模式的农产品服务体系。截至 2023 年 9 月底，"神仙大农"品牌涵盖仙居县优质农副产品共九大类、275 款，纳入品牌体系产品的销售额达 17.9 亿元，辐射覆盖全县 80％农户，农民年人均增收 1 200 元。

（四）激发群众主体性和参与性

乡村振兴是实现共同富裕的重要途径。在为集体经济相对薄弱村"输血"的过程中，仙居县以"小投入"凝聚"大力量"——充分发挥财政资金的引导作用，增强部门参与度，激发村级主动性，撬动社会资本投入，使资金整合热度与力度空前高涨，实现了从"输血"到"造血"的高效转换。

第二节　村级案例

■ 后陈村：村务监督开启乡村善治之路

后陈村，最为有代表性的标签是"后陈经验"，20 年的时间，"后陈经验"逐渐从"治村之计"上升为"治国之策"：2004 年 6 月，新中国第一个村务监督委员会在这里诞生；2010 年，村务监督委员会制度被写进《中华人民共和国村民委员会组织法》；之后，全国 60 余万个村庄纷纷建立村务监督委员会；2019 年，村务监督委员会制度又被写进《中国共产党农村基层组织工作条例》。

一、"一机构两制度"的诞生

在村务监督委员会成立之前，后陈村的一大特色就是上访。因地利之便，村里在 2000 年前后陆续有 1 200 多亩土地被政府征用，带来了 1 900 余万元的征地款。这笔钱怎么用？村"两委"想壮大集体经济，用这些钱来谋发展。但村民们不放心,主张全都分掉。

1 900余万元的土地征用款,怎么花的、花在哪里,对此毫不知情的村民把举报村干部贪腐、要求公开征地款使用去向的诉求写在一张纸上,准备送到县里,全村900多人,有500多人摁下了红手印。村民多次上访,先后两任村党支部书记受到违犯党纪处理。类似问题屡屡发生,干群关系到了剑拔弩张的地步。

经过讨论研究,2004年6月18日,后陈村的村民代表选出了全国第一个村务监督委员会,独立监督村里的财务、村务情况;通过了《后陈村村务管理制度》和《后陈村村务监督制度》,也就是"一机构两制度"。这个机制解释起来也很简单,就是相当于给村干部的每一项村务决策加了一项监督流程,这是"后陈经验"的雏形,看似简单的机制设置,却从一村之策一步步走向"国策",完善了乡村善治之路。

后陈村的做法当时是前所未有的,因此面临着多方的压力,在当时也引起了很大的争议。

2005年6月17日,时任浙江省委书记的习近平来到后陈村调研。习近平同志一下车就来到村委会门口的公开栏前,一项一项仔细地查看村务公开事项。在随后的座谈会上,习近平同志听取了10位村民代表的发言。肯定了这种做法,也给后陈村吃了定心丸。随后,后陈村一步步探索尝试,逐渐做到党务、村务、财务全部公开,村务监督形成一环扣一环之势。

二、从"上访村"到"零上访村"

从"上访村"到"零上访村",只差一个村务监督。后陈村实施了"一机构两制度"之后,效果很明显。在上访方面,2005年以来,后陈村一直保持着"零上访"状态,村容村貌发生了巨变,乡亲邻里互相守望,其乐融融。从群众满意度和干群融洽度来看,村务监督委员会制度推出后,收获的还有群众对村干部的信任,曾经棘手的征地款,村民们也放心地交到村干部手中,用于厂房建设。

这项机制相当于给村民心里一个"底",就是村民对村里的大事有了底细，对全村资产有了底数，对参与民主监督更有了底气。监督架起了村民与村干部沟通的桥梁，村民信任，村干部做事有干劲。

三、新时代"后陈经验"

距离第一个村务监督委员会的成立已经有20年了。20年来，"后陈经验"一步步得到完善，从一村之策成为一地之策，然后成为"国策"。2010年，村务监督委员会制度被写进《中华人民共和国村民委员会组织法》；之后，全国60余万个村庄纷纷建立村务监督委员会。"后陈经验"的内涵也在不断迭代发展。

新形势下特别是面对村党组织书记、村委会主任"一肩挑"后带来的村级权力结构变化，武义县与时俱进，推陈出新，形成了"权力受到约束、村务全面公开、群众有效监督、自我能够纠偏"的新时代治理理念，不断完善村级组织监督运行机制。新时代"后陈经验"的"金名片"越来越亮，乡村善治的路子越走越宽广。

后陈村坚持"村级事务凡事皆可公开"这一理念，明确村级重大事务决策、"三资"情况、工程建设项目等30余项公开内容，根据长期、月度、即时，分类进行公开，并设立每月村级"晒账日"、村务监督委员会"述职日"，为村民答疑解惑。同时，还依托数字电视、即时钉钉、百姓微信群等平台进行村务公开，提升群众监督的参与度，受到了群众热烈欢迎。

"后陈经验"不断迭代升级，从质朴简易到规范权威，从财务监督到全面监督，从自发自治到民主法治，很好地契合了推进基层治理体系和治理能力现代化的历史趋势和发展规律，成为新时代乡村治理的生动实践和参照样本。

■ 下姜村：梦开始的地方

2018年9月，"千万工程"被联合国授予最高环保荣誉——"地球卫士奖"，下姜村党支部书记姜丽娟作为乡村代表赴颁奖现场见证了这一历史时刻。山区的一个偏僻乡村，在"千万工程"思想伟力的指引下，经过20年的生态保护、村庄整治，整个发生了翻天覆地的变化。

一、人居环境扮靓村庄环境

下姜村隶属于浙江省杭州市淳安县，已经有 800 多年的历史，但因为地理位置偏远、交通不便、多林少地等原因，在 20 世纪八九十年代，下姜村还是一个穷山村，村里只有 645 亩耕地，却有着 10 259 亩山林，其中 7 100 余亩为国家级生态公益林，森林覆盖率高达 97%，绿水青山成为村庄的鲜明特色。

2003 年 4 月 24 日，是所有下姜村人都铭记的日子，时任浙江省委书记的习近平从淳安县城颠簸了 60 多千米的"搓板路"，又坐了半小时轮渡，来下姜村调研。听说村民由于缺柴砍秃了山岭这件事后，他便指导村民建沼气："要论建沼气，我也算得上是半个专家。20 多年前我在陕北农村当支部书记时，建起了陕西第一个沼气村……"作为习近平在浙江工作时的基层联系点，习近平多次来到淳安县下姜村实地考察，并 4 次致信下姜村的百姓，表达深切关怀，担任了下姜村脱贫致富的引路人。

下姜村是幸运的。20 年来，下姜村以"八八战略"和"绿水青山就是金山银山"理念为指引，在乡村振兴发展的道路上不断追梦、筑梦，让"望得见山，看得见水，记得住乡愁"的美丽乡村振兴梦一步一步成为现实。2004 年起，村"两委"全力以赴推动产业升级，因地制宜地打出了一套漂亮的"组合拳"：一方面通过土地流转，把原本零碎的山间田地整合起来，引进优质资本、培植经济作物、兴修温室大棚，发展高技术、规模化的现代农业；另一方面通过禁止乱砍滥伐、推广沼气池，极大改善了水土环境，让绿水青山"反哺"绿色农业、促进村民增收。

田间地头日新月异的变化，也让村民得到了实实在在的好处。从"泥水路"到"水泥路"，从"土墙房"到"小庭院"，从"臭水沟"到"清水河"……，小山村的"造梦"故事不仅富了乡亲、变了村貌，也让许多外地游客慕名而至。下姜村在发展毛竹、茶叶、水稻等传统农业项目的基础上，因地制宜大力发展绿色农业，形成了七月葡萄、腊月草莓、三月桃花的"四季果园"农旅融合产业。

二、农文旅融合促高质量发展

下姜村四面环山,林地面积1万多亩,可用来种植农作物的耕地仅600余亩,每户人家分到手的就几亩地。从2011年开始,下姜村开始了大规模土地流转,农民不用种地,土地流转建起现代农业产业园。土地流转后,原本只产水稻、玉米等农作物的山间发展出了葡萄园、草莓园、桃园等特色种植园,不仅让下姜村农户增收,更是带动了旅游业的发展。

依托优越的自然环境和深厚的红色文化,下姜村不断丰富红色教育、农事体验、露营探险、水果采摘等旅游业态,常态化举办下姜感恩日、文化旅游节、民俗节、营地嘉年华、红高粱节、地瓜干节等各类节庆活动,通过发展旅游增强了传统文化的活力与韧性,促进了农文旅有机共融。

近年来,下姜村借着千岛湖全域旅游快速发展的"东风",果断转变赛道,大力发展乡村旅游产业。这不但带动了民宿产业的发展,餐饮业、观光农业等配套产业也发展迅速,新出现的创业机会和工作岗位更是吸引着很多年轻人"逆流"返乡。

下姜村在坚持农文旅融合的同时,不断推进未来社区、数字乡村建设,开启了数字文旅赋能城乡共同富裕建设的新模式。下姜村已实现5G网络全覆盖,并率先推动5G乡村远程医疗项目落地,村卫生室直连浙江大学医学院附属第一医院的5G远程诊疗系统,村内推行针对独居老人的"电力关爱码",提供可视对讲、养老看护、信息推送等各类场景服务,成功实现省、市、县优质医疗资源下沉和智慧养老。在智慧治理方面,下姜村通过22个AI视频监控设备全村覆盖,实现进出下姜村车辆的车牌自助识别、陌生人流统计分析等,将水监测和空气数据接入杭州"城市大脑",实现水、气环境数据实时在线监测。

三、先富带后富、区域共同富

下姜村的故事,并未止于下姜村。从"下姜村"到"大下姜",从"一村富"到"村村富",下姜村正书写着"先富带后富、区域共同富"的乡村振兴故事。

2019年,下姜村与周边村抱团组建了"大下姜"乡村振兴联合党委,整合打造共富联盟,创造性地探索出推进共同富裕的一种创新做法:通过联建共富平台、联兴共富产业、联享共富生活"三联"模式,带领枫树岭镇、大墅镇25个村、1 300余名党员干部和2.5万人,走出了一条"先富带后富、区域共同富"的乡村振兴之路。老百姓的收入每年以平均10%以上的增速增长,让下姜村的发展成果变成老百姓真正意义上的共享红利。

"大下姜"的25个行政村在产业发展上,"一村一方案"因村制宜。此外,"大下姜"联合体注册成立了"强村"的杭州千岛湖大下姜振兴发展有限公司和"富民"的浙江大下姜帮带科技有限公司,还总结了数字变革法、品牌赋能法、慈善信托法、共富工坊法等"强村富民十法"。"富民"公司将"提低"作为重点,专注于共享酒厂、共享茶厂、豆腐厂等一批联市场带农户的"共富工坊"建设,形成良性循环的共富效应。

如今,山茶油、地瓜干、红高粱酒等已成为"大下姜"区域村民的主要增收农产品,特别是"大下姜"联合体采取"党建统领、帮带共富"这一发展模式,实施"我们一起富"行动为载体的"强村帮弱村""先富帮后富""能人帮老乡"后,村民增收成效明显。

生态优先、绿色发展、强村富民、抱团发展,在实施"千万工程"的过程中,下姜村逐渐形成了以乡村旅游产业为支柱、以规模效益农业为补充的生态产业集群,探索出一条可持续和可复制的乡村振兴之路。

■ 李祖村:创造百姓的幸福文明生活

李祖村是浙江省义乌市后宅街道的一个城郊村,拥有500多年的历史。20多年前,李祖村脏、乱、差、穷,是远近皆知的"水牛角村",意思是没有希望的村庄。与义乌市区虽然直线距离的车程不超过15分钟,但"千万工程"实施之前那里没有一条出村的路,要从邻村绕路出去。

关于"李祖"这个名字的由来，村里人讲了这样一个故事：最早在这片土地上生活的是李姓人家，后来方姓人家迁徙至此，两个姓氏的家族相处和睦。随着方姓家族的族人越来越多，李姓人家就把整个村庄礼让给了他们。方姓家族的族人们对李家人的感恩世代相传，便为村庄起名"李祖村"。谦让、和睦、感恩是这里延续至今的古朴民风。

2023 年 9 月，习近平总书记来到浙江省金华市义乌市后宅街道李祖村考察调研。他指出："李祖村扎实推进共同富裕，是浙江'千万工程'显著成效的一个缩影，要再接再厉，在推动乡村振兴上取得更大成绩。"

一、"千万工程"引领村庄蝶变

2005 年，李祖村成为"千万工程"示范点之一。李祖村抓住机遇，整治环境、发展产业、吸引人才，实现了从"脏乱差"到"绿富美"的蝶变，成为共同富裕示范村和远近闻名的"国际文化创客村"。村民不用外出务工，在家门口就能赚到钱，成为"千万工程"的实践者、受益者。那么，李祖村是怎么实现这个转变的呢？

整治农村人居环境，是提升农村居民幸福感的现实举措，李祖村的蝶变之路便从改善村容村貌开始。在"千万工程"第一阶段的乡村整治中，李祖村以整治村口"臭水塘"为突破口开展水体治理，清理底部污泥，净化池塘水质。启动"小五化"（道路硬化、路灯亮化、卫生洁化、家庭美化、环境优化）建设，为联通城区的道路铺上水泥，开展管线综合治理，增容布点近 10 台变压器。沿着村路安上的路灯，不仅让村庄亮了起来，也让村民的心里更加敞亮。

随着"乡村变美了、生活变好了"成为村民们的共同感受，大家的心态也从"要我建设美丽乡村"向"我要建设美丽乡村"转变。在村民的共同努力下，昔日浑浊的水塘变成雅致的生态"洗衣房"；令人头疼的垃圾分类难题，通过村规民约的制定与执行，有了显著改善；住房困难户、危旧房拆迁户搬进了舒适的小高层，他们曾居住的危旧房的地基，建起了全村共享的公共空间。而历史悠久的老宅旧屋，则由村里精心修缮和改造，打造成年轻创客的创业空间①。

二、产业升级引领富民经济

2017年，义乌市委、市政府整合国资力量，差异化打造周边10条各具风情的"美丽乡村"精品线，"长藤结瓜"式串联沿线重点村。作为德胜古韵精品线上的重要节点，李祖村抢抓机遇，规划5千米诗画骑行线，建设游客服务中心和停车场，安装导览系统指示牌。日益优化的基础配套设施，为李祖村的蓬勃发展打下了基础。

但李祖村四面环山，没有山水美景，也没有产业基础。依托村里的文化资源，结合义乌"买全球卖全球"的商业基因，李祖村瞄准了"国际文化创客村"的定位，一方面，延续乡村肌理，留住"白墙黛瓦、长廊亭舫"的古朴气韵；另一方面，注入生机活力，制定免租优惠、给予项目启动资金等政策，配套创客系统成长方案，吸引更多有情怀的青年创客进村创业。同时，李祖村充分发挥基层党组织战斗堡垒作用，与义乌市属国企实行结对共建，依托国企在资金、理念上的优势，统筹村内文化、创客、土地等资源，构建"党建＋和美乡村"一体化发展新格局，以党建引领带动村美、业兴、民富。

近年来，李祖村试点职业经理人运营模式，招引"乡遇文旅"团队，签订整村运营协议，开展统一招商、产业孵化、活动策划、宣传推广。国企、村集体、运营公司合力同行，通过擦亮"全国文明村"金字招牌，溯源"耕读传家"的文化脉络，并结合种梨传统，以梨为形、以礼为魂，打造了"有礼的祖儿"村庄品牌IP。

以品牌为载体，李祖村联合创客开发"有礼的祖儿"小程序，策划"礼文化"研学课程，举办共富市集、共富村晚等各类精彩活动，高效生态、产业多元、品牌经营成为产业振兴最显著的特色。

---

① 王依，张彦春．浙江李祖："水牛角村"的蝶变密码．http://www.rmlt.com.cn/2023/1127/688674.shtml.

三、人才引领持续振兴

李祖村非常重视人才振兴。通过"筑巢引凤"，不断引进各类创客业态品牌，既有创业的老村民，也有青年归乡人，还有外来的新村民，而这也成为越来越多浙江乡村的常态。原乡人、归乡人、新乡人，还有农创客、文创客以及乡村运营师、农村职业经理人……，一个个新身份、新职业为乡村可持续发展注入源头活水①。

为解决部分村民的住房困难问题，2017年，村集体开建两幢小高层，此后又着手做了两件事：在楼房前打造"妈妈的味道"小木屋美食街，带动村民在家门口就业增收；旧屋腾出的空间，由村里收回并由村里进行修缮改造，引入创客等新业态。为进一步破解创客人才和项目的成长难点，李祖村启动农创园建设，推出集创业指导、产业孵化、电商培训、金融法律服务等功能为一体的"众创空间"。

截至2024年3月，李祖村已经有60多种业态，而且还在不断增加，已引进各类业态创客52家，于2022年高分创成浙江省第二批未来乡村。据统计数据，2023年全年，李祖村农创客队伍累计带动消费5848万元，带动村民人均获得收入6万元，推动村集体获得经营收入356万元。

四、百姓的幸福文明生活

环境变好的李祖村，发展"美丽经济"，培育产业新业态。村里的职业经理人用"六个变"来形容李祖村的变化：流量变产量、颜值变产值、资源变财源、山区变景区、农房变客房、村民变股民。

2018年，看着逐渐变多的游客，李祖村以村民众筹模式开了第一家餐厅，餐厅名为"豌豆花乡厨"，28位村民以100股、每股5000元的方式踊跃出资，餐厅开张半年后，餐厅就收回成本，并在2019年实现了分红。

---

① 新华网. 潮头观澜 | "千万工程"蕴含的山乡蝶变密码. http://www.sxdygbjy.gov.cn/llxx/xxls/art/2023/art _ 2ca349aa80a8488f98a505826834e01b. html.

2023年，餐厅第五次分红，仅当年分红款就达到60万元。

看到村里的变化，很多在外工作的村民，又重新回到了村里。住在李祖村的村民，也纷纷在"家门口"当起了小老板。改变靠山吃山的生产方式，李祖村探索利用生态资源、文化资源致富，让城里人心生向往，让村民在家门口赚钱，老百姓幸福生活的图卷在李祖村徐徐展开。

■ 花园村：以"千万工程"为引领，建设共富"大花园"

花园村，位于浙江省东阳市。这个村庄已经突破了传统的村庄范畴，成为浙江省首批"村域小城市"培育试点。它保留了村庄的善治传统，又具有现代城镇的外核与气质。集体经济、民营经济、个私经济，三种经济形态齐头并进，发展活力与潜力兼具。花园村用自身的发展呈现了共同富裕的一种实现形态。

20年来，花园村坚持党建、经济、社会、文化、生态齐抓共建，贯彻"先富带后富、强村帮弱村、共富更要共享"这一理念，坚定走"以工强村、以商兴村、全面振兴、共同富裕"的花园之路，让花园村实现了从小到大、从弱到强、从村到城的华丽转型，成了"美丽乡村"示范村、乡村振兴样板村、未来乡村优秀村、共同富裕先行村。

一、两次"1＋9"，加出个农民的和美家园

中共浙江省委2004年一号文件，即《中共浙江省委、浙江省人民政府关于命名表彰"全面小康建设示范村"的决定》，花园村成为首批"全面小康建设示范村"并在全省农村工作会议上受表彰。

如何示范？怎样带动？2004年10月，东阳市进行行政区划调整，花园村合并了周边没有基础设施、集体经济薄弱、宗族势力严重、矛盾纠纷繁多的9个村。面对村民种种疑问和猜测，花园村党委书记邵钦祥既感到前所未有的压力，也感到肩上责任的重大。既然并了村，就是一家人。并村后，他把主要精力都放在花园村新农村建设上，并向村民承诺：实现"一年小变

样、三年大变样、五年奔小康、十年大发展"的目标，还提出了"一分五统"这一理念。

并村一年间，村里大大小小会议开了260多个。很快，花园村按照村庄总体规划，将原来的10个村改为10个小区，以农房改造为新农村建设切入点，制定"合理布局、全面规划、整体拆建、分步实施"的方案，致力打造农民时尚乐园，做到道路硬化、路灯亮化、环境绿化、卫生洁化、饮水净化、村庄美化，一条条宽广平坦的乡间大道接踵铺设，一排排红白相间的整齐民居拔地而起，一个个科学规划的现代小区完美呈现，花园村以景区规划的标准逐步建设了一个花园般的村庄。

吉祥湖原本是个小水库，村里按照村落景区合二为一的总体规划，对吉祥湖开展清淤引水、修堤种柳、搭亭建廊，还引进了音乐喷泉和水幕电影，再配上五彩亮化工程，吉祥湖俨然是一个绚丽的夜花园，被誉为村里的"小西湖"。吉祥湖的变迁只是花园村新农村建设中旅游产业发展的一个缩影。从2006年开始，花园村依托中国十大名村的优势发展旅游产业。2012年，花园村成为浙江省首个单独以村为单位创建成功的国家AAAA级旅游景区。2017年，花园村又被认定为首批"中国十大优秀国际乡村旅游目的地"。

2017年3月，东阳市又将花园村周边的9个村并入花园村，希望通过"强村带弱村、先富带后富"的方式，做大花园模式、做强花园典型，让花园村向"世界名村"和"世界强村"迈进。有了第一次并村的经验以及老百姓得到的实实在在的福利，第二次并村也迅速实现了"六个融合"，即思想融合、班子融合、管理融合、资产融合、制度融合、目标融合，治危拆违、旧村改造、五水共治等一系列工作进展顺利，大刀阔斧地实施着新一轮的新农村建设，实现了"一年大变样、三年全变样"。花园村成功创建浙江省5A级景区镇，又入选浙江省第三批"大花园"耀眼明珠名单。

以花为媒，打造"花海经济"是花园村深入实施"千万工程"的有效载体之一。近年来，花园村持续深化浙江省农村综合改革集成示范区建设试点项目，整合游乐设施，新建登山步道、观景亭台、林荫小径等小景观，把位于渼陂下小区的天香湾打造成集休闲养生、赏花游乐、文化节庆、果蔬采摘、研学科普于一体的度假景区。天香湾景区还带动了渼陂下小区服务配套产业的发展，雕刻工作室、甜品店、餐饮店、超市、民宿等都陆续开了起来。

花园人的生活是丰富多彩的，村民还可以实现就业不出村、就医不出村、就学不出村、办事不出村、金融不出村、旅游不出村，平时看个电影、喝个咖啡、逛个商场、吃个自助餐都非常方便。

花园村演绎的"1＋9"模式已向外延伸。花园村与南马镇9个行政村进行党建联建，花园红色研学和共享田园两个党建联建片区步入实体化运行，致力以花园村为核心，积极探索以带思路、带产业、带项目、带创业、带增收、带党建、带文化为主要内容的"强强联合"和"强村带弱村"方式，通过跨村结对帮带，推动党建引领乡村片区组团发展。

二、工商齐并进，农民家门口的创业乐园

花园集团从传统产业起家，转型到科技产业，再跨越到新兴产业，始终坚守实体经济不动摇、坚持创业创新不动摇，使企业实现可持续的高质量发展，助力花园村成为越来越多老百姓的创业乐园。

20年来，花园村深耕高科技，做全产业链，发力新能源，实施经济大投入、大发展战略，持续实现高质量发展。如今，花园村产业涉及生物与医药、新能源与新材料、红木家具与木制品、新建材与建筑、文化旅游与教育卫生，拥有1家上市企业以及8家国家高新技术企业，已形成高科技产业为主导、传统产业和新兴产业相配套的发展格局。

花园生物公司是花园集团高科技产业的代表企业，已是国家高新技术企业和国家级"专精特新"小巨人企业，成为全球重要的维生素D_3生产和出口企业之一。2014年10月9日，"花园生物"（300401）在深圳证券交易所正式挂牌上市，登陆资本市场并成为领跑维生素D_3的龙头企业。经过20年市场、技术、产业链等方面的积累，在新的发展阶段，花园生物公司具备了持续高质量发展的条件，提出了"一纵一横"发展战略，既挖深了维生素D_3领域的"护城河"，又能利用企业现有的全球化市场渠道优势。

2022 年 9 月，位于金华经济技术开发区的花园集团（金华）生物医药科技园维生素 D_3 全产业链投产，标志着世界维生素 D_3 龙头——花园生物公司已建成维生素 D_3、25-羟基维生素 D_3、羊毛脂胆固醇、精制羊毛脂四大类产品的全球最大生产基地。

"无中生有""无木成林""点木成金"的创富传奇才是最让新老花园人受益的。最初的花园村没有原材料和区位优势，却在短短 10 多年里，建起一座集红木家具生产、设计、批发、采购于一体的"红木王国"，将红木产业传奇演绎得入木三分，红木家具产量一跃占到全国市场 1/3 以上。如今，花园村已形成原木市场、板材市场、红木配套中心、产业核心区块、红木长廊以及红木家具城等红木家具全产业链和产业群，涵盖从原木、板材、锯板、烘房、雕刻、油漆以及红木家具设计、生产、销售的所有产业环节。2022 年年底，红木家具以及木制品行业有 1 871 家，占全村个私工商户的 63.42%。不仅如此，花园村的红木产业还辐射到周边村镇，数以十万计的老百姓利用这一富民产业过上了全面小康生活。

作为花园村红木产业链的销售终端，花园红木家具城先后建了六期，市场总面积约 50 万平方米，吸引了 2 300 多个品牌进驻，成为浙江省五星级文明规范市场，已连续多年以家具类销量排名第一的成绩上榜"中国商品市场百强"，成为厂家的营销平台、客商的配货中心、顾客的购物天堂，稳坐全球红木家具专业市场"头把交椅"。多年来，花园红木家具城着力让"红木盛会"开启"世界之窗"。一年一度的红木文化节声势浩大又极具特色，向来自全球各地的客商展现着"花园红木"的品牌魅力。

为了鼓励本村村民和外来人员在花园村创业，2004 年 10 月第一次并村后，花园村和花园集团搭建了多样的创业平台，营造了良好的创业环境；选择了独特的创业产业，提供了良好的就业机会；提升了村民的创业技能水平，让村民掌握了良好的立业"饭碗"。如今，花园村也吸引了来自全国各地的 5 万多名外来人员，他们自发形成了村级劳务市场，并在"花园"这片富庶的土地上实现着自己的梦想。

各类专业市场和专业街的建立、红木家具产业链的形成以及专业技术能力的培训，这些都为村民以及外来人员创业提供了便利。无论是村民，还是外来人员，租房屋、开饭店、办企业、闯市场、搞运输、做物流……，一股浓浓的全民创业氛围弥漫在整个花园。截至 2022 年年底，花园村拥有个私工商户 2 950 家，除红木家具行业以及木制品行业外，还有农副产品经营 77 家、副食百货家电 156 家、服装鞋帽 104 家、住宿餐饮小吃 234 家、五金建材卫浴 120 家、培训休闲娱乐 121 家、物流快递仓库 54 家、直播等其他 213 家。

目前，花园村拥有全球最大维生素 D_3、世界最大宽幅铜板带、全国领先新型墙体材料、填补浙江空白的高性能铜箔、全省领先的智能化全自动新型建材以及军工配套等领域的生产企业，并建成全球最大红木家具专业市场、全国最大名贵木材交易集散地以及全国村级最大学校、医院、商场等，还吸引了工、农、中、建等 7 家银行入驻。

产业大了，大平台才能赚大钱；企业多了，做什么都能赚到钱；勤劳干了，日子总会越来越好。如今，花园人就是认定了这个理，在正能量的激励下，一步步朝着更高质量的生活迈进。

三、先富带后富，建设成农民的共富花园

先富起来的花园村要带动更多人共同富裕。邵钦祥说，花园始终遵循这一重要原则，践行"一家富不算富，大家富才是富；一村富不算富，村村富才是富"以及"先富带后富、强村帮弱村、共富更要共享"这两条理念，带动周边 18 个村发展，并与金华市域乃至全省、全国数十个村结对，先后无偿捐赠数千万元，帮助它们壮大村集体经济，让更多老百姓走上共同富裕的道路。

2022 年，花园村全村实现营业收入 655 亿元，村民人均年收入达 16.5 万元。20 年来，花园村获奖无数，2016 年 7 月 1 日，花园村党委被中共中央授予"全国先进基层党组织"荣誉称号。同年又荣膺"中国十大国际名村"，并连续多年名列"中国名村综合影响力 300 佳"前三名，2023 年首次跃升为全国第一。

在花园村，发展工业企业与治理村庄环境相结合，打造了农民时尚乐园；发展的出发点和落脚点是为农民致富，摊开了新农村的目标；农民的思想观念不断进步、整体素质不断提高，塑造了新型农民形象；维持了42年"矛盾不上交、纠纷不出村、村民零上访"的纪录，构建了文明、富裕家园；倡导了"奉献、公平、公正、公开"的办事原则，实现了"均无贫、和无寡"。现在，70多岁的邵钦祥还一直保留着一个习惯，那就是每天上班前，到村委会大楼的工作室去接访村民，为老百姓切实解决问题。"幸福不会从天降，是拼出来、干出来、奋斗出来的！"他经常这样教育和引导干部和村民。

如今，花园村全村建立和健全了社保等保障体系，村民拥有失地农民养老保险、新农合医疗保险、城乡居民养老保险3项保险待遇；村民享有建房补贴、奖学金制度、数字电视收视费（单向和双向）、电话月租费等30多项劳保福利；村民子女上学实行16年免费教育制，从幼儿园到高中书、学费全免，每年奖励回村创业的博士生5万元、每年奖励回村创业的研究生2万元、每年奖励回村创业的本科一批本科生1万元；老年人享有高龄补贴，100岁以上的每年1万元、90～99岁的每年5 000元、80～89岁的每年2 000元；村民可免费进入花园村任何景区游玩；村民在花园田氏医院看病，除医保报销外自费部分的50%由村里承担；村民每人每月可从村里得到大米、猪肉、鸡蛋、食用油等；村内开通有免费公交车……

花园村的一系列福利待遇，形成了"村民比市民富、村容比城市美、生活品质比城市高、田园风光和城市文明高度融合"的"花园经验"。不仅如此，花园村还出台了引进高级人才的政策，符合条件的人员可以落户享受村民福利待遇，6类人才可按东阳人才购房券标准1∶1配套享受15万～100万元的人才购房券，为乡村振兴以及企业腾飞提供了人才保障。同时，花园村也出台了政策，吸引在村里建住房和厂房的外来人员落户，个体工商户一定年限后也可申领人才购房券，共享乡村振兴发展成果。

2022年5月，在浙江省共同富裕现代化基本单元建设推进会上，花园村成功被授予"浙江省首批未来乡村"。早在2020年7月，花园村就与华为公司正式签订了战略合作协议，联合中国移动推进全感知、全联接、全场景、全智能的"智慧花园"项目的建设，使花园村成为华为公司在全国乡村智慧园区布局的首个客户。如今，花园村正力争通过"智慧花园"项目场景应用深化，让花园村高质量服务插上数字化的"翅膀"，为进一步提升农村数字化水平、推进数字化改革进程、构建数字赋能乡村治理新局面、擦亮共同富裕底色贡献一份力量。

20年时间里，花园村书写了一份中国式现代化的乡村样本，真实改变了19个村庄数以万计农民的面貌。当前，花园村正以党的二十大精神为指引，继续深入实施"八八战略"，以"两个先行"打造"重要窗口"，在"十四五"时期，不断优化功能定位，推进基础设施建设，增强产业创新动能，促进产城人文融合，致力新增3家上市公司，争取年营业收入达到800亿元，年利税达到30亿元，村民人均年收入达到20万元，进而持续推进产业发展、村域管理、基础设施、村民生活、文化建设、生态文明六个方面的高质量，努力把花园村打造成中国式现代化乡村振兴样板、高质量共同富裕村级样板以及"花园城市、世界名村"。

■ 航民村：践行"千万工程"，探索"带富"新路径

综观改革开放以来村庄的发展逻辑，走在发展前列的富裕村庄皆经历了脱贫、致富、创富、带富、共富5个发展阶段，每个阶段都有相应的发展使命：在脱贫阶段，发展的基本诉求是温饱；在致富阶段，是达到总体小康，即吃穿不愁且略有富余；在创富阶段，依靠创业创新，把蛋糕做大，是更高层次的全面小康；在带富阶段，则具体体现为先富带后富；最终实现并走向共同富裕阶段。当然，村庄变富的历程并不严格遵循以上发展顺序，有可能同时经历几个阶段，有的村庄同时处在创富和带富阶段，有的村庄在率先实现共富的前提下，再带动其他村庄走向富裕。此外，有个体层面的创富与带富，然后扩展到村庄和集体层面。总而言之，村庄发展的现实路径远比理论要复杂。

值得一提的是，"带富"作为共同富裕的一个重要环节，其意义至为重要。随着时代的发展，"带富"的内涵和外延也在不断拓展。第一阶段任务是"先富带后富"，时间跨度为改革开放至2020年，自改革开放以来，从总体小康到全面建成小康社会的过程，其主要目的是"带"后富，即帮扶后进者，这在举国上下实施脱贫攻坚战并取得历史性成就以及全面建成小康社会时，已经完成了任务。第二阶段的任务是通过"带富"实现共同富裕，这个任务才刚刚开始。这一阶段"带富"的性质、形式呈现出截然不同的特征，如果第一阶段的脱贫攻坚战是借助行政力量开启的全国大动员，那么第二阶段的参与主体则更为多元、参与形式更为多样、实现动机更为丰富。

这里选取浙江省一个富裕乡村的样本——杭州市萧山区的航民村，通过讲述并分析其发展历程，试图剖析其发展模式背后的共同富裕发展模式，以期为全国其他村庄的发展提供借鉴与参考。航民村的发展逻辑：依托集体经济，基本遵循了脱贫、致富、创富、带富、共富的发展逻辑，并在实现自身村庄共同富裕的基础上向外拓展，"带"动其他村庄和县域的共同富裕。值得注意的是，"千万工程"引领下的航民村在"带富"过程呈现出第二阶段的特征，即在履行社会责任之外开启了一种新的共同富裕模式的探索，这与航民村创业创新精神、机制体制创新和村庄带头人发展理念等有密不可分的关系。

一、村庄概况：宜居宜业的和美村庄

航民村位于杭州市萧山区，地处钱塘江南岸，是浙江省的富裕村庄之一。在这个只有2平方千米、户籍人口1 200多人的村庄，人均净资产超过75万美元。截至2021年年底，航民集团全年实现工业总产值144亿元，销售收入近152亿元，实现利润9.7亿元。如今的航民集团，形成了以印染为主，热电、织布、染料、现代物流配套发展的稳健高效的产业链。

说到航民村有如下几个关键词：印染行业、黄金行业、集体经济。航民村给外界的整体印象是低调、稳重。航民村有城市的外核与乡村的内核，城乡融合在航民体现得淋漓尽致，这里实现了宜居、宜业与和美。

宜居航民。航民虽然是村庄，却具备了不输于城市的现代化生活条件，很宜居。这里公共基础设施完善，道路整洁，家家户户都住着庭院式楼房或别墅，人均居住面积超过 100 平方米，家庭轿车拥有率在 90% 以上。这里有完善的公共服务，在教育、医疗、养老等方面，均具备了完善的软、硬条件。村民从幼儿园到大学实行免费教育，上大学还享受奖学金和生活补贴。毫不夸张地说，航民人从产房到墓地都有福利保障。每个村民一年可领取 3 000 元的福利费，到退休年龄后福利费翻倍。对村里未缴纳社保的老人，按每月 1 500 元或 2 148 元的标准发放养老金。再看乡村风貌。这里有占地 50 亩的田园广场，广场中央是占地 600 多平方米的空场，上有遮阳的白色穹顶，是村民喝茶聊天、休闲锻炼的好去处。

宜业航民。航民虽然是村庄，却是创业创新的沃土。这里产业发达，有着完善的产业链，村民增收渠道多元（有家门口的就业收入，也有股份分红），这里还具备了自主创业条件等。不仅本地人就业不愁，航民还吸纳了大量外来人才，为这些外来人才提供了优渥的条件和生活保障。2021 年，航民村人均年收入达到 7.6 万元。航民村共拥有全资、控股和参股企业 28 家，企业职工 1.2 万余人。在一个户籍人口只有 1 200 多人的村庄，企业职工人数却是本村人口的 10 倍。

和美航民。航民虽然具备城市的现代化条件，却保留了乡村的文化内核。在这里，乡村治理效能显著，农村基层党组织进一步抓实建强，党组织领导下自治、法治、德治相结合的乡村治理体系健全，实现了乡村善治。乡风文明程度明显加深，农村移风易俗取得扎实进展，农民精神风貌得到全面提振，良好的社会风尚蔚然成风。村民生活稳定安宁，各类矛盾纠纷得到有效化解。

二、依靠创业创新实现创富

航民的发展源于改革开放。航民是率先抓住发展机遇、大力发展乡镇企业的那一批村庄。

1978 年是新中国历史上很重要的一年。作为改革开放的元年，航民村也酝酿着一场穷则思变的风暴。彼时，航民还不是航民村，而是航民大队。1979 年 1 月，航民大队党支部召开了党支部会议，学习贯彻《关于贯彻党的十一届三中全会公报的意见》，党中央号召，把工作重点转移到社会主义现代化建设上来。萧山县委提出有条件的公社大队可以兴办社队企业。这犹如平静的湖面被投入一块巨石，激起千层涟漪，航民人的心逐渐活泛起来。

（一）脱贫致富：无工不富

在时代要求和航民的实践摸索中，航民人慢慢形成了一个共识和明晰的想法：无工不富，航民人要想吃饱饭，真正脱贫致富，必须发展工业。1979 年，航民以集体的 6 万元农业积累资金起家，创办了企业——萧山漂染厂，当时的航民大队党支部副书记朱重庆任厂长。航民村由此开启了集体经济的创富和乡村发展道路。无论是村庄还是企业，带头人的发展理念和思维尤为重要。朱重庆认为，作为干部，就要带领群众吃饱饭。这份不甘于贫困的好胜心和带领群众致富的责任心经过多年的生长，给航民开辟了更广阔的天地。

发展理念理顺了，道路选对了，不过几年的时间，航民就开始声名鹊起。1982 年，漂染起家的航民村当年利润就突破了百万元，成为当时萧山县的第一个百万富翁村。1990 年，航民村全村工农业总产值达 10 476 万元，航民村一跃成为浙江省第一个亿元村。

1998 年，航民集团联合万向集团、杭钢集团等 6 家企业，共同成立由航民集团控股的浙江航民股份有限公司（航民股份）。2004 年 8 月，航民股份成功在上海证券交易所上市。

航民的发展之路就是逢山开路，遇水搭桥，风雨兼程，克服一切艰难险阻。以热电厂的创建为例，在早期，断电是常有的事，漂染厂生产受到阻碍，航民就想方设法建起了自己的热电厂。就这样，航民村一步步拓展了产业链条。当时，绝大多数乡镇企业都是在一穷二白的情况下，强行起飞，杀出一条血路。在披荆斩棘的路上，面对百般刁难和千般阻碍，航民人发扬农民百折不挠的韧性，探索与尝试，变革与创新，路越走越宽，企业的产业链条也越拓越宽。

1991年，朱重庆被《中国青年报》的读者推选为"第二届中国十大杰出青年"，在北京参加了颁奖活动，当时他才38岁。1993年，40岁的朱重庆作为第八届全国人大代表和3位农民企业家一起，被"两会"新闻中心邀请，就乡镇企业发展问题答中外记者问。如果说朱重庆参加颁奖是中国农民向全社会的崭新亮相，那么，参加"两会"中外记者会则是一个中国农民与世界的深层对话。

（二）创富之源：把蛋糕做大

"改革开放对我而言，也是一个摸着石头过河的过程。有时，做出一个新的决定的过程往往要经历一场和自己及旧观念的战斗！"在回忆航民的发展道路时，如今的航民集团党委书记、董事长、总经理朱重庆这样分析其心路历程。可见，在航民的每一个发展节点上，发展理念是决定其道路成败的关键。

在发展壮大中，航民村的朱重庆不但要与自己的旧观念作战，还要带动整个村庄变革观念。

1981年，航民漂染厂赚了38万元，全村人一下子都坐不住了。面对这么多钱，大队干部们都喜滋滋的，村民也开心。彼时，大队的分配原则仍是记工分。村民开始提要求："分点钱让大伙乐一乐。"大队干部们又坐在一起讨论了。航民的干部却认为，村办企业是"一个鸡蛋的家当"，要孵蛋养鸡再生蛋，不能干杀鸡取蛋的蠢事。要走共同富裕的道路。要做到两点，就什么都好办了：一是当干部的人不多占；二是以后让大家分得更多。

干部正了，村民的心也就齐了。朱重庆等村干部首先摆正了位置，明确了态度，航民接下来的路更宽敞了！航民人取得了共识，摆正了积累与消费的关系："办短命厂，分光用光，难奔小康；办长寿厂，养鸡生蛋，才是奔向社会主义小康生活的桥梁。"村里决定，集体积累应高于个人分配的增长幅度，企业当年的税后利润，保证85%用于技术改造和充实流动资金，以扩大再生产。余下的15%，作为集体福利基金，用于村里的事业建设等。这项决议使企业进入了"鸡生蛋—蛋孵鸡—再生蛋"的良性循环之中。在分配上也有"规矩"：要体现多劳多得的原则，不搞平均主义；既要适当拉开差距，又要掌握一定的尺度。在执行中，关键是带头人要过硬。朱重庆始终坚持一条原则：除了"带头干"，就是"不多拿"。他认为："如果干部拿的奖金过多，势必会拉远与群众的距离。"这的确是经验之谈。

传统的农民有很重的土地情结，生于斯长于斯，这片土地给予农民的抚慰和安全感是其他东西不能比的。但航民要想壮大，就要冲破土地情结，走向更辽阔的天地。朱重庆又开始了与旧观念的战斗，当他走出航民这片土地后，才发现，原来外面的天地真的很辽阔！

朱重庆想到了跳出航民村到外地去办厂。一天，广东顺德一家织布厂的厂长找朱重庆联系印染业务，朱重庆便把已考虑多时的计划端了出来："你们广东是布坯产地，到萧山印染，来回运费太贵，又延误时间，我们是否可以考虑联营。"对方深表赞同。广东距离航民太远，到那里去投资，非常冒险。朱重庆知道有风险，作为领导，要变怕担风险的观念为抓住时机、开拓进取、敢为天下先的观念。干！他周围的一些核心人物无不振臂响应。

他们的"冒险"是成功的。1987年年底，联办的顺德珠江印染厂，投产一年就收回了全部投资，并且发展很快，每年能分回很多利润。此后，航民村又在外地联办了好几家印染厂。联营办厂这一招"冒险"的成功，让航民人知道了冒险开拓、积极进取的价值。

航民村采用大厂办小厂、老厂办新厂的形式，不断扩大生产规模，拓宽经营门类，又办起了航民织布厂、航民达美染整有限公司、澳美印染有限公司、航民热电厂、航民印染有限公司、航民宾馆、商场等十多家工商企业。从1989年到1996年的8年时间里，航民围绕发展主题，进一步扩大、开放、利用一切优势条件，注重产业的前后延伸与横向扩展，积极引进外资，创办中外合资企业，发展了纺丝、织布、印染、热电、化工、冶炼等行业，保持了经济持续、快速、健康发展，具备了较强的综合竞争力。

（三）组建一支闯荡市场的"联合舰队"

1979—1996年，航民的产值增长了5万多倍，利润增长了3 647倍。

1998年对于航民村来说是不寻常的一年，航民的发展迎来了新的制高点。随着全球经济一体化趋势和区域经济集团化趋势的加快，航民要解决的已不是生存、温饱问题，而是如何在商品经济的海洋中一争高低的问题。船大不怕风浪打，只有组成一支"联合舰队"，才能经受住大风大浪的考验。照朱重庆的话说就是，想让航民的路走得更宽广些，想让航民从羊肠小道走上康庄大道。

1998年1月8日，浙江航民实业集团有限公司和浙江航民股份有限公司同时成立。浙江航民实业集团有限公司由航民村资产经营中心和航民控股有限公司两大块资本组成，拥有16家全资及控股企业、2家参股企业、2家协作企业，总注册资本达3.25亿元。浙江航民实业集团拿出1亿元，联合万向集团公司、杭州钢铁集团公司、顺德市珠江金纺集团公司、上海二纺机股份有限公司、湖南邵阳第二纺织机械厂6家企业法人共同发起设立了浙江航民股份有限公司，总股本金达2亿元，由航民集团控股。通过股份制改造，为企业发展到更高层次的上市公司打下了基础。

值得一提的是，入股的企业都是和航民有长期合作关系的，他们在长期合作中彼此信任、相互了解，因此当朱重庆提出组建股份有限公司的意向时，那些企业都毫不犹豫地答应了。其中光万向集团一家就出了6 200万元，已经去世的原万向集团董事局主席鲁冠球说："我到航民来投资，是看中了你重庆这个人的。"2004年8月，航民集团控股的浙江航民股份有限公司成功登陆中国资本市场，并以5.84亿元的募集资金净额，创下萧山企业首次上市募资量最大的纪录。

当前，航民集团有全资、控股、参股企业28家，总资产102亿元，且没有负债，形成了以纺织、印染、热电、建材、黄金饰品等行业为主体的多门类工业体系。其中，航民年加工印染布匹10亿余米，可绕赤道25圈；黄金饰品年加工量80余吨，位居全国第三，成为华东地区最大的黄金饰品加工企业。

航民村也被评为全国村镇建设文明村、中国经济十强村、全国创建文明村镇工作先进单位，航民村党委两次获评全国先进基层党组织。

三、依靠分配与制度实现共享共富

(一) 分配之争

1999 年，全社会面临着一场变革，即全民所有制企业转型为民营企业，工人卖断工龄，转入社会福利；有能力的厂长、经理则盘下企业，当了老板。当了 20 年企业掌舵人的朱重庆像往常一样上班，挂着微笑，不急不缓地处理着日常工作。然而此时朱重庆的内心却站在航民道路的十字路口，他在思索着这场"改制风"：凭借自己这么多年为航民做出的努力，凭着自己多年在领导班子中建立的威信，不管提出什么方案，反对的人都不会多。如果企业转制转私，他肯定占不少股份，也就意味着大把的钱。

但是，这是当初千辛万苦办漂染厂时的初心吗？

朱重庆思考了很多：关于航民这 20 多年的发展历程，航民人的日常生活，等等。

最后，朱重庆在干部会议中、在村民大会上、在路上遇到村民时，都反复讲一个想法：集体经济与共同富裕。朱重庆认为，航民村内靠个人能力发家致富的毕竟是少数，大多数人还是要靠集体致富的。当初办漂染厂就是为了使全村富起来，现在这个目的达到了，但这个宗旨不能丢。最终，村党委会作出决议：改制但不转制，集体占股 56%，个人持股 44%。这里说的改制就是通过量化，将集体经济改为股份制经济，让全体村民都参与到集体经济的管理中来。不转制，就是坚定不移地走集体致富的道路，村里的企业都仍姓"公"。

(二) "土办法"与集体产权制度改革

航民用农民的"土办法"，借用生产队的分配核算制度，按口粮、劳力、肥料三部分进行量化。"口粮"是村民股，人人有份；"劳力"是工龄股，按参加工作的年份计算；"肥料"是职务股，按职务计算。"量化"方案出来后，广泛征求意见。在认购股份前，村里又出台了一个补充细则，如果一时拿不出钱认购股份，可以向村里申请贷款。航民的"量化"在公开、公正、公平的情况下进行。对此，朱重庆则解释道："公平是目的，公开是手段，公正是立场。""量化"使得航民实现了"全村没有困难户，家家都是富裕户"。

2016 年，朱重庆在接受采访时表示，他提出航民产权制度改革时，就考虑了怎么做到合理公平，能使老百姓和企业人员都能接受。实践结果比预期要理想，群众的满意度比预期要高！航民村产权制度目的很明确：使共享共富成为航民村基本经济制度、航民人的共同价值观、航民文化的核心内涵。幸运的是，这一制度扎根航民，培育了共富价值文化生长的土壤，航民人早已将共富共享内化于心、外化于行。

航民村设计出的这一套科学合理、具有航民特色的产权制度方案，书写了航民历史上跨世纪的辉煌一笔。如果说在 1979 年 4 月 3 日创办漂染厂的决策，是航民村集体致富的起点，那么，20 年后，1999 年 1 月 15 日，量化股权的决策则夯实了航民村共同富裕的基石。

四、践行"千万工程"，让共享共富更稳固

(一) 绿色发展：污染产业的阵痛与转型之路

印染产业是航民的主业，然而，也属于高污染行业。21 世纪初的航民，已经站在发展经济与保护生态环境的十字路口。以牺牲生态环境为代价的发展必然不是良性的发展，也是走不远的。航民应该何去何从？

朱重庆明白，看似平静的钱塘江下也有潜流，如同这个时代，变化在看不见的地方，积累到一定程度，大好形势瞬间逆转也不是不可能。面对时代大势，航民村提前布局，痛定思痛，开启了艰难的转型之路。

印染产业里，染料产生的污水是重要的污染源。20 世纪 80 年代，漂染厂初建之时，发展优先于一切，人们尚未树立绿色发展理念，漂染厂的污水经过小型污水处理池沉淀处理后，排到了钱塘江，并顺着钱塘江流入了大海。然而，随着企业的发展，从 1987 年开始，航民人逐渐认识到了保护环境、治理污染的重要性和紧迫性。于是，航民村开始重视污水治理。

2001 年上半年，航民人治污迈出了具有标志性的一步：筹建污水治理

厂，他们请来中国纺织工业设计院的专家，按照当时的最高标准进行技术设计。

在"千万工程"实施的前一年，即2002年，航民村投入1亿元建成了浙江省第一个村级大型污水处理厂，日处理污水能力达6万吨。主流媒体为此报道："一个村拿出如此巨资建环保项目，这在中国农村实属罕见。"然而这仅仅是航民治污的第一步。航民人既要治水，还要治"气"，解决工业排放造成的大气污染问题，这一部分限于篇幅不再赘述。

印染产业起家的航民集团加快了产业结构调整与转型的脚步。为了追求绿色、可持续发展，航民对传统的印染产业进行"脱胎换骨"式的改造：航民股份印染厂、澳美印染厂等一批印染企业被迁走；钱江印染公司、达美染整有限公司等一批企业被重新安装环保设备；沿河的水泥石料场被改成了河滨公园；淘汰纺丝厂、稀有贵金属冶炼厂；关停高能耗的水泥厂；率先利用印染废水进行电厂烟气脱硫除尘，该项目被列入国家重点环境保护实用技术示范工程。与此同时，一批科技含量较高的新兴项目在航民村落地，如非织造布、印染设备制造、黄金饰品等。

如今的航民集团，致力打造绿色纺织品印染基地，围绕科技、绿色、时尚，更加专注于在"穿着和佩戴"方面提升人们的生活品质，满足人们穿戴舒适漂亮的美好愿望。浙江航民股份有限公司聚焦"纺织印染＋黄金饰品"双主业发展，并以热电，非织造布生产，工业用水、污水处理及海运物流等产业相配套；是全国"印染行业竞争力十强企业"（印染业务加工能力位列全国第二）；是全国黄金珠宝首饰行业主要品牌的供应商、国内黄金饰品生产大型企业和长江三角洲地区黄金饰品重要生产基地。

（二）更广阔的发展平台

如今70多岁的朱重庆精神矍铄，依然是航民集团的掌舵人。在智能手机刚普及的那些年，朱重庆使用智能手机还不太熟练，如今他使用智能手机已成常态。2018年，杭州吹响了打造全国数字经济第一城的号角，面对数字产业化、产业数字化、城市数字化这些名词，以印染起家的朱重庆开始了对未来发展布局的深思。航民开始聚力于数字化赋能、精细化管理、创新化驱动、低碳化转型、融合化发展，开始努力提高"纺织印染与黄金饰品"核心业务的市场竞争力。

时刻保持警觉的航民不局限于一时一地，而是将探索的眼光伸向全国各地甚至国外。目前，在香港、上海、北京等地，航民集团都建设有自己的基地，就是为航民驶向更远的远方做的准备。

2013年，为了寻找更大的市场、更大的平台、更广阔的天地，航民将目标瞄向了海外。这一年，面临国内劳动力、能源和土地成本不断增长的问题，航民参股的科尔美国公司另辟蹊径，率先在美国南卡罗来纳州兰开斯特郡购置土地920余亩，建设纺织工厂，成为首家在美国建厂的中国纺织企业。当年12月，《华尔街日报》以"Textile Work Winds It Way Back to the U.S.（纺织业回归美国）"为题，对科尔美国公司进行了报道。该报认为，科尔来美投资建厂，也许不能重现曾经繁荣的美国南方纺织行业盛景，但是这一商业行为表现出全球贸易的转变正在为美国基础制造业创造有利条件。

历史上的南卡罗来纳州是美国的纺织大州，其中兰开斯特郡更是纺织重镇，曾聚集了全美最大的纺织企业，形成了较为完善的产业集聚。2007年在兰开斯特郡，美国纺织业巨头斯普林实业公司，在经营了120年之后，关闭了最后一家工厂，终结了纺织重镇的历史神话。在20世纪七八十年代的鼎盛时期，这里曾经雇佣过1.1万名纺织工人，这也是整个美国南方纺织业变迁的一个缩影。

科尔美国公司是航民探索更多可能的开始。作为首家投资美国的中国纺织企业，很是需要勇气和探索精神的。事实证明，其选择是正确的。目前，随着科尔美国公司的顺利运营，科尔集团寻找到了新的利润增长点，交出了自己的答卷。这个新板块的崛起背后，是航民经营战略的探索与创新。然而，朱重庆和航民的探索脚步不止于此。

2008年，全球爆发金融危机时，朱重庆却购置了两艘海轮，一艘载重2.28万吨，一艘载重18万吨，分别得名"航民富春轮"和"航民富华轮"，组建航民海运公司，实现了朱重庆构想多年的印染、热电、煤炭、海运一体化战略，带领航民驶向了更辽阔的大海。虽然几经波折，航民海运业务终于进入正轨，目前拥有 3 艘船，共 6.58 万吨的运输能力，从事煤炭、矿砂、粮食、钢铁等多种商品的散货运输。

驶向大海的不仅仅是航民集团的 3 条船，还有航民村上下求索的雄心。

(三) 村域合作的新模式

2008 年，航民村和浙江花园村、滕头村、方林村以及上海九星村成立了一个新型区域合作组织——中国村企集团五村合作组织，该组织的宗旨为"合作、创新、发展、共赢"。2011 年，五村联合控股有限公司成立，注册资本 2 亿元人民币，落户杭州西溪湿地，开启了强村联合的发展神话。中国村企集团五村合作组织的成功运作，创新了村域合作的新形式。以浙沪五村的合作组织为表率，全国各地纷纷效仿，成立村庄之间的合作组织。

航民经过最初的披荆斩棘、一路狂飙，如今发展得更为稳健了。航民没有并村、扩大规模，而是结合本村实际情况，一步一个脚印。虽然步子慢了些，航民人心中却更有底了。

五、带富："千万工程"背景下的新探索

浙江省的"千万工程"创造了推进乡村全面振兴的成功经验和实践范例，在全国上下学习运用"千万工程"经验有力、有效全面推进乡村振兴的背景下，作为浙江省"千万工程"的先行村之一，如何推广自身经验，带动其他省域的村庄共同富裕，则是航民村面临的新课题。

(一) 履行社会责任，先富带后富

长久以来，乘着国家政策东风发展起来的航民，把"先富带后富"作为自己践行社会责任的一项重要任务，积极投身各种社会公益活动，扶贫济困、扶老恤孤、赈灾救难、捐资助学，为周边及中西部地区提供村镇干部培训和资金。既作为村庄，又作为企业，航民集团和航民村积极践行社会责任，投身社会公益。

多年来，航民村以"切实情、办实事、求实效"为原则，先富带后富，结对帮扶贫困地区。早在 1985 年，就与当时的贫困乡（镇）——钱江乡联办企业结对，扶持钱江乡发展经济，解决当地劳动就业问题；1998 年 4 月，航民与萧山市（县级）浦阳镇陈家塘村签订为期 3 年的"捆绑式"扶持经济薄弱村目标责任书……。航民积极响应中国村社发展促进会倡导，接收少数民族村干部挂职培训，以提升少数民族地区农村基层干部的发展、服务能力。2006 年 10 月，来自 55 个少数民族的村干部代表来到航民进行交流学习；航民村先后在 2014 年 4 月、2014 年 10 月接收了两批来自云南省红河州元阳县和丽江市玉龙县的少数民族村干部来航民村能加为期两个月的挂职学习。元阳县新街镇新胜村村委会主任钱光卫说："通过学习，从对比中找出路、找差距。挂职不仅让我们认识到了农村带头人的重要作用，学习到了工作经验和工作方法，还领会到了航民村干部群众的发展理念和做事态度。"

40 多年来，航民扶持村庄发展的案例不胜枚举，此处不再一一赘述。航民在社会公益事业方面展现出正能量的价值取向，除了与航民人自身拥有真诚、质朴的情感有关，更与带头人"兼济天下"的大爱胸怀密不可分。作为航民的带头人，朱重庆认为企业是社会的细胞，企业的成功来源于社会。航民从 1979 年依靠 6 万元从村办小作坊起家，能够发展出如今的大型企业集团，得益于各级党委、政府和社会各界不遗余力的支持。办企业也应有社会责任感。

（二）推广"千万工程"经验的"带富"新探索

2021 年 6 月 10 日，《中共中央 国务院关于支持浙江高质量发展建设共同富裕示范区的意见》发布，支持鼓励浙江省先行探索高质量发展建设共同富裕示范区。浙江省承担了高质量发展建设共同富裕示范区的重大使命，计划到 2025 年推动示范区建设取得明显实质性进展；到 2035 年，高质量发展取得更大成就，基本实现共同富裕，率先探索建设共同富裕美好社会。

在全省推进高质量发展建设共同富裕示范区的背景下，航民也开启了村庄的探索之路。2023 年，在全国上下学习运用"千万工程"经验的背景下，航民村拿出专项资金，用于帮助江西婺源县、贵州三都水族自治县等贯彻学习"千万工程"经验。在航民公益资金的扶持下，成立了专业的"千万工程·联创带富服务队"，深入到婺源县、三都水族自治县的乡村，通过调查研究、把脉问策等，为二者县域内的乡村谋划。服务队把浙江省"千万工程"的经验和浙江省名村的发展经验带到了婺源和三都，通过伴生服务，扶持县域推广学习"千万工程"经验，并经过实地试验转化为适应当地发展的"千万工程"经验。

六、航民模式的思考与启发

一是村庄的发展，带头人是关键。航民村有一个稳重厚道的当家人，他就是朱重庆。他是第八届全国人大代表，现任浙江航民股份有限公司（航民村）党委书记、董事长、总经理。朱重庆曾获评全国新长征突击手、第二届中国十大杰出青年、全国乡镇企业家和全国劳动模范等荣誉称号。在村庄发展的关键节点，领头人的发展理念和决策很重要。朱重庆是农民出身，一直站在农民的立场发展集体经济。航民村的集体产权制度改革为航民村实现共同富裕发挥了关键的作用。此外，低调、宽容、厚道是朱重庆一贯的处事方式，他以宽厚的品格和骄人的业绩赢得了社会的肯定。朱重庆带领下的航民人，以稳健的发展方式，获得了实实在在的幸福生活。

二是坚持乡村经营思维。不少乡村投入了大量的资金，为乡村发展打下了基础，让乡村有了"颜值"。若后期没有经营就没有收益，无法充分发挥乡村价值，产出经济、生态和社会效益。航民村以乡村发展，农民物质、文化、生活水平的提高为目标，整合乡村资源要素，运用市场经济手段变乡村资源为资本，最大限度地盘活存量，对村庄资产进行集聚、重组和运营，以实现效益的最大化、最优化。

三是发展集体经济，坚持走新时代群众路线。集体经济是航民村一开始就坚持的道路，中间遭遇波折也未曾放弃，这是实现航民村共同富裕的基础。尤其是以朱重庆为首的航民村"两委"班子，坚持心中有群众，与群众拧成了一股绳，在共同富裕的道路上并肩前行。

第三章

"千万工程"的学习思考

一张蓝图绘到底
——浅析"八八战略"引领下的"千万工程"

中国行政体制改革研究会智慧治理委员会副主任　陈　涛

农业、农村、农民,是中国经济社会发展的基本盘、压舱石。环境、资源、生态,是发展中国家迈向现代化的短板与瓶颈。回溯至 2003 年 6 月 5 日,时任浙江省委书记的习近平同志出席全省"千万工程"启动会,要求"要把'千村示范、万村整治'工程作为推动农村全面小康建设的基础工程、统筹城乡发展的龙头工程、优化农村环境的生态工程、造福农民群众的民心工程"。以省域为单位,"千万工程"率先破题,经过 20 余年的不懈努力,成为当代中国共产党人直面中国之问、世界之问、人民之问、时代之问的执政应答。而答卷则是浙江省从"千万工程"走向共同富裕示范区之路的伟大画卷。

一、针对浙江实际,启动"千万工程"

没有调查就没有发言权,没有调查就没有决策权。在 2002 年 10 月,时任浙江省委书记的习近平同志到任之后,用 118 天,走遍了全省 11 个地市和 25 个县,深入田间地头、市集工厂了解浙江省发展面临的挑战和难题。浙江省作为改革开放的先行地区,2002 年的 GDP 就达到了 8 003.7 亿元,经济社会发展取得了一定的成就，但也面临着资源要素和生态环境的双重制约，产业结构"低、小、散、污"，群体性社会矛盾日益凸显。有新房、无新村，垃圾靠风刮、污水靠蒸发，是当年的乡村图景。

2003年6月启动的"千万工程"，标志着浙江省全面推进村庄整治和建设工作的开始，"千万工程"计划从全省近4万个村庄中选择1万个左右的行政村进行全面整治，并将其中1千个左右的中心村建成全面小康示范村。在浙江省工作期间，习近平同志制定了"千万工程"的明确目标、实施原则及投入方式，并创新性地提出并推动了"四个一"工作机制：确立"一把手"的总负责地位，实施分级负责制度；设立工作协调小组，由省委副书记担任组长；每年组织工作现场会议，由省委、省政府主要领导出席并部署工作；定期表彰优秀集体和个人。之后，围绕"千万工程"，浙江省每五年会制定一个行动计划，在各关键阶段都制定具体的实施意见。从"千村示范、万村整治"工程的初步实施，到"千村精品、万村美丽"的深化提升，再到"千村引领、万村振兴"的升级发展，这体现了持续不断的努力和执着付出。2023年6月7日，浙江省委常委会会议提出，要加快构建"千村引领、万村振兴、全域共富、城乡和美"的"千万工程"新图景，以推动"千万工程"取得的新成效为乡村全面振兴和"美丽中国"建设作出浙江的新贡献。

二、"八八战略"是引领"千万工程"的战略思想

浙江省作为改革开放先发地区之一，经济社会矛盾也更早进入攻坚期。"千万工程"启动后一个月（2003年7月），时任浙江省委书记的习近平同志在浙江省委十一届四次全体（扩大）会议上，全面系统阐释了浙江发展的"八个优势"，鲜明指出了指向未来的"八项举措"，这就是"八八战略"。在此战略引领下，浙江省的经济经历了由高速向高质量发展的转型，开始走向品牌化、高端化、智能化，虽增速曾出现了"V"字形转折，但GDP保持了长期持续的高增长。"八八战略"不仅成为浙江省发展的总纲领和总方略，更成为此后习近平新时代中国特色社会主义思想的萌发实践。

之后的历任浙江省委书记，都把贯彻落实"八八战略"作为紧跟党中央、做

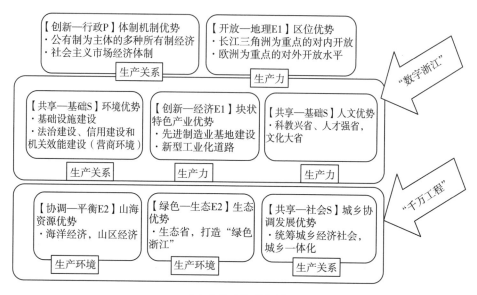

"八八战略"分析图

好"两个维护"的核心政治工作，带领浙江省的干部紧跟中央部委在自贸区、数字经济、科技创新、共同富裕、中国式现代化等方面的政策试点，不断深化"八八战略"。在2021年度"八八战略"实施综合评估报告列举的浙江"金名片"中，民营经济、数字经济、高水平均衡协调发展、整体智治、数字化改革、共同富裕示范区、现代化先行、营商环境等均赫然在列，共同组成了"数字浙江"的亮眼标签。

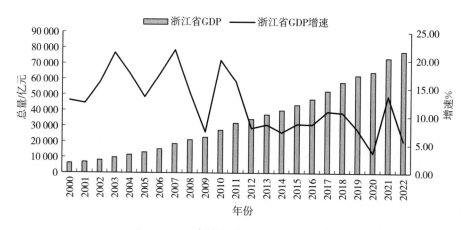

2000—2022年浙江省GDP总量及增速

中国特色社会主义的发展逻辑具有鲜明的特点，主要体现为动力、平衡和治理的有机统一。自1978年改革开放起，中国特色社会主义就展现出了强烈的动力导向，以邓小平同志为代表的老一辈革命家敢于闯、敢于试，推动中国现代化进程加速。然而，随着经济社会的发展，不平衡、不和谐的问题逐渐显现，这促使我们开始关注平衡发展，提出了科学发展观。党的十八大以后，国家治理体系和治理能力现代化的重要性愈发凸显。"八八战略"体现了这3种机制的底层逻辑，强调体制机制优势，激发民间创造活力和动力；强调平衡发展，为浙江省的转型升级提供了重要指导；强调重点突破、全面发展和系统谋划，体现了改革开放初期以经济建设为中心的战略思维，以及新时代对经济、政治、文化、社会和生态全面发展的要求；注重发挥比较优势、补齐发展短板和打造发展支点的理念。"八八战略"与中国特色社会主义思想之间存在着严谨的逻辑联系和结合点。从腾笼换鸟到高质量发展，从推进人民民主到推进全过程人民民主，从浙江文化大省到文化强国，从法治浙江到法治中国，从平安浙江到总体国家安全观，从"两山"理念到和谐共生绿色发展，从全面推进党的执政能力建设到全面从严治党……，都体现了中国特色社会主义的发展逻辑。

可见，"八八战略"是"千万工程"的思想引领和战略基础。"千万工程"作为"八八战略"中生态省建设和"绿色浙江"构想的关键落地举措，深入贯彻了全面协调可持续发展的核心思想。在推进过程中，"千万工程"历经数次优化与升级，但它核心的生态文明理念始终未变。这种持续的创新与发展，与"八八战略"中强调的创新驱动、持续发展的精神高度契合。特别是在生态与社会协调共进方面，通过实施"千万工程"，浙江省在生态文明建设、农村环境改善及乡村振兴等多个领域取得了显著成果，这些成果不仅落实了"八八战略"的顶层设计，更为"八八战略"在农村环境的显著改善和乡村振兴方面提供了丰富的实践经验和示范效应。

三、"数字浙江"是支持"千万工程"发展的软环境基础

浙江省作为中国经济发展和科技创新的先行区之一，一直走在推进"互联网＋政务服务"的前列。通过互联网技术与政府服务的深度融合，提升了政府工作的透明度和效率，进一步方便了群众和企业办事。在"八八战略"提出的同

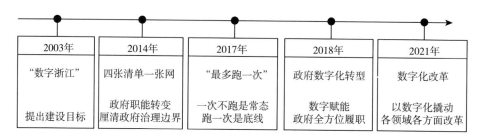

数字浙江发展阶段图

年，习近平同志就提出了"数字浙江"的战略构想和目标，2014年开始推行"四张清单一张网"制度。这一制度通过简化审批流程，公开权力清单、责任清单、负面清单和财政专项资金管理清单，以及建立统一的政务服务平台，大大提高了政府的办事效率和服务水平。2017年，浙江省全面推行"最多跑一次"改革，以"让数据多跑路、群众少跑腿"为目标，通过优化服务流程、减少办事环节、缩短办理时限等措施，极大地提升了群众和企业的办事体验。不仅如此，浙江省还积极推广"一窗受理、集成服务、一次办结"的服务模式，使群众和企业能够在最短的时间内完成业务办理。为了进一步推动政府数字化转型，2018—2020年，浙江省实施了一系列重要举措。其中包括打造"掌上办事之省"，推出"浙里办""浙政钉"等移动政务服务平台，方便群众随时随地办理业务。同时，推广"一证通办""一件事"等举措，实现了跨部门、跨地区的信息共享和业务协同，进一步简化了办事流程。

如今，浙江省继续深化全方位数字化改革，推动政府服务向数智化、精细化、个性化方向发展。在这一过程中，浙江省注重加强数字技术的研发和应用，通过引入人工智能、大数据等先进技术，提升了政府决策的科学性和精准性。同时，注重加强数据安全和个人信息保护，确保数字化改革在保障群众权益的基础上得到稳步推进。正是得益于这些举措的实施，浙江省在营商环境方面取得了显著成效。在全国工商联"万家民营企业评营商环境"的评选中，浙江省连续两年位居全国第一。这一成绩不仅是对浙江省在推进"互联网＋政务服务"方面所取得成就的肯定，也是浙江省持续优化营商环境、激发市场活力的有力证明。

"数字浙江"建设的持续推进，为"千万工程"提供了坚实的软环境支撑。

一是通过互联网和数字技术，实现了"最多跑一次"等政务服务模式的创新，简化了"千万工程"推进过程中的行政审批流程，为以民营经济为特点的浙江省经济发展持续优化营商环境。二是提供了便捷的民生服务，有效提升了群众的生活质量，为"千万工程"顺利进行创造了有利条件。三是支持了数字经济和平台经济的发展，促进了相关产业的繁荣，提供了坚实的产业支撑。四是推动了信息资源的共享和开放，促进了各参与方之间的信息流通和协作，有效提升了工作效率。五是利用大数据技术，逐步有效地收集和分析了各类数据，为公共治理和市场决策提供了有力的数据支撑。六是通过构建完善的数字化基础设施，如云计算平台、大数据平台和物联网等，提供了强大的技术支持。

四、民营经济是激活"千万工程"发展的经济支柱

在"八八战略"的引领下，在"最多跑一次"改革等营商环境优化的系列举措落地生效的推动下，浙江省的政策环境、市场需求和企业主体形成了良好的互动与共振。2023 年，浙江省民营经济增加值占当年全省生产总值的比重为 67.2%。规模以上工业民营企业 5.3 万家，占规模以上工业企业数量的 92.3%；全年实现增加值 15 986 亿元（占 71.4%），进出口 39 295 亿元（占 80.2%）。2023 年年末，在册民营企业和个体工商户共 1 002 万户（占 96.9%）。浙江省企业在 20 年的发展中，经历了四个发展阶段：2003—2008 年的路径之变，从"低、小、散、污"到"四换三名"（"腾笼换鸟、机器换人、空间换地、电商换市""名企、名品、名家"），互联网、商贸、制造业并驾齐驱；2009—2013 年的理念之变，从投机到投资，既要多元化的投资也要专业化经营的民企，与以混合所有制冲刺世界 500 强的国企，携手向现代企业迈进；2013—2018 年的"血统"之变，从"草根"到"新力量"，兼具"四千精神"（"走遍千山万水、想尽千方百计、讲尽千言万语、历经千辛万苦"）与"四共"（共享、共赢、共创、共融）理念的浙商文化力显现；2019—2023 年的角色之变，从"创富"到"共富"，从创业到创新，从"跟风"到勇做"两个先行"（共同富裕、现代化）排头兵，"浙商"已从"老板"跃升为现代企业家。

类似依托花园村发展起来的花园集团的知名企业从个体户、乡镇集体工厂起

步，已经发展成为浙江省发展的中流砥柱。到 2021 年，浙江全省规模以上工业增加值突破 2 万亿元大关，有 96 家企业入围"中国民营企业 500 强"，浙江省在这方面连续 23 年居全国第一位。宁波舟山港货物吞吐量连续 13 年居全球第一位，充分证明了浙江省市场经济的强劲发展实力。

从产业布局来看，浙江是名副其实的数字经济大省、强省。虽然经济总量和增速与江苏、广东、山东不相上下，但数字经济增加值占 GDP 比重达 48.6%，居全国第一位，核心产业增加值达到 8 348 多亿元，年均增速是 GDP 增速的两倍；浙江省的"产业数字化"指数连续三年居全国第一。以阿里巴巴为代表的平台企业，在浙江省经济发展中发挥了经济带动效应、资源虹吸效应。浙江省在数字经济方面始终走在了前列，在《数字浙江建设规划纲要（2003—2007 年)》中就指出要"依托我省市场建设的优势，切入专业特色行业，建立起有形市场和虚拟市场相结合的电子商务发展模式，发展一批专业化电子商务网站"。至 2008年，电子商务快速兴起，突出特点为"连接与传播"，通过流量和广告的方式，实现供需双方对接，有效地满足了市场需求，优化了资源配置，促进了诸如浙江义乌"小商品"走遍全国，走向全球。在商贸流通增长的环境下，产品销售的效率得到显著提升，资金回笼速度加快，资本运作效益也相应增强，这为制造业的转型升级提供了有力支持。2009—2021 年，随着互联网技术迅猛发展，数字经济从商贸扩展到各个领域，突出特点是"交易撮合"，供需对接的精准化程度越来越高，从需求端对供给端的创新引领作用越来越明显。随着商贸的繁荣，制造业也在需求侧的数据驱动下，逐渐从低端向高端迈进。2021 年至今，阿里巴巴等平台企业已经逐步迈入数智服务促进数字经济和实体经济深度融合的新阶段。这一转变不仅体现在交易撮合和服务共创等深层次的服务上，更在整体上助力了产业数字化升级和高质量发展。

浙江省民营经济为"千万工程"提供了经济基础和发展活力。一是通过整合土地、林地等集体资源，提升农民集体土地的征地拆迁补偿标准，有效促进了集体经济资源的提质增效。二是通过培育特色优势产业、强化专项整治、开展农业社会化服务等措施，为乡村产业振兴提供了有力支撑。三是电子商务和直播带货的兴起为农村电商注入了新动力，显著提升了农产品的市场影响力和农民的收入水平。四是通过大数据技术监测病虫害、实施水肥一体化灌溉系统等措施，不仅提高了农业生产效率，还提升了农产品的质量和市场竞争力。五是通过"万企兴万村"行动，为乡村带来了更多的就业机会、先进技术和管理经验，使村民能够在家门口就业。最后，通过培养本土人才，促进外部人才引进，在生态振兴、文化振兴等方面也取得了显著成效。

五、浙江精神是"千万工程"的内在动力

浙江精神作为中华民族精神的重要构成部分，是浙江人民历经千年奋斗发展所孕育出的珍贵财富。2006 年，习近平同志发表《与时俱进的浙江精神》署名文章，将与时俱进的浙江精神概括为"求真务实、诚信和谐、开放图强"。2016年，习近平总书记在 G20 杭州峰会结束之际，提出秉持浙江精神的新要求为"干在实处、走在前列、勇立潮头"。浙江精神是浙江省发展的动力，是充满地域文化个性与特色的价值取向，始终激励着浙江人民励精图治，开拓创业。

在乡村振兴中，最大的绊脚石就是"等靠要"的消极思想。然而，这一顽疾在浙江精神下得以被清除，取而代之的是一股积极主动、攻坚克难的雷厉风行之势。浙江干部群众紧随党中央国务院的方针政策，坚定执行省委、省政府在"数字浙江"、科技创新、共同富裕、中国式现代化等领域的政策试点，不仅始终"走在前列、勇立潮头"，更是"干在实处"，取得了令人瞩目的丰硕成果。在浙江省的众多"金名片"中，"守正创新的干部队伍"无疑是最为亮眼的一张。这一成果的取得，离不开党中央、国务院的深切关怀与坚强领导，更得益于浙江省各级干部群众持之以恒、将一张蓝图绘到底、干到底的勤奋努力和不懈奋斗。

浙江省经济的蓬勃发展，其核心主力军为非公有制经济形态占 90% 的"浙商"。浙商精神，作为浙江精神的重要构成部分，是在深厚的浙江精神基础上，历经市场经济的洗礼与磨砺而逐渐形成的。其精髓所体现的"四千"精神，深刻彰显了浙商的创业激情、创新思维、顽强毅力和积极进取的精神风貌。而"四共"理念则进一步丰富了浙商文化的内涵，展现了浙商们强烈的社会责任感和合作精神。在新时代的背景下，浙商不仅致力于追求个人的成就与成功，更积极与合作伙伴携手共进，共同创造更加美好的未来。这种理念的提出，标志着浙商文

化的发展迈入了新的历史阶段，即由单纯追求经济效益转向实现经济效益与社会效益的双赢。在此背景下，涌现出了如宗庆后、鲁冠球、李书福等众多杰出的浙江企业家。他们中不乏邵钦祥、朱仁斌等身兼村党委书记和企业带头人的双重身份，将村镇集体企业打造成为带领村民迈向富裕生活的重要代表人物。他们在追求经济效益的同时，也积极关注社会效益，勇于承担社会责任，将环境整治与美丽乡村建设作为企业吸引人才的软环境，将产业升级、结构调整、企业不断进步作为乡村振兴与共同富裕硬道理，将文化传承与创新发展作为从更广泛的范围内吸引人才、留住人才的凝聚力量。

"千万工程"自2003年在浙江省正式启动以来，浙江精神发挥了内在驱动力的作用。浙江精神中的求真务实态度，使得"千万工程"得以扎实推进，实现了经济发展与生态环境保护的共赢；诚信和谐的价值观推动了"千万工程"中各方的合作与共赢，形成了良好的社会氛围；开放图强的精神促使浙江积极引进外来先进经验和理念，为"千万工程"的持续创新提供了源源不断的动力。

六、总结："千万工程"是浙江共同富裕发展蓝图的最亮一笔

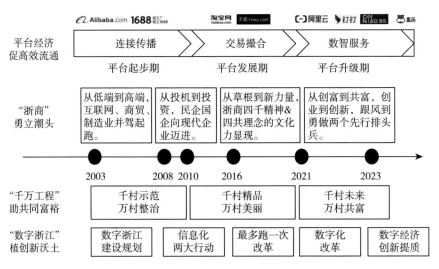

"八八战略"指引下的浙江发展战略图

"千万工程"是落实时任省委书记习近平同志为浙江发展"量身定制"的

"八八战略"的重要举措之一。当时的浙江省，各个经济领域的发展尚处于起步阶段，在努力实现高速发展的同时，必须面对一系列的生态环境、营商环境等问题。从生产关系的角度，"八八战略"凸显了体制机制的优势对于形成良好营商环境的重要性，以及在生产力发展中发挥优势特色的必要性，从而推动产业的进一步提升。习近平生态文明思想中的精髓，即"绿水青山就是金山银山"，在这里得到了充分体现，呼唤我们在人与自然的平衡中寻找发展之道。浙江的发展，尤其在数字经济方面的表现亮眼。"数字浙江""最多跑一次"改革等，从而形成数字经济创新体制，使其在全省产业发展中独占鳌头。浙江冲在全国前列的深层文化原因，在于"求真务实、诚信和谐、开放图强、干在实处、走在前列、勇立潮头"的浙江精神。不仅是浙江的干部，还有浙江的各界精英和普通百姓，践行着源源不断的创新精神，体现着创新创业的实干担当。"千万工程"正是在这样的思想引领下，依托良好的营商环境，集结了实干的队伍，营造了积极的氛围，使乡村得以振兴，使人民得以富足。

创造多功能的经济社会发展新空间
——从文化和治理角度认识"千万工程"

中央党校（国家行政学院）社会与生态文明教研部副教授　刘　忱

"千村示范、万村整治"工程是一项功在当代、利在千秋的民生工程，关乎农村未来发展和农民福祉。浙江省 20 余年来实施"千万工程"的经验表明，它是通过一系列全面整治和建设行动，打造生态宜居、乡风文明、治理有效的新时代农村，激活乡村沉睡的资源，盘活农村资产，促进乡村资源向资产有效转化的一项系统工程。目的是提升村庄的环境质量，改善村容村貌，保护生态环境，大幅度提升农村基础设施和公共服务水平，促进乡村产业蓬勃发展，农民收入持续增加。说到底，实施"千万工程"的最终目的，就是提升当前乡村的文明程度，焕发现代文明活力，逐步形成具有多种功能的经济社会发展新空间。若从文化和治理的角度来看，"千万工程"的实施在于改变对农业农村的认知，改变思维和行动方式，为将来乡村的经济社会发展打下基础，是大有深意的。

一、观念创新

"千万工程"是新时代发展理念的一次创新。在党的二十大报告中，习近平总书记指示我国建设要走新时代中国特色社会主义道路，即中国式现代化道路。这条道路明确了习近平新时代中国特色社会主义道路的发展方向、发展目标与发展方式，这是中国共产党带领全党、全国各族人民经过一百多年探索才逐步明确的道路，它迥然不同于一般欧美国家的现代化道路。对于中国的农业农村发展而言，中国式现代化道路就是立足中国乡村具体实际，探索一条适合中国的发展理念、发展道路，满足广大城乡人民对幸福生活的期待，追求人民的福祉。建设农业强国。

中国有广袤的乡村大地，农业在我国历史上从来就是立国之本。21 世纪以来，由于工业化、城镇化的需要和乡村产业之间的阶段性不平衡状态，我国的农业农村发展一度出现了"短板"，农村青壮年人口大量外流，农村基础设施落后，公共服务供给严重缺乏，农业农村的发展严重滞后于国家整体现代化发展格局。这种状况也形成了社会上普遍认知误区，即传统农业已经落伍，小农户应该淘汰，应该学习欧美大农业生产方式。在"三农"工作中，有些地方强调工商资本下乡的作用，让农民进城务工经商，片面以行政命令的方式大搞撤村并镇、撤村并校，进而把鼓吹医疗卫生、教育资源投放城市，以各种方式减少农民等等，这些片面的认知使得农村不断"村庄空心化""文化虚无化"，一方面客观上造就了农村人口结构极大不平衡，另一方面，造成社会对乡村的认知固化，把乡村看成已经成了愚昧、落后、封闭、愚昧的所在。造成的文化后果就是乡村文化失去了自身的主体性，一直跟在城市、现代观念的后面，亦步亦趋地跟跄前行。

21 世纪以来，在党中央的领导下，我国逐步加大了对农业农村的投入，发展乡村产业，有意识地缩小城乡差距，增强乡村自身发展能力，党的十九大时，习近平总书记在报告中提出了"乡村振兴"的发展战略，并在党的二十大上提出建设"农业强国"的发展目标，确立了乡村振兴的目标任务，即建设农业强国。从过去就事论事地解决三农问题到有目标有方向地建设农业强国，这是一个重大的理论飞跃和道路自信表现。为推进这个宏伟蓝图所要求的任务实施，我国开展了大规模的乡村基础设施建设，广大乡村地区已是万象更新，乡村振兴成果遍地开花。城乡差距进一步缩小，乡村的现代化程度越来越高。但在完成大规模基础设施建设之后，乡村振兴工作仍需要深化和细化、需要更精准的针对性，更需要激发广大农民的主体性、积极性，更需要唤起全社会对乡村的关注和了解并有效地参与进来，因此，"千万工程"的成果，就是深化乡村全面振兴路径的摹本，既从实践层面深化了乡村振兴战略的价值，提升了乡村全面发展功能，也改变了全社会的认知，让全社会看到乡村的有希望有未来，对乡村发展、城乡融合充满信心。

二、方法创新

"千万工程"的实施与一般项目有所不同，其工作方法的突出特点，即从实际出发，以人民为中心的发展思想，切实把实现人民群众对美好生活的向往作为出发点和落脚点。在完成了脱贫攻坚和基础设施建设任务之后，改善生活环境成为农村发展的迫切需求，但由于长期积习和缺乏有效治理，很多乡村虽然已经解决了温饱，甚至已经初步富裕，但街道破败、废物乱推乱放、污水横流、臭气熏天，严重影响农民生活品质，也阻碍乡村产业健康发展。我们看到，浙江省的"千万工程"就是从环境整治做起。由点及面、迭代升级，20年持续努力造就了万千美丽乡村，造福了万千农民群众。这与习近平总书记的亲自部署、直接领导有重要关系，与地方干部群众埋头苦干有关系，究其深层次文化原因，则有浙江特有的地方文化影响，即从南宋时期就形成的儒家"浙东学派"的理论及其他外来文化对浙江的影响。这个学派主张事功主义，求真务实，开放包容，尤为重视行动和效果的作用，并在民间逐渐形成务实、苦干的浙江文化特色，无形中浸润了干部群众的思维方式和执行力、行动力和创新力。

因此，在浙江省实施"千万工程"的过程中，不走过场，不拍脑袋，不搞一窝蜂，注重实效，久久为功，集二十年之力，一任接着一任干，花"绣花功夫"解决了群众身边那些深感烦恼、无奈、也无力解决的小事。党和政府出面，把解决这样的民生小事当成系统工程的一项内容来解决，并不厌其烦地向群众做思想工作，在解决小事、琐事的过程中，人民群众看到了党和政府的决心和态度，密切了人民群众与党和政府的密切联系，重塑了政府的公信力。所以，浙江的老百姓才由衷地称赞说，这是"继实行家庭联产承包责任制后，党和政府为农民办的最受欢迎、最为受益的一件实事"。

三、文化创新

千万工程是对农业农村文化观念的一场颠覆性变革。我国的地形地貌复杂多样，决定了广大乡村地区不同的农业方式和与之相适应的民风民俗。进入现代化进程以后，这些农业生产方式和民风民俗本身面临与现代化经济社会不相适应的问题，更多的是在生产力水平低下的条件下为满足生存而对自然生态的破坏，在新旧道德、村风民俗方面也产生了不少观念上的冲突和龃龉。因此，也需要进行全面规划、整治和辨析提高。

"千万工程"所推进的环境整治等一系列工作，最直接的工作是提升乡村环境的宜居水平及对山水林田湖草沙生态系统的优化，从实用功能上看，这是一个通过对自然资源的整治使之更好适应自然规律、促进绿色发展的措施，从"千万工程"实施的经验看，其中还隐含着一个主题，即生态环境的美化。浙江省山河壮丽、人文荟萃，但这些地方并不一定天然就是宜居的所在，要想实现宜居，就要进行适度的人工改造和建设，把握人工和自然关系的界限，就看是否在顺应自然、尊重自然的前提下改造自然、美化自然，真正使自然体现出习近平总书记所说的"各具特色的富春山居图"面貌。美化自然的最高境界是生态化的自然，是人与自然和谐相处的具体体现。浙江省"千万工程"着力挖掘山水林田湖草沙和人文历史遗迹的当代审美价值，使之变成可观、可赏、可游、可居的所在的服务型产品。因此可以说，生态资源转化为资产的最高境界其实就是把生态资源转换为审美产品。浙江注重创建生态品牌、挖掘人文景观价值，把自然生态的美丽和传统文化也转化成了经济发展的一种新经济增长点。开展"千万工程"以来，浙江省各地纷纷根据自身的自然条件建设的民俗、研学、农文旅项目，形成"一户一处景、一村一幅画、一线一风光"的美丽图景，培育了大批"美丽乡村＋农业""美丽乡村＋文化""美丽乡村＋旅游"等新业态，就是对绿色发展理念的重大创新。

"千万工程"并不仅仅局限于环境整治，生态保护、农田综合治理等外在的治理项目，更深层的工作是重塑村风民风，赓续传统文化的同时，塑造新时代的乡风文明、村风家风，实现文化的创造性转化和创新性发展。浙江有厚重的古代传统文化遗产，也有丰富多样的革命文化遗产散落乡村，如何认识、保护和传承、利用优秀文化资源，并发挥文化的作用，是浙江持续做的一篇大文章。浙江省始终以推进"文化礼堂""新时代文明实践活动"为引领，推进乡风文明建设。一方面，全域构建新时代文明实践中心、新时代文明实践所、农村文化礼堂三级阵地，建成一批家风家训馆、村史馆、农民书屋等文化硬件，另一方面，通过"村规民约""家庭文明档案""积分制"的建立，开展弘扬本地特色的传统文化，提炼家风家训，举办"村晚"、"村歌"、体育比赛等文化活动来深化文化软件建设，不断促进社会主义核心价值观深入人心，有效遏制了陈规陋习，刹住了歪风邪气，提升了人民群众的获得感、幸福感。文明乡风、良好家风、淳朴民风不断形成。为了节约资源，不少村庄都把新时代文明实践中心与农家书屋、基层综合文化服务中心、老年日间照料中心等设施和传统公共空间合并。使公共空间兼具多重功能，传统与现代文化在这里碰撞、政府倡导与民间自发的文化在这里交融，形成一个共享空间。村民在各项文化活动中增强了文化自信，提升了文化自觉。文化作为一种润物无声的力量，将绵绵不断地滋润人心。

四、治理创新

全面推进乡村振兴的伟大历史进程，是一个把乡村带入中国式现代化的历史性进程，也是中国共产党夯实自身基础、加强基层治理的过程，因此，首先要通过一系列制度设计，巩固和完善党在农村的领导地位，保证乡村社会基本稳定有序、人民和美幸福。其次要有效化解社会矛盾。这一方面要靠改革和体制机制创新，另一方面还要靠凝聚共识和价值观奠定思想基础，以社会主义核心价值观、凝聚精神，提升村民素质、维护社会公平正义、维系公序良俗。回顾浙江"千万工程"的经验，就发现浙江各地按照习近平总书记关于新时代继续发扬光大"枫桥经验"的要求，灵活运用"枫桥经验"，并在新时代发展理念下不断发扬和创新本地治理思路，形成了良好的善治氛围。

在乡村治理领域，乡村社会治理不仅需要文化来摇旗呐喊，而且需要文化为治理导航引路。这套思路决定了"德治"在乡村治理体系中占据领先地位。浙江"千万工程"经验的背后，就有特殊的人文背景。如浙东学派倡导事功主义，主张农商并举、互助互让观念，深入影响民间，民间也一直奉行"人敬人，人助人，花花轿子人抬人""前半夜想想自己，后半夜想想别人"的朴素伦理，崇尚务实、团结和行动，这就是浙江在社会治理上更加注重调解、议事、集体行动的深层文化背景。20世纪60年代，毛泽东主席表扬了浙江省诸暨的干部群众创造的"枫桥经验"，在新时代，习近平总书记依然高度肯定"枫桥经验"的价值，并把"枫桥经验"作为基层治理的典型经验传播推广，使得浙江省的基层干部有榜样、有方向，有办法、有能力，依靠群众参与、以"人民至上"为宗旨，以建立村社共同体为目的来解决社会治理难题。因为所议之事均涉及村民个人利益，所以也形成人人关心、人人参与、人人共享的共同体和治理格局，并在数字化、智慧化等新质生产力背景下不断创新。

总之,"千万工程"的成功实施,激发了全社会对乡村的重新审视和认真思考,也唤起了更多人对乡村现状的关注,提振了对乡村未来的信心。从乡村文化和治理的角度看,只要转变对乡村功能的认知观念,坚持正确的工作思路和工作方法,乡村文化作为中华文明的根脉,在现代社会中依然可以枝繁叶茂,生长出品质高、种类多的文化果实,呈现出多姿多彩的文化样貌,乡村的文化也将给予带给我们更多勇气、智慧和能力,以应对来自各方面的挑战,把全面乡村振兴工作推到新高度。

『千万工程』的麻江探索

2023 的夏天，在浙江省"千万工程"实施 20 周年之际，我们开启了一场实践，也是一场试验：通过引入多主体，以人才培训和组织引领为抓手，将浙江省"千万工程"的经验与方法通过公益项目输入西部，在西部县域率先开启了一场贯彻落实"千万工程"的探索与实践。这种探索模式在全国应该是首创，它不是常见的有时间期限的集中学习培训，也不是一场轰轰烈烈后就销声匿迹的活动，而是集结了政府主体、社会组织、村域主体、专家学者团体、人才培训主体、产业投资主体等多主体的，采取"多元培训＋实地调研＋项目策划＋持续赋能"的方式，是可持续、有跟踪、有反馈的系统工程。

这场落实"千万工程"的实践探索，是在深入学习借鉴浙江"千万工程"20 年经验做法的基础上，总结浙江省名村特别是花园村的发展经验，开展中西部地区乡村联创"带富"行动，传播推广先富带后富、促进共同富裕的"理念精神"与"方式方法"，共同打造高质量发展的乡村共富示范样板。同时，也是立足麻江自身，借鉴外部智力与资源，以人才培训为主体、以调查研究为抓手、以统筹策划为引领、以伴生服务为延续的新型探索模式。

这场探索模式首先在麻江县展开，随后不断得到改进，由点及面，延伸到三都水族自治县、婺源县、屏南县等县域，这是一场东西部协作背景下关于落实"千万工程"的县域发展路径探索。在全国上下学习"千万工程"的大背景下，期待这个实践模式能为推进农业农村现代化提供有益借鉴。

如果说，"千万工程"是乡村振兴的起点和预演，那么，麻江县学习贯彻"千万工程"，就是麻江全县域推动全面振兴乡村的一个起点。

第四章

缘起·一个西部县的向外观

"千万工程"的首场探索试验在西部县——麻江县展开。它是全国 1 299 个县之一,隶属于贵州省黔东南苗族侗族自治州,县域面积 960 平方千米,刚好是全国版图的万分之一。清水江从这里穿流而过,以苗族、瑶族、畲族、仫佬族、布依族为主体的少数民族占全县总人口的 81.6%,是多民族聚居区,常住人口 14 万。

但是,作为全国 1 299 个行政县制之一,如何能让外界快速了解麻江呢?

麻江人经常自豪地说:我们麻江"酸甜美"。酸是什么?酸汤文化,麻江县有千年的酸汤文化,既是饮食风俗文化,也是产业;甜是什么?来到麻江,一定要尝尝国家地理标志产品——麻江蓝莓,这是麻江的主导产业,有多年的种植历史,更是百姓脱贫致富的重要支柱;美是什么?那就多了,田园美、人文美、和气美,麻江县地处贵州省,山美水美生态好,处处田园,处处美景。简言之,酸汤文化、蓝莓产业、田园麻江共同构成了麻江的"酸甜美"。

然而,麻江不止于此。

第一节 这里的麻江 "酸甜美"

麻江县地处贵州省中部,清水江上游,是黔东南苗族侗族自治州的西大门,县城西距省会贵阳市和龙洞堡国际机场 109 千米,东距凯里市 40 千米,南距都匀市 23 千米,北距福泉市 21 千米。麻江县古称麻峡县、麻哈州,民国时期改称麻江县，是清末状元夏同龢的故里。2023年年末，县内共有公路1 380.755千米，交通便利。全县辖4个镇、1个乡、2个街道，户籍人口17.25万人，截至2023年年末，常住人口14.37万人。2023年，麻江全县生产总值达到49.23亿元。

麻江县地处云贵高原向湘桂丘陵过渡的斜坡地带，地势西高东低，最高海拔1 862米，最低海拔576米。全县以山地为主，低山、低中山、丘陵、河谷及盆地占全县总面积的78.4%。这里山清水秀、气候适宜，属于亚热带季风湿润气候区，冬无严寒、夏无酷暑、雨量充沛、雨热同季、四季分明。因此，这里物产丰饶，尤其是农产品，品质优良。

2023年，麻江县围绕"四新"主攻"四化"，积极抢抓中央一号文件、新国发2号文件和"桥头堡"政策等机遇，坚持"全面实施乡村振兴战略，聚焦聚力农业农村高质量发展"工作主线，以"三镇一园"和碧波园区为主要阵地，以承接粤港澳大湾区、成渝经济圈、京津冀、长三角、珠三角、华中地区产业转移为主攻方向，紧密结合麻江县实际，聚焦"酸甜美"，特别是蓝莓、酸汤等县域优势产业，大力推动传统产业提质改造升级、特色食品精深加工做强做优、矿产资源高效有序开发利用、其他产业稳步发展，着力构建"3＋N"现代工业产业体系，助力麻江县经济社会高质量发展，全面实现乡村振兴。2023年，全县农林牧渔业总产值为22.78亿元，同比增速为4.1%。规模以上工业总产值为10.07亿元，规模以上工业增加值为2.83亿元。

一、一颗蓝莓：国家地理标志产品

蓝莓是麻江的一大特色产业招牌，到麻江一定要尝尝当地的蓝莓。麻江人吃蓝莓也有讲究：不是一颗一颗吃，而是要一把一把吃，这样吃起来才过瘾，来到麻江就能实现蓝莓自由。2016年，麻江蓝莓入选国家地理标志产品。麻江是目前国内最大的蓝莓种植县和蓝莓产业发展核心区。截至2023年年底，麻江县蓝莓种植面积为8万多亩。蓝莓产业覆盖麻江县7个乡（镇）、53个村，蓝莓万亩片乡（镇）3个，蓝莓千亩村17个。

说起麻江县的蓝莓种植历史，要追溯到20多年前。1999年，麻江县率先开展蓝莓种植试验，这在贵州省尚属首次。经过历届麻江县委、县政府班子的坚持，一任接着一任干，蓝莓种植规模从一块田，到一个村，再到整个县域，麻江县蓝莓产业的规模由小变大，整体由粗放向精细转变，逐渐成为麻江县"一县一业"的主导产业。在政府扶持引导、企业带动、农民参与下，麻江蓝莓逐渐实现了规模化、产业化、品牌化、现代化及高质量、全产业链发展。

同时，麻江县依托蓝莓产业发展休闲农业，实现了一二三产业的融合发展。麻江县依托蓝莓规模种植，创建了蓝梦谷、乌羊麻、药谷江村等旅游景区，打造了一批特色景区。其中，麻江蓝莓生态旅游景区核心面积 2.82 平方千米，是集蓝莓种植与研究、加工、观光、康养为一体的综合型景区，是全国农业旅游示范点、国家 AAAA 级旅游景区、国家森林康养基地、全省 100 个重点旅游景区、全省 100 个重点现代高效农业园区、省体育旅游示范点、现代农文旅融合发展的典型范例、中国南方地区最大的有机蓝莓生产基地。

二、一碗酸汤：传承千年的饮食文化

在麻江人的餐桌上，有一道菜必不可少，那就是酸汤。尤其是在炎炎夏日，酸汤是当地人解暑、降温、开胃的必备菜品。一口酸汤下肚，如同醍醐灌顶，整个人从头到脚顿时通透、神清智明。酸汤主要分为白酸汤和红酸汤两种。白酸汤主要由米和面制作而成，红酸汤的分类就比较多，分为毛辣角酸、红油酸、辣酱酸、虾酸和臭酸。因为家家户户做酸汤，饮食习惯传承了千年，酸汤手艺也逐渐娴熟，渐渐地，从百姓一家一户的饮食习惯，延伸出一个产业——酸汤产业，酸汤产业逐渐成为麻江县群众脱贫致富的重要产业。

由于多年的产业培育与扶植，麻江县现在共有酸汤企业 3 家，共建成酸汤及酸汤系列产品生产线 26 条，年产能 4 万余吨，产品种类丰富。企业生产技术和产品共获得国家专利 40 多个。酸汤产业是一项富民产业，因此麻江县委、县政府高度重视，高位推进，集中力量推动酸汤产业发展。

创新研发，提高产品质量和企业生命力。组建由 22 名高校院所博士组成的凯里酸汤产业发展专家顾问服务团队，成功突破一批如酸汤发酵周期长、酸汤运输过程中油水分离等技术瓶颈。近年来，服务团队发表凯里酸汤基础研究成果及申请专利共 30 余件，获得 20 多项国家专利授权。

加大宣传，提高酸汤产业品牌知名度。充分发挥电视、广播、新媒体的作用，利用新华社、人民网、中国日报、贵州电视台、贵州日报等上级主流媒体宣传推介，其中，中国日报刊播的《贵州麻江：让红酸汤成为"可以快递的乡愁"》讲述了麻江县酸汤产业的发展故事。苗族酸汤鱼制作技艺已成功入选省级非物质文化遗产名录，项目代表性传承人 4 人。

三、一把蔬菜：舌尖上的田园麻江

好山好水好风光的麻江县，是种植高山冷凉蔬菜的好地方。高山冷凉蔬菜是麻江县的又一富民产业，这里产出的蔬菜品质优良，既是酸汤产业的重要原材料，也是粤港澳大湾区的直供产地。

为推动蔬菜产业发展，麻江县委、县政府在制定行动方案、优化产业布局、加强财政奖补、整合资源塑造品牌、加强科技支撑等方面发力。县政府出台《麻江县特色优势单品蔬菜产业发展三年行动方案》，明确到 2024 年全县实现蔬菜（含辣椒）种植规模在 15 万亩（次）以上，总产值超过 7 亿元。2023年，全县完成蔬菜种植 16.709 1 万亩，完成 50 亩以上示范基地 60 个，基地面积 8 140 亩，为全县蔬菜产业发展奠定了坚实基础。截至 2023 年年底，全县有农业产业化国家级重点龙头企业 1 家、蔬菜产业省级龙头企业 2 家。农产品注册商标 32 个，通过 QS 认证企业 12 家，形成了麻江县冷凉蔬菜产品的品牌。

"酸甜美"只是麻江在产业布局方面的突出特征，是外界了解麻江的捷径，除此之外，麻江在人才、文化、生态、组织振兴等方面，也取得了显著的成就。

"三农"专家温铁军认为，一到养生阶段，所有的山水都值钱了。这句话或许是对绿色发展的另一种解读，也是对养生农业的另一种诠释。作为一个西部县城，麻江的发展潜力是巨大的，尤其是在推广"千万工程"方面及践行"绿水青山就是金山银山"理念方面。在全国上下学习"千万工程"经验的背景下，麻江县进入"千万工程"研究者和践行者的视野，恰逢其时。

第二节　能人引路，结缘浙江花园村

为官一任，当造福一方。在自豪于麻江县的"酸甜美"之外，麻江县委、县政府领导班子常常怀有心事：麻江于2019年4月24日正式退出贫困县序列，通过发展蓝莓产业、酸汤产业、高山冷凉蔬菜产业等，实现了脱贫摘帽，随之而来的，是巩固拓展脱贫攻坚成果同乡村振兴有效衔接，这是全国乡村的大势所趋，是所有人面临的共同课题。那么，站在麻江县的角度，怎么因地制宜实现乡村的全面振兴？怎么让百姓在实现脱贫奔小康之后，生产与生活富裕？这是摆在麻江县委、县政府面前的新课题。

新时期麻江的"走出去"与"请进来"，发展契机就在"千万工程"。学习推广"千万工程"经验，奋力开创麻江乡村全面振兴新局面，这是麻江县委、县政府要先行先试的一个重要课题。

一、先行先试，推广"千万工程"经验

关于学习推广"千万工程"，习近平总书记有批示、中央有部署、贵州省和黔东南州都有要求，因而麻江县就要有行动，且是先行先试先探索。

习近平总书记对总结推广浙江省"千万工程"经验有批示，浙江省自2003年启动"千村示范、万村整治"工程以来，20年持之以恒、锲而不舍，造就了浙江省万千美丽乡村，造福了万千农民群众，成效显著、影响深远。同意总结提炼、宣传推广"千万工程"好经验、好做法的建议。

2023年6月26日，中央财办、中央农办、农业农村部、国家发改委联合印发《关于有力有序有效推广浙江"千万工程"经验的指导意见》，要求各地要结合实际，创造性推广"千万工程"经验，转化到"三农"工作实践之中，推动农业农村现代化取得实实在在成效。

贵州省委、省政府提出要求：全省要学习运用浙江省"千万工程"经验做法，打造"四在农家·美丽乡村"升级版，建设宜居宜业和美乡村。与此同时，黔东南州要求：学习运用浙江省"千万工程"经验做法，深入推进和美城乡"四

大行动"，共同建设文明和谐的美丽家园。

学习推广"千万工程"经验，以确保粮食安全、不发生规模性返贫为底线，以促进乡村产业发展、乡村建设及提升乡村治理水平为重点，强化科技和改革双轮驱动、农民增收举措，"千万工程"日益展现出弥足珍贵、历久弥新的强大力量和璀璨光芒。

全国上下掀起了学习推广"千万工程"经验的热潮，但"千万工程"是什么，具体怎么学，首先从哪里入手……，一系列问题袭来，麻江县委、县政府需要像拆解鱼头一样，耐心拆解这些问题，并找出最好、最适宜的方法。

二、走出去，拜访浙江花园村

2022 年，一个偶然的机会，经过乡村能人的推荐和引路，麻江县委、县政府把目光聚焦到浙江省东阳市的一个村庄，这个村庄就是花园村，浙江省"千万工程"展示馆就坐落在该村，该馆是浙江省唯一一座以"千村示范、万村整治"为主题的展示馆，占地面积约为 3 890 平方米，展示馆全面总结了浙江省"千万工程"宝贵经验。是展现浙江省美丽乡村建设成果和未来方向的多维实体空间，并成为美丽乡村"全国学浙江"的实践培训基地，具有深刻的政治和历史意义。

2022 年 11 月 12 日，麻江县委书记唐光宏带领麻江县主要领导干部到花园村、花园集团考察。在参观完花园集团、花园村史馆、"千万工程"展示馆后，唐光宏等人感慨万千。浙江省实施"千万工程"近 20 年，从人居环境整治入手，进而拓展到乡村建设、乡村产业发展、乡村治理，这是一个系统工程，并不断迭代升级从而逐步完善，才造就了今天的美丽浙江。花园村作为浙江省"千万工程"的一个典型乡村案例，其发展历史更是让人大为惊叹。

花园村虽然名为村，却不像村庄，说是一个设施齐备、功能齐全、服务完善小城市也不为过：这里有上市公司、大型企业、商业中心、高层楼盘、连片别墅、五星级酒店、大型剧场、综合医院等，甚至还有一架高耸入云的摩天轮。这里还有辐射全球的红木家具市场，且有完整的红木产业链条，红木家具产量占全国市场的三分之一；有世界维生素 D_3 龙头企业——花园生物公司。总之，在花园村这片土地上，产业发达，经济活力异常活跃，大型龙头企业、个体私营户和集体经济实现了全面开花，因而当地人常说："这里遍地是机遇，就看你怎么大展拳脚，施展致富技能。"更让人惊叹的是，这里虽然像小城市一样拥有宜居的现代化条件，但它又是村庄的形态，保留着乡土文化与乡愁。

"乡村，让城市更向往"这句口号念了很多年了，却在花园村真真切切实现了。身为花园村村民，荣誉感、成就感和优越感都不输于城里人。所以，花园村也成为浙江省乃至全国首个以村庄形态探索"村域小城市"的试验区。

花园村党委书记邵钦祥介绍，花园村的发展始于改革开放，起飞的契机却在"千万工程"：2003年，浙江省启动"千万工程"；2004年年初，中共浙江省委下发了当年的省一号文件——《中共浙江省委、浙江省人民政府关于命名表彰"全面小康建设示范村"的决定》，花园村成为浙江省首批"全面小康建设示范村"并在浙江省农村工作会议上受表彰。

在考察结束、离开花园村之际，唐光宏向邵钦祥发出了热情的邀请，请花园集团、花园村人来麻江走走看看。

有来有往，方有机会，也会有惊喜和故事。

三、如何开启共同富裕战略协作？

回去后，唐光宏和县委领导班子反复开会来讨论研究。他们在花园村开了眼界，但不能只是开眼界，要落实到行动上。浙江省"千万工程"实施了20年左右，积累了丰富的经验，在产业发展、环境整治方面，走在了前面，取得了丰硕的成果，也积累了丰富的经验，这些经验与成果值得学习。若是将这些经验与麻江县的乡村振兴实践相结合，会产生什么样的化学反应？哪些经验可以直接使用，哪些需要因地制宜地转化后使用？麻江的村庄怎么能效仿花园村做到环境、产业、治理、文化等各方面齐头并进？

2023年3月19日，花园联合党委书记、花园村党委书记、花园集团董事长兼总裁邵钦祥一行到麻江县考察。他们全面考察了麻江的蓝莓产业、酸汤产业和高山冷凉蔬菜产业，参观了麻江县的状元文化产业园，品尝了麻江县的酸汤，对麻江县赞不绝口。

第二天，邵钦祥以"解放思想勇于担当、发展经济实现共富"为主题，为麻江县、乡、村三级基层干部作了专题报告。在报告中，邵钦祥分享了花园村的发展历史与经验：花园村一路走来，走的就是"先富带后富"的道路，从"1＋9＋9"的并村带富可以看出，"一家富不是富，大家富了才是富"，这是花园村一贯的坚持。

麻江作为一个西部县，这里有好山、好水、好文化，邵钦祥认为有必要与麻江携手，共同谋求合作，一起奔向更好的未来。邵钦祥与唐光宏的想法不谋而合，双方一拍即合，经过沟通，花园集团与麻江县签订了共同富裕战略协作协议。

考察期间，花园村一行人到宣威镇咸宁村，与村干部共话咸宁村乡村振兴之路。在了解了咸宁村的发展情况后，花园村党委书记邵钦祥握着咸宁村支部书记的手问："你现在最需要什么？需要我做什么？"

邵钦祥抛出了这个问题给咸宁村支部书记，也相当于抛给了整个麻江县。双方签订了共同富裕战略协作协议，那下一步要怎么走？

花园村有现成的发展经验，但不是所有的道路和经验都适合麻江县，因此不能不加选择地移植到麻江县，那注定是不能成功的。那么，共同富裕的道路上，下一步双方应该怎么协作才能让共同富裕战略协作协议真正落到实地？

在很多人的固有认知中，既然要共同富裕，那最简单直接的方式就是发钱，尤其是在有集体经济和资产的村庄。但稍微有点认知的人都知道，共同富裕不是分钱那么简单的。2023 年，花园村营业收入 655 亿元，村集体收入 1.93 亿元，村民年人均收入 16.5 万元，村民年人均收入远高于全国平均水平，但这个村村民的共同富裕靠的并不是分钱，而是充分激发集体企业、个体户和私营企业等多主体的活力，形成全面发展、全面开花的格局。在花园村，流传着这样一句话：保障靠集体，发展靠个人。花园村仅个私工商户就有 3 015 家。

花园村和花园集团对麻江县"带富"的诚意是不言自明的，凭着花园集团的经济实力，投资或者资助一定的费用，用于乡村发展是轻而易举的，但这绝不是最佳合作方案，反而可能会适得其反。

如何与花园村、花园集团进一步开展合作，让合作真正落到实处，看到实效，让整个麻江受益，推动麻江的可持续发展？唐光宏想得更多，而且更长远。

不只是唐光宏，邵钦祥也在思考。回到浙江，他先给自己老朋友打电话："老沈，你能不能帮我去看个地方，谋划下当地的发展？"邵钦祥口中的老沈，全名沈泽江，致力于村庄发展 20 多年，走遍了全国的大部分村庄，自我定位是"全国'村长'的秘书"。他有很多"村长"朋友，包括已故的华西村老书记吴仁宝、西沟村申纪兰等。沈泽江还专门写作了一本《人民代表申纪兰》，记录了申纪兰一生的故事，传达了一个理念和号召：作为一名党员，像申纪兰一样，一生只要为群众做一件实事就足够骄傲。退休后，沈泽江一直致力服务西部偏远地区民族村庄的发展，接了老朋友邵钦祥的电话，沈泽江义不容辞，当即去麻江县开展实地调研。

沈泽江用数天的时间调研了麻江县的代表村庄，调研后他感慨非常，他认为，麻江县几乎是"村村桃花源、人人陶渊明"，这样一个世外桃源般美丽的地方，确实需要好好谋划。最后他用两句话概括了此行收获：一是完全可以把麻江县的乡村打造成麻江·云贵山区"农文旅康"融合发展的中国乡村样板；二是麻江县的蓝莓产业是造福万千百姓的惠民产业。

或许对麻江县太有感悟，沈泽江在评价麻江县的时候总是金句频出，这些金句渐渐成了麻江县自身定位和对外宣传的标志和口号。沈泽江在与唐光宏书记沟通后，在"酸甜美"的基础上，对麻江县进行了更深入的总结："万年清水江，千年红酸汤，百年状元府，十年蓝梦谷。"这 4 类具体指什么？

清水江是长江支流沅江的上游河段，从麻江县穿流而过，流淌了万年，象征着麻江县良好的自然生态与绿色发展成果；红酸汤就是之前提到的麻江的"酸"——酸汤文化与酸汤产业；百年状元府是清末最后一个状元夏同龢的府邸，他是广东法政学堂（即中山大学前身）的创办者，状元府如今已被保护性开发，成为夏同龢状元文化产业园，这是麻江县文化自信背后的底气之一，后面会专章论述；蓝梦谷是麻江县一个综合性的蓝莓产业园，是麻江县蓝莓产业的主要代表，也是麻江县休闲农业文旅融合发展的标杆。

从"酸甜美"到"万年清水江，千年红酸汤，百年状元府，十年蓝梦谷"，麻江在变，正在变得更好，这也是"千万工程"的麻江探索正在努力打造的愿景。

第三节　基金助力，开启新一轮东西部协作

东西部协作，是继脱贫攻坚战取得全面胜利后，和驻村第一书记、对口支援等成为下一步乡村振兴战略中要继续坚持和完善的制度之一。新一轮东西部协作，是中共中央着眼于推动区域协调发展、促进共同富裕作出的重大决策。"千万工程"的麻江探索，是新一轮东西部协作大背景下的一场主动尝试。

一、授我以鱼，不如授我以渔

全面考察后的沈泽江，向邵钦祥和唐光宏提出了双方合作的方向与建议：由花园村支持成立"千万工程·联创带富服务队"，将花园村践行浙江省"千万工程"的经验与方法"带"到麻江县，以乡村治理人才培训和组织建设为抓手，以乡村人才治理培育为切入口，引入"千万工程·联创带富服务队"，用三四天的集中培训开好头，将一年期的伴生服务作为赋能支持，精准服务于麻江县 20 个特色村，解决资源、人才与产业的衔接问题，促进产业高质量发展，推动乡村振兴和共同富裕，也为新一轮东西部协作作出积极探索。

在与邵钦祥、沈泽江的头脑风暴中，唐光宏也逐渐有了清晰的认知：授我以鱼，不如授我以渔。与花园集团结成共同富裕战略伙伴，在奔向富裕的道路上，推动乡村全面振兴，要善于从机制上"造血"，最关键的是，要加强人才交流，健全机制，提升麻江县内生发展动力。从人才和组织入手，引入"千万工程·联创带富服务队"，外借智力，内培人才，科学规划，再引入外部资源，由服务队开展伴生服务，"扶上马走一程"，这才是让麻江县发展长远的考虑。

引入"千万工程·联创带富服务队"的想法得到了多方的赞成和支持，但具体落实则不是一件容易的事，这涉及多方的联动。方向定了，目标有了，接下来就要考验麻江县委、县政府的行动能力和组织能力了。

唐光宏等麻江县领导班子成员开始走上了锲而不舍、多方奔走促合作的道路。

二、拜访中国西部人才开发基金会

花园村与麻江县的结缘虽是自主行为，却也是新一轮东西部协作的一个构成部分。为促进两者的顺利合作，还需要一个主体机构的介入，那就是中国西部人才开发基金会。

中国西部人才开发基金会于 2006 年 9 月 18 日经国务院批准，在民政部登记注册成立，属于全国性公募基金会。业务主管单位为中共中央党校（国家行政学院），现任理事长为丁文锋。2018 年，中国西部人才开发基金会支持的"相守计划"公益项目获得第十届"中华慈善奖"。2021 年，"伊利方舟"公益项目获得第十一届"中华慈善奖"。中国西部人才开发基金会的宗旨是服务西部大开发战略和乡村振兴战略，支持西部地区发展并为西部地区培养与培训人才，支持科学研究和政策咨询研究，为西部大开发和乡村振兴提供人才和智力支持。

这个以向日葵为主要标志的全国性公募基金会，代表着热诚与方向，也表达了对人才培养的关注和努力。由中国西部人才开发基金会来统筹"千万工程"在麻江县的先行先试，恰如其分。

经过多方奔波与协商，三方终于达成了共识。由花园集团拿出专项资金注入基金会，在基金会的支持下，花园村组成"千万工程·联创带富服务队"，深入麻江县，拿出解剖麻雀的耐心，推广"千万工程"经验，为麻江县的发展"把脉问诊"。

2023 年 6 月 13 日，花园村与中国西部人才开发基金会举行"麻江县乡村治理人才培育计划"项目签约仪式。

2023 年 6 月 19—21 日，中国西部人才开发基金会"筑梦工程"专项基金、"千万工程·联创带富服务队"深入麻江县调查研究，创造性提出"一体两带五中心"发展战略。其中"一体"即"千万工程·花园联创共富服务综合体"（简称"富共体"），要建立起基层组织共建、产业发展共兴、文化交流共融、生态环境共护、人才资源共享的"五共"机制；"两带"为水路的清水江流域乡村经济共富发展带和陆路的佛山大道凯麻产城融合发展带。

为了推动项目尽快落地实施，2023 年 6 月 30 日，唐光宏带领麻江县主要领导同志特意北上北京，拜访中国西部人才开发基金会，与基金会理事长丁文锋及相关人士就"富共体"项目进行了深入的沟通交流。

唐光宏介绍了麻江县的基本情况，并提出了乡村治理人才培育项目中"一体两带五中心"的发展思路。他指出，"一体两带五中心"的格局，不仅契合麻江县的发展实际，同时也与黔东南州提出的"一体两翼"战略格局不谋而合，期待"一体两带五中心"成为凯麻产城融合示范区建设的重要抓手。

丁文锋理事长对麻江县唐光宏一行的到来表示了欢迎和感谢，并表示要学习、借鉴浙江花园村"千万工程"经验，多措并举助推麻江县乡村治理人才培育计划落地，实现农业农村现代化、协调发展，确保其各项培育举措符合麻江县广大人民的根本利益。在后续的工作推进中，中国西部人才开发基金会充分发挥自身公益优势，联动社会多方资源，从资金支持、人才培养、技术支持等多方面着手，扎实推动麻江县乡村全面振兴。坚持在"引才引智"方面发力，重点围绕平台、培训、项目、智库四个层面，为麻江县高质量发展注入强劲活力；在后续调研和策划过程中，确保提出可操作、可复制、可推广的方案和思路。

结合"筑梦工程"专项基金的定位和麻江县试点工作的推进，充分发挥基金会在募集资金、统筹资源、传播推广等方面的独特优势，围绕麻江县 20 个村的发展需要，协同各领域专家、社会组织和优质企业，共建公共支撑体系，形成麻江县特色成果，打造东西部协作共进、乡村振兴人才队伍建设、区域高质量发展的时代样板。

第四节　融创共建，"富共体"落地麻江

2023 年 7 月 8 日，正值炎炎夏日，麻江县的温度却很适宜，恰巧也正是蓝莓采摘收获的季节，麻江县的蓝莓进入最佳采摘期，广袤的蓝莓园里吸引了大量游客来采摘、品尝蓝莓，顺便观光，欣赏田园美景。这一天，麻江县迎来一批特殊的客人，他们聚集在这里，见证"千万工程"的麻江探索。

一、"富共体"在麻江落地

2023 年 7 月 8 日，经过紧锣密鼓的准备，麻江县"千万工程·花园联创共

富服务综合体"创设暨乡村治理人才培育计划在麻江县正式启动,"千万工程·花园联创共富服务综合体"在麻江县揭牌。

揭牌仪式上,唐光宏在致辞中首先对中国西部人才开发基金会的统筹指导、对浙江省花园村的大力支持表示了感谢。他指出,为认真贯彻落实习近平总书记重要批示精神,贯彻落实贵州省基层党建工作会议精神和黔东南以高质量党建引领高质量发展动员会议精神,麻江县要学习借鉴"千万工程"好经验、好做法,采取"走出去""请进来"相结合的方式,探索在西部地区学习践行"千万工程"的有效路径,依托中国西部人才开发基金会和花园村、皇城村等机构的支持,在麻江县创建全国首个"千万工程·花园联创共富服务综合体",深入推进"一体两带五中心"发展战略,进一步做大社会帮扶资源同乡村振兴有效衔接的链接平台,做优基金助力、企业参与乡村振兴的麻江品牌,带动更多资源和要素投向乡村,实现以企带村、以村促企、双向联动、互利共赢,推动东西部协作,实现区域高质量发展。

中国西部人才开发基金会副理事长兼秘书长马景在发言中表示:人才振兴是乡村振兴的关键。乡村治理人才培育项目得到了花园村的大力支持,也得到了麻江县的积极响应,期待通过"千万工程·联创带富服务队"提供智力支持,通过"富共体"汇聚各方力量,因地制宜、实事求是,在践行"千万工程"、推动新一轮东西部协作、促进区域乡村振兴和乡村的中国式现代化建设等方面取得切实成果。

同时,为了进一步推进乡村的文化和产业发展,更好地拓展东西部乡村交流与合作,浙江东阳花园村、山西阳城皇城村、贵州麻江高枧村在启动仪式现场进行了友好村庄签约,这对于三村联动开展结对共建具有重要意义。

在与会人员的见证之下,一面鲜红的旗帜由基金会理事长丁文锋传给花园村党委副书记邵徐君,再传递给麻江县委书记唐光宏,意味着中国西部人才开发基金会、花园村正式向麻江县传递了"千万工程·联创带富服务队"队旗,"千万工程·联创带富服务队"正式成立,并且在麻江县的调研正式启动。

"千万工程·花园联创共富服务综合体"项目由中国西部人才开发基金会"筑梦工程"专项基金立项实施,得到了花园村等名村的大力支持,该项目结合麻江县优势资源,引入"千万工程·联创带富服务队",用人才孵化中心、产业发展中心、商创促进中心、治理创新中心、社群服务中心"五个中心"落地承载各方资源与服务，用1年的伴生服务做系统赋能，以精准服务麻江县20个村庄为试点，实现村带村、镇带镇、县带县的示范效果。

二、何为"富共体"？

"富共体"通称"千万工程·联创共富服务综合体"，其目的是开展乡村治理人才培育，并从产业、服务、人才、治理、商创等角度，结合花园村先富带后富、促进共同富裕的"花园精神"与"方式方法"等，组建"千万工程·联创带富服务队"，开展西部少数民族地区乡村联创"带富"行动，共同打造县域乡村高质量发展的乡村共富示范样板。因是在花园村的公益支持下，首先在麻江县落地，故得名"千万工程·花园联创共富服务综合体"。

"富共体"由中国西部人才开发基金会、中国人才云平台管理委员会作为指导机构，北京联村村信息咨询中心、北京超选智能科技研究院等作为执行机构，由中共麻江县委、麻江县政府、浙江花园村作为共建机构，由中国科协"科创中国"乡村振兴联合体、花园集团、超选集团、利湟集团等作为支持机构。

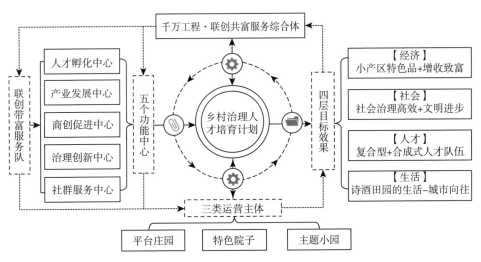

"千万工程·联创共富服务综合体"整体框架图

人才培育计划的基本内容是：学花园村联创＋服务＋带富＝"五五"共富发

展经验，实现"五个突破"，即："五富"理念的突破—富口袋、富脑袋、富心态、富康泰、富生态；"五联"机制的突破—联建支部、联动村企、联合个私、联系百姓、联通社团；"五创"方法的突破—组织创造、产业创新、产品创优、能人创富、百姓创收；"五服"角色的突破—服务群众、服务经济、服务人才、服务生活、服务顾客；"五带"结果的突破—带出新产业、带出新队伍、带出新治理、带出新影响、带出新村庄。通过"富共体"组建"千万工程·联创带富服务队"，用"五个中心"持续有序地承载内外资源，为麻江县15个村庄的发展提供服务，探索乡村品质生活的庄园、院子、小园等主体经济的运营，实现经济、社会、人才、生活"四个层面"的目标效果。

三、"富共体"如何发挥作用

（一）集中培训，理论学习更"深"一层

无论是服务队，还是麻江县，都是行动派作风。启动与揭牌仪式后的当天下午，项目就正式启动了。服务队与麻江县20个样板村组建了县、镇、村三级人才队伍。

首先，是对麻江县60个部门、7个乡镇（街道）党（工）委主要领导，以及70个村居（社区）党支部书记和主任开展了为期两天的集中培训。丁文锋以"人才引领乡村振兴"为主题，做了专题报告；"千万工程·联创带富服务队"顾问、中国国土经济学会副理事长沈泽江以"基于'千万工程'与名村经验谈村庄发展"为主题，做了专题辅导报告。

> **培训现场**
>
> ### 基于"千万工程"与名村经验谈村庄发展（节选）[①]
>
> **乡村目前存在的普遍问题：**
>
> 乡村目前存在的问题主要表现为"三缺"：一缺系统思维，二缺多主体性，

---

① 节选自沈泽江的培训课件，文中名村案例取材自浙江省东阳市花园村。

三缺问题导向。

1. 系统思维。系统思维是指从理念、观念、信念（"三念"）和生产、生活、生态（"三生"）角度的系统思考。从系统思维来看，浙江省东阳市花园村很注重树立发展理念，打造村集体发展的共同意识。花园人的普遍理念表现为三句话：第一句是孙中山的"天下为公"，这句话是用来指导花园全村老百姓的，即一切时候，花园村的村民都要"公"字当头，集体为先，把整个村庄的发展放在前面；第二句是毛泽东的"全心全意为人民服务"，这句话是用来约束花园村共产党员的，让党员树立"身为共产党员一定要为花园村的百姓服务"的担当意识；第三句是邓小平的"发展就是硬道理"，是用来要求村"两委"干部的，花园村的村干部如果不带领百姓发展，就会被时代、被百姓踢出局。一个村庄要发展，任何时候都不能没有理念引领，有了理念引领，观念才能改变，才会有坚定的信念。同理，"千万工程" 20 年锲而不舍，久久为功，就需要有坚定的信念。生产、生活、生态这"三生"提了几十年，也是有系统思维在里面的。过去，我们为了解决温饱，就是基于生产来满足生活需求；随着发展，人们就要开始考虑生态；发展到今天，就是要追求有品质的美好生活，那就是基于生活来考虑生态，然后再进行生产，这样生产出来的产品都是优质的。需求不同，基础不同，产生的效果就不同。做任何事情，这个系统思维很重要。

2. 多主体性。多主体表现为个体、群体、集体（"三体"）和带头、拳头、龙头（"三头"）。个体需要的是信念，群体需要的是认同，集体需要的是共同的理念。花园村的发展就体现了"三体"合一，即民营经济孵化激发个私经济活力，壮大集体经济，形成个私经济、民营经济和集体经济三合一的经济主体。从另一个维度讲，一个村庄的发展需要带头人、拳头产品和龙头企业，这就是"三头"，表现在花园村就是一个带头人——花园村书记邵钦祥；一个拳头产品——全球唯一专利维生素 D_3；一个龙头企业——花园集团。

3. 问题导向。问题导向是指分析一个村庄，要从形态、文态、业态（"三态")和产业链、利益链、价值链（"三链"）的角度来思考。形态是指一个村庄的整体空间布局，这是了解村庄最直观的方法；文态是村庄的文化资源与表现形态；业态则是村庄的产业形态。麻江县将县域规划出几个片区带，如蓝莓产业片区、清水江流域带、酸汤文化带、冷凉蔬菜片区，这就是综合了形态、文态和业态，对村庄布局做出的一个整体规划。另外，从产业链、利益链、价值链三个角度来考量。限于篇幅，这里不再展开。

除了专家的理论培训，还有一线专家现身说法，福建省屏南县乡村振兴研究院院长周芬芳分享了以文创推动屏南县乡村振兴的实战案例。岳西县毛畈村党支部书记、村主任姚有志以"普通的小山村，不普通的振兴路"分享了担任村支部书记以来带领乡亲发展致富的经历。

有理论有实践的集中培训的优势是涉及面广，可以辐射麻江全县的基层干部。但接下来，实地走访调研与讨论，就是一场场别开生面的特色培训，非亲历者不能得到。

（二）实地走访，调查研究更"进"一步

第三天，服务队开启了 10 天的调研。以"解剖麻雀"的专注精神，深入调研了麻江县的 20 个村落。

尽管有 10 天的时间，但行程依然紧张。如何高效地了解麻江？服务队选择了最辛苦的一条路：全体队员先用两天时间把 20 个村全部走完，以座谈的方式面对面与村干部交流，描摹出麻江乡村的基本轮廓。剩下的 8 天时间，将服务队分成产业、文化、治理 3 个课题小组，深入 20 村进行专题调研。

两天的时间走访 20 个村，平均一天 10 个村，横跨麻江县 7 个镇（乡），这简直是史无前例的高强度调研。麻江县抽调了部分年轻干部陪同调研，这也是项目计划的一部分：调研的过程也是对麻江县青年干部的一场培训，服务队只是暂时的入驻，"千万工程"长期的落实还要靠麻江县自身的人才队伍。早上八点到晚上九点是走访与面谈时间，晚上九点到翌日凌晨一点是服务队队员的开会讨论

时间。

两天"蜻蜓点水"的走访结束后，服务队对麻江县有了基本的了解和谋划，队员在麻江县的地图上画出了三条线和一个圆，提出了"三廊一片区"的初步规划方向。"三廊一片区"指蓝莓产业特色联廊、"农文旅康"特色联廊、避暑夏养特色联廊、状元文化度假片区。

蓝莓产业特色联廊。以千亩蓝莓光明、共和等五村形成蓝莓产业特色联廊，通过村村抱团、村企联动的发展方式，持续巩固壮大蓝莓产业，推动农业园区向旅游休闲度假转变，逐步形成农业引领、农旅融合、相互支撑、互动融合的全产业链发展体系，带动农民就业增收，助力乡村振兴。

"农文旅康"多彩特色联廊。以宣威镇卡乌村牵头形成五村"农文旅康"多彩特色联廊，通过资源共享、优势互补的方式，依托清水江、药谷江村景区、乌羊麻养生养老园，以村寨民族特色为基础，大力发展国家级非物质文化遗产——苗医药，塑造一批特色医药与医养结合的康养旅游业态，推动康养旅游交流互融互促，打造国家第一批森林康养基地、省级森林公园、省级大健康医药产业示范基地。

避暑夏养特色联廊。以309省道沿线水城村、兰山村等五村形成高山冷凉蔬菜及避暑夏养特色联廊，依托全省高山冷凉蔬菜和粤港澳大湾区菜篮子基地，突出蔬菜商品化、经营主体化、产销一体化。以泥河、牛皮草场连片形成万亩亚高原生态牧场和避暑夏养胜地，分片打造主题露营、山地自行车赛事、山地越野车邀请赛基地，着力形成黔中城市群避暑夏养目的地。

状元文化度假片区。以夏同龢故居牵头高枧村及周边村形成状元文化"诗山联海"休闲度假片区，依托夏同龢状元文化产业园，充分挖掘夏同龢法政思想、耕读文化，推动文化遗产、文化资源、文化要素转化为文化创意产品，催生传统国学文化研学和耕读文化体验等文旅深度融合新业态。

随后，4个课题小组展开了更细致深入的走访。他们拿着纸和笔，深入村庄和田间地头，为村庄发展调研采集足够的数据。

调研笔记 ①

一、调研提纲

1. 环境和形态。包括村庄布局和生态资源，如山水林田湖等分布情况。

2. 产业发展情况。主要是产业布局及发展情况等，从带头人、拳头产品、龙头企业等角度入手思考。

3. 党建和治理情况。基层党组织建设情况、村风民情与村规民约等。

4. 文化情况。包括民族文化、特色文化等。

5. 人才情况。如村医、村教、文体人才、能人等。

二、调研需要注意的几个问题

1. 不能坐在村办公室调研，邀请村干部以及农户代表来参加面对面座谈，切实了解干部情况和群众需求。

2. 找出共性问题。资源对接转化——宏观机会：哪些资源可对接政策整体能提升的；中观组织：纵横贯通协调各种组织是怎么做的；微观智慧：大户能人村干部在村庄发展过程中的工作方式与方法。

3. 找出先行先试亮点。能作为发展路径模式示范、产业典型重点、服务百姓的代表。

4. 村庄策略与措施。村受到约束限制与促变点、开放发展先富农户领先点是什么、村庄治理平衡方法、产业调优方法、村干部工作稳健思路等。

服务队最后的成果都要落到纸上、落到实处，调研结束以后，需要出具具有可行性的县域总体建议案、3份区域策划报告和20份村庄发展建议书，并指导落地。项目的启动以服务队为主，但麻江县是服务的主体，也是后期实施的主体，麻江县的意见尤为重要。

行程过半以后，服务队与麻江县直各部门、各乡镇（街道）及20个联系村

---

① 为了保证调研的科学性和有效性，服务队特意制定了统一的调研提纲和调研注意事项以指导实践。

就党组织联建及共同发展"三廊一片区"工作进行座谈交流。首先由服务队报告调研情况，阐述策划的想法。然后由麻江县各领域负责人就策划的想法提意见，双方经过面对面交流与沟通，继续完善方案。就这样，持续的沟通与改进，持续的调整方案，最后，集合了服务队20多人智慧的整体策划方案正式出炉，得到了麻江县的认可与支持。服务队以清单化的方式，为麻江县列出了发展项目清单，方便方案的落地与实施。

麻江现场

在卡乌，来一场别开生面的田野培训课

参与人员："千万工程·联创带富服务队"，麻江县委工作人员，宣威镇工作人员，镇驻村工作队队长，卡乌村党支部书记、宣传委员、文书，卡乌村寨管委外总，卡乌村民宿老板，卡乌村村民。

地点：麻江县宣威镇卡乌村

走访调研一个村庄，怎么算是有成效？获得全面的信息，了解群众需求，出具切实可行的策划报告？因地制宜引入外部资源，推进村庄项目落地？这些都是正确答案，却不是触及本质的答案。

"千万工程"有一项很重要的发展经验：群众主体。群众主体是发展的动力保证，其他的包括外部智力支持、外部赋能都是一时的，发挥群众的主动性，为群众带来观念革新，进而指导行动才是根本的、持久的，才是麻江县把"千万工程"贯彻执行下去的关键。当然，干部也是群众之一。

在卡乌村，"千万工程·联创带富服务队"用一场实践指导当地村干部如何变革观念、规划村庄未来以及发展产业。服务队队员用脚步丈量村庄，边走边问，边问边讨论，用新观点启发当地村干部，集体开展头脑风暴、现场即兴发言总结与点评，基层干部从害羞讷言，到争执得面红耳赤，再到思路清晰，摩拳擦掌跃跃欲试。服务队在调研现场给基层干部上了一场别开生面的实践教学课。

一、边走边问：盘点村庄的生态、形态和文态

如何能快速获取想要的调研信息？采取边走边问、边走边讨论的方式，服务队队员和当地县、镇、村三级的干部采用脚步丈量的方式，将卡乌村走遍，摸索卡乌村的生态资源、布局规划与文化风情。

通过走访与询问，得出以下信息。

生态方面：周围环绕着壮丽的山峦和茂密的森林，自然环境非常优美，有清澈的溪水、密布的田园、蓝天白云和绿树成荫，形成了独特的山水相映之美。

形态方面：千百年来，清水江不停歇，顺着清水江开阔的姿态，形成了一个民族村寨和江边村落，溪水从村里流过，形成了独特的旅游业态。

文态方面：卡乌村是一个以苗族为主体的民族村落，村里保留了苗族传统的民居建筑风格和生活习俗。在村民中，传统的苗族服饰和民族音乐文化仍然得到了保存和传承。游客可以感受到浓厚的苗族风情，欣赏到传统的歌舞和乐器演奏。此外，卡乌村还有丰富的民俗文化和特色手工艺品。村里的苗绣、苗银饰品等手工艺制品非常有特色，代表了苗族的独特艺术风格和工艺。

在走访后，服务队当场给出了村庄规划的初步发展思路：依据村庄的生态、形态、文态，可以初步按照组团的方式规划，发展旅游，可分为绣娘文化体验区、古驿道历史文化区、斗鸡场等休闲活动体验区、风情古院落保护区、溪边垂钓休闲区等。

二、面对面座谈：问需求难题与要求

走到一处院落，院落主人正在给果树浇水，亲切接待了服务队。院落主人五六十岁左右，是这家民宿的老板，年轻时在江浙一带打工，后回家乡修缮民宿，并在后山种植果园，游客在民宿入住后，可以体验采摘。

民宿老板带服务队上院中二层亭子纳凉喝茶，站在亭子二层，不和谐的声音和气味传来，原来亭子外有一个小型猪圈，里面养了几头猪。

服务队问："这是你养的猪？"

民宿老板："不是。是隔壁邻居的。"

服务队对村书记说："书记，发展旅游，得想办法把猪圈挪出去啊。"

一句话点醒了村干部，是的，发展旅游，猪圈确实不合时宜，同时，这将考验干部协调处理村民间矛盾的能力。

服务队又问："老板，你现在有什么困扰和需求？"

民宿老板："希望往河里多撒点鱼苗，这样就能留住来垂钓的客人。现在河里没鱼，客人留不下来。"

在民宿老板的朴素认知里，河里有鱼就能留住客人。

服务队又问："民宿的后面是一片竹林，是你的竹林吗？"

民宿老板："不是。"

服务队："可以共同开发。"

民宿老板犯难了："可那不是我的。"

服务队又启发："虽然不是你的，但你可以和竹林主人合作开发，给游客提供一个田园休憩地，游客住在你这儿。"

民宿老板瞬间领悟："对哦，我们可以合作，我们各有各的收益。"

民宿老板拿出自家后山种的李子招待服务队，李子入口脆甜。他顺势表达了自己的期望："尝尝我种的李子，好吃了就帮我宣传下，知名度打响了，多带点游客过来。"

结论：百姓有致富的热切心愿，但在留客、销售水果、村庄民宿布局等方面有些无能为力。

服务队又与驻村干部、寨管事聊了聊。

驻村干部："说实话，有时候我们的工作很不好开展，明明是为了老百姓好，却得不到老百姓的支持，老百姓普遍反应不积极，让作为干部的我们，心里很受挫。"

三、主体参与：种下一个念头

在所有的走访与调研完毕后，在服务队队员的主持下，参与调研的服务队队员与县、镇、村三级的干部来了一场即兴发言与总结。每个人谈自己的收获与体验。

让每个人发言的用意是倒逼参与者主动思考，开阔思维，形成观念革新，这样才能内化于心、外化于行，让参与者尤其是当地基层干部具有跳出当地场景的"觉悟"。

卡乌村村书记说："我第一次知道，了解一个村庄要从几方面入手，而且不是就哪个问题谈哪个问题，而要整体考虑。"另一位村干部说："这么把村里走下一圈，我们的发展思路基本清晰了，根据村里的特色，按照组团的方式，分为几个主题版块，这样游客来了也不觉得枯燥。"其他干部纷纷发言，大家不再讷言，越说越激动，隐隐有大干一场的冲动。

最后，服务队也就驻村干部的困惑给了解题思路：有些事情老百姓不理解错不在老百姓，而在于干部以什么样的立场和理念来为老百姓服务，有时候村干部执行一些政策可能是站在完成任务的角度，而不是站在老百姓是否真正需要的角度，这就需要驻村干部深思，到底什么才是老百姓的需求，以及从什么角度入手能激发老百姓的积极性……

村庄的发展，人才很重要，基层干部尤其是村庄带头人是重要的一环。对基层干部的培养，既要有理论培训，也要与实践结合，推动他们革新观念，双管齐下才能达到效果。问群众需求、启发基层干部，是这节田野课程最大的收获。

（三）伴生服务：坚持麻江主体

方案有了，方向有了，最重要最关键的版块就是落地。可喜的是，如今麻江县的项目被有条不紊地推进：

2023年7月17日，谷硐村、兰山村、水城村、坝河村、大开田村围绕党组织联建及共同发展高山冷凉蔬菜和康养产业开展共建，并达成合作协议。

2023年7月22日，花园村投入第一批资金36万元，帮扶麻江县具有代表性、示范性的公益性项目6个，项目覆盖5个村，受益群众近万人。

2023年7月28日，麻江蓝莓成功牵手汇源集团，签订总投资22亿元的蓝莓全产业链协议，有力推动麻江县蓝莓产业发展步入"快车道"。

2023年12月7日，第二届"科创中国"乡村振兴产业发展大会正式落地麻江。

第五章

聚力·打造乡村振兴人才队伍

乡村振兴，关键在人。浙江"千万工程"实施20多年来，绘就了无数的乡村美景，这与一批批爱农业、爱农村、爱农民的"新农人"密切相关。概况而言，浙江省启动"红引擎"、绘制"群贤毕集"图，广发"召唤令"、绘制"报效桑梓"图，谋好"机制本"、绘就"翠竹拔节"图，擅做"贤伯乐"、绘制"千帆竞发"图，将肯吃苦、有担当、敢创新的优秀人才聚集到乡村振兴的伟大实践上来，是"千万工程"得以成功运转的人才密码[①]。

浙江如此，我们该如何？乡村振兴的人才到底包括哪些人？落到区域又如何组建一支爱农业、爱农村、爱农民的乡村振兴人才队伍呢？2024年中央一号文件提出，要"壮大乡村人才队伍"，从加强本土人才培养，到有序引导城市人才下乡服务，再到全面提升农民综合素质，每一步都彰显出对人才工作的高度重视和精准施策。可以说，乡村人才的振兴，已经成为推动乡村全面振兴的关键。那么，本章就重点探讨一下如何打造县域乡村振兴人才队伍以及在"麻江探索"实践中的人才培育方法。

第一节　人才队伍的组成和构建

乡村振兴所需人才多种多样，按层次、按类型、按专业领域，都能有不同的

[①] 资料来源：人民论坛网《解析"千万工程"中人才成长密码》http：//m. rmlt. com. cn/article/406354，2023 年 9 月 3 日。

类型。《关于加快推进乡村人才振兴的意见》中提出了五大类乡村人才，包括农业生产经营人才、农村二三产业发展人才、乡村治理人才、乡村公共服务人才、农业农村科技人才等。本书就从人才来源和人才参与乡村振兴方式的角度，将人才队伍分为三大类型，即以县、镇、村干部为主的复合型人才、以产业生产经营和公共服务人才为主的专业化人才以及来自区域外部的合成式人才。这种分法或许逻辑不够严谨，但比较契合区域发展现实所需，也便于从基层角度对人才加以区分和统筹。

与全国众多区域一样，麻江县也面临着乡村人才短缺的问题，大多数村庄都是以留守老人、儿童居多，以前还是"三八、六一、九九"，现在年轻人都选择外出打工，这不仅导致乡村振兴缺少人才支撑，也造成了一定的社会问题。那么，如何破解这些难题呢？如果没有人，乡村又何谈振兴呢？

想要有人，想让更多的青年回到乡村、建设乡村，首先要有足够的发展空间给到人才，而这足够的发展空间，需要在地人才的努力构建。那么，我们就要先了解在地人才的基本状态、主要需求，通过赋能他们，联动更多的人来到或回到乡村。

一、县镇村三级联动，培育复合型人才

何为复合型人才？复合型人才就是多功能人才，其特点是多才多艺，能够在很多领域大显身手。复合型人才包括知识复合、能力复合、思维复合等多方面。当今社会的重要特征是学科交叉、知识融合、技术集成。这一特征决定了每个人都要提高自身的综合素质，既要拓展知识面又要不断调整心态，变革自己的思维，成为一名"光明思维者"[①]，乡村领域也不例外。

乡村的发展，离不开党和政府的领导，那么带领党员、群众推动乡村发展的县、镇、村干部，便是至关重要的一类人才。他们需要学习理解党和国家的各项政策和要求，做好逐级传达与落实；他们需要基于年度计划和目标，组织党员干部群众扎实开展各项工作，尤其是村党组织书记，他们不仅要擅管理，还得懂经

---

① 资料来源：百度百科，https：//baike. baidu. com/item/复合型人才/7676918？ fr＝ge＿ala。

营，他们是承上启下、承外启内的关键一环。这类人才作为区域乡村振兴的复合型人才，也是乡村治理人才中最为重要的一类。可以说，一位有远见、能实干的村党组织书记，能带领全村比其他村庄走快十年、二十年……

因此，本文所说的复合型人才，主要以基层干部为主，尤其是以村党组织书记为代表的村庄发展负责人，同时也包括县、镇干部、大学生村官、选调生、驻村工作队成员等。在长期服务基层人才过程中，笔者总结了这些人才面临的局限和困境。

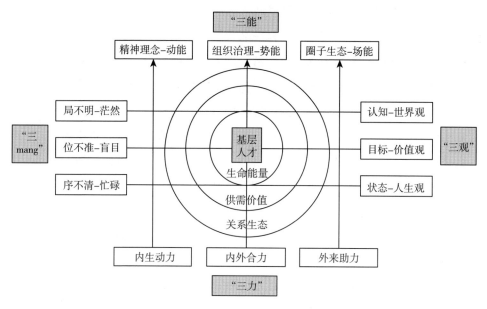

基层人才的现实局限与发展需求①

基层干部通常面临"三 mang"：一是茫然，对经济社会发展的大趋势不够了解，总觉得前路漫漫，不知目标所在，不确定自己到底走向何方。二是盲目，看不清自身在所处关系中的位置，进而想不清楚就行动，不知所做为何，不明价值何在。三是忙碌，这是基层干部嘴里最常说的一个字眼，一方面确实基层工作繁多，另一方面也体现了对工作的把握不够到位，自身的人生状态还有待优化。

"三 mang"分别对应人的"三观"，体现了我们需要不断提升认知、明晰目

---

① 三横三竖三圈的逻辑模型是根据中国农业大学卢凤君教授的"卢逻辑"学思用创模型图调整而来。

标、调优状态的底层需求。因此,"三mang"是表象,背后体现了"三观"的不清晰、不稳定,这也给了我们提升的空间和路径。正如上图中的"三力"和"三能"所示:一是帮助基层干部提升精神理念,激发内生动力形成"动能";二是帮助基层干部构建社会圈子生态,联动外来助力形成"场能";三是帮助基层干部优化组织治理,使内外形成发展合力提升"势能"。最终,形成以基层干部自身为核心的生命能量、供需价值和关系生态。

《关于加快推进乡村人才振兴的意见》中提出,加快培养乡村治理人才主要包括以下几个方面:一是加强乡镇党政人才队伍建设;二是推动村党组织带头人队伍整体优化提升;三是实施"一村一名大学生"培育计划;四是加强农村社会工作人才队伍建设;五是加强农村经营管理人才队伍建设;六是加强农村法律人才队伍建设。因此除了基层干部,还包括其他角度的经营管理型人才。

这些人才经过自我提升和实践锻炼,可以成长为复合型人才。县、镇干部及村党组织书记带头学习,通过线上线下等多种形式,邀请专家、企业家、名村党组织书记等为村庄发展赋能,努力使自己成为实干的能人、拼搏的强人、真心的智人、诚信的新人、有爱的家人,不仅具备资源梳理与对接、要素调动及组织、技术引进与转化、资金获取与配置、村庄管理与优化、家庭示范与带动等综合能力,还能成为区域带富的宣传员、指导员、教练员,成为区域学习运用"千万工程"的"领头雁",带动更多周边的乡土人才快速成长。

对于复合型人才来说,也需要明白如何做才能让自己成为适应新时代发展趋势的新人才,如何做才能面对纷繁复杂的社会变化,让自己的综合素养不断提升,在基层广阔天地中做出越来越多的成绩,实现自身的人生价值和社会价值,也推动一方经济社会的发展。在此,提供一些实用方法供参考。

积极参加培训。怎样才能跟上形势、了解趋势、掌握更多本领?首先是要主动学习。诸葛亮曾说:"夫学须静也,才须学也。非学无以广才,非志无以成学"。学习是自我提升的最好投资,它赋予我们独立思考、解决问题的能力,让我们在人生的道路上更加自信。然而,对于现实工作繁多的基层干部来说,学习的方式显然不再是上学,读书也不是谁都能做得到的,或者虽读了书,但学到的可能也是有限的。因此,比较好的一个方式便是积极参加各类培训,不管是政府组织的还是社会培训，大多有着丰富的内容和多样化的形式，是基层人才快速了解相关趋势政策和知识技能的有效路径。

择机研学提升。所谓"择机"，指的是根据我们自身的时间精力情况和研学主题方向来确定是否适合参加研学活动。如果适合，推荐基层干部通过研学方式提升自我。因为研学一般有明确的主题，在一定的实际场景里先参观学习，再互动交流，这种方式，比在教室里的讲授式培训更加直观和生动，能帮我们拓宽视野、加深认识，并在与参观地相关负责人等的交流中强化对相关问题的认识和理解。

主动寻师问道。如果普适性的培训和主题化的研学都不能解决工作中遇到的问题，或者对工作帮助有限，那就需要进一步梳理自己需要解决的问题及所需要获取的知识，然后主动寻找相关领域的专家、先行者、同行等进行取经，请他们帮忙分析问题、破解难题，进而得到更加精准的指导，取得发展和突破。

构建系统支撑。前面三个如果做到了，那么个人角度能做的应该也是尽力了，还有一点补充的就是要有系统认识，有整体化思维，要知道我们学了再多、能力再强，也不可能面面俱到，肯定也是有短板的。要面对和解决前行路上的各种问题，我们还需要学会以一个军事家的思想做好"统筹布局"，这是对我们能力的统筹布局。因此，要找到一些能与自己互补，可以形成合力的人，甚至团队，让其成为"大我"，这样才能支撑我们直面各类难题，实现"高维会战"。

总的来说，积极参加培训可以让认知更全面，择机研学有利于抓重点、学深入，主动寻师问道可以助我们破难题、通瓶颈，构建体系支撑则是为了形成基于共同体的个体合力。成长的方式很多，上述个体角度的成长路径供各位基层人才参考。

二、同行业联动交互，提质专业化人才

专业化人才是乡村振兴战略人才支撑体系中的重要力量。在《关于加快推进乡村人才振兴的意见》中提到的农业生产经营人才、农村二三产业发展人才、乡村公共服务人才、农业农村科技人才都是专业化人才，乡村治理人才中的农业经营人才、法律服务人才等也是专业人才，主要看的是其相对的"专业度"。或者

说，复合型人才是偏横向的，专业化人才是偏纵向的。

实践中，如何让区域有越来越多的专业化人才呢？以下是几个培育专业化人才的关键要素。

梳理人才需求。培养专业化人才需要考虑供、需两个方面，一方面是结合区域发展规划深入分析人才现状，进而确定接下来的发展中需要多少人以及什么样的人，已有多少人、计划引进多少人、还需要培养多少人，同时结合需求做人岗匹配设计，这样组织培训也会更有吸引力和针对性，培训后也能更好地促进人才与产业的衔接。

提高专业技能。培养专业化人才，离不开了解新形势、新政策，比如国家职业技能提升行动，各地的职业人才培育计划等，根据这些来设计培训方向、内容和方式，让培训内容更有实用性，让参训者能真正掌握一定的技能，而且最好能让培训学员取得职业资格或提高职业技能等级等，助力人才走上职业化发展之路。

促进学以致用。在根据需求设计培训主题和课程，完成培训之后自然就要考虑就业问题。一方面是本地的岗位需求对接，另一方面还可以联动人力资源机构，为有技能的人才提供更多的就业机会，同时提供创业支持，让一些可以参与本地产业发展的能人可以就近创业。据了解，现在各地镇村大多建立了人力资源服务站或就业服务站，要充分发挥这些站点的服务功能，更好地促进专业人才学以致用。

营造良好氛围。在培育专业化人才的过程中，还要看到人们固有的思维对这项工作落实的阻碍，因此建议及时制定或完善一些激励措施，比如对于积极参与培训并成功就业、创业的人给予一定的物质和精神奖励，让其成为当地或行业的标杆，让更多人看到通过技能提升增加就业机会和收入的可能性，进而促进全民参与。

麻江县也非常重视专业化人才的培养，不断聚焦素质提升，创新培才育才新模式[①]，很多具体做法也值得我们学习借鉴。

---

① 本段内容来自麻江县提供的资料。

一是聚焦乡村振兴培育人才。围绕乡村振兴需求，通过外派挂职、跟岗锻炼、下派到基层历练等多种形式培养、培育青年人才，为乡村振兴提供强有力的人才支撑。例如，选派15名干部人才赴广东省佛山市南海区跟岗锻炼、提升能力；选派130名优秀干部组成乡村振兴工作队深入基层一线历练，助力乡村、增长才干。

二是依托平台培育人才。依托麻江县委党校、东西部协作项目、人才基地、新时代大讲堂等平台培育人才。2023年，开展干部人才专题培训18期2 566人次，各级各类干部人才专业素质、业务能力明显提升。

三是聚焦本土培育人才。围绕"四新"主攻"四化"，紧盯乡村振兴战略需求，持续实施农业技术人员创新创业行动，选派91名农业技术专家组建粮油、经济作物、畜牧水产、蓝莓等4个专家服务团，分成15个工作组，深入基层一线，开展技术培训、解决具体问题。

同时，服务队在给麻江县做项目策划时，提出专业化人才可分为专业技能型、生产经营型、社会服务型三类，其中包括专业大户、家庭农场主、专业合作社带头人、种植养殖加工人才、乡村工匠、乡村教师、乡村医生、非遗传承人、文化能人等，并给出了切实建议。

【策划精选】

麻江可以通过以下方式推动专业化人才的培育与服务。

一是建立片区专业人才库。按照类别对区域专业人才的专业特色、发展情况、发展愿景等进行调查登记，建设片区专业人才名录。

二是发挥人才示范带动作用。通过综合培训、技术赋能、交流互动等方式赋能专业人才，不断增强其自身发展的能力；打造联村区域乡村振兴会客厅，形成内外人才交流、对接的平台。

三是助力专业人才做大做强。乡村专业人才一般都具有一定的发展基础，片区要通过扶持专业人才，促使其特色产业提质增效，引导其做大做强，发挥其辐射带动作用，带领村民共同致富，助力专业化人才实现经济、社会等多元价值。

另外，麻江有独特的文化——夏同龢状元文化。状元文化是中国传统文化中的一种特殊文化，强调的是对于知识、文化的尊重与追求。加强状元文化品牌与麻江县全域乡村振兴的整体统筹，用文化赋能特色农业，可以促进农文旅等产业的发展，提升相关产品的附加值，而状元文化的打造也离不开专业人才的支撑。

在状元文化的熏陶下，麻江县致力于培养一批具有文化素养和专业技能的高素质农民。这些农民能够更好地适应市场需求和产业发展的需要，提高产品和服务的品质与市场竞争力。同时，加强与农耕科普教育的结合，推动组织学生到同龢状元府及特色产业基地参观学习，让更多的人了解状元文化和麻江发展的魅力[1]。

在麻江县清水江流域"农文旅康"多彩特色联廊策划过程中，同样提出了构建人才支撑的思路。比如，建议设立"清水江流域新能人计划"，通过综合培训、技术赋能、交流互动等方式，提质乡村专业人才，引导其带民致富，做大做强乡村产业，推动乡村经济与社会的多元发展。同时，通过招商形式引进种植大户，发展设施农业，鼓励农民参加技能培训，学习现代化的农业技术和经营管理方法，提高农业生产水平，力争成为特色产业发展的"新能人"[2]。

三、域内外精准衔接，引入合成式人才

所谓合成式人才，顾名思义就是各种类型人才的集合。我们都知道，乡村的发展需要方方面面的人才，尤其是具有较高专业能力和实战经验的人才，比如战略策划人才、规划设计人才、管理运营人才等，然而这样的人才不是短时间内就能培养出来的。因此，就需要通过一定的机制和方法，将区域发展所需要的人才从外部引进来。正所谓"不求为我所有，但求为我所用"。

2003 年，浙江省委部署实施"八八战略"时就提出积极推进人才强省。20

---

[1] 本段引自"千万工程·联创带富服务队"《麻江县状元文化"诗山联海"休闲度假片区发展策划书》。

[2] 本段引自"千万工程·联创带富服务队"《麻江县清水江流域"农文旅康"多彩特色联廊发展策划书》。

多年来，浙江对人才的"高看一眼、厚爱三分"体现在不断创新、完善的人才政策上。2024年年初，浙江"新春第一会"提出要让浙江成为各类人才脱颖而出之地、向往集聚之地、担当拼搏之地、价值实现之地、自我超越之地、情怀激扬之地。从人口"成绩单"看，《2023年浙江省人口主要数据公报》显示，2023年末常住人口6 627万人，超越湖南成为全国第七大人口省份，人口增量高居第一。

从区域引进人才的角度来说，一方面是链接心系乡土、有公益心的社会贤达及乡籍经济能人，社会名流和文化名人等；另一方面是引入专业设计师、科技人才、农业职业经理人、互联网营销师、项目运营商、乡村投资者等优秀人才，弥补本土人才短缺的问题。通过外部引入，形成服务乡村发展的合成式人才队伍。

那么，我们基层怎么做才能更快更精准地引进外部人才呢？笔者在这里总结几条基层实践中的方法。

靠舞台空间。 越是人才，越需要舞台，而我们的乡村资源要素过于分散，恰恰缺少让人才施展才华的舞台。试想，如果需要三年五年甚至十几年才能构建起产业平台，哪一个年轻人等得起？因此，建议基于特色资源禀赋和区域发展规划绘制好一张发展蓝图，也就是用可预见的"大饼"来吸引人才。所谓"可预见"，也体现了区域相关主体对未来发展的信心。

靠环境条件。 人才首先是"人"，来到乡村也不能只靠情怀活着，必然有着方方面面的现实需求，比如工作条件、食宿情况、福利待遇社交需要、发展机会等。如果区域政府或用人单位能基于自身职能范围尽可能地提前为人才需求提供一些福利政策，一方面能够营造重视人才、服务人才的良好氛围，另一方面确实能解除人才的后顾之忧，更有利于吸引人才和留下人才。

靠机制创新。 在新时代、新趋势下，乡村的发展需求、对人才的现实需求也是多种多样，一个村庄甚至一个镇域的体量都是有限的，如果要匹配人才的价值，可以创新一下机制和方法。例如，可以整个县域或几个镇联合设立一个智库中心，可以与周边高校合作设立乡村振兴实习基地等，即"人才共享"，减少个体人才服务乡村的成本，提升效应和价值，那么对要引进的人才来说也更有吸引力。

靠交流合作。如果缺少一定的资源和渠道，那么怎么找到更多合适的人才呢？区域可以主动构建"主场"，比如召开区域发展论坛，或者分领域召开人才交流会等，通过主题活动邀请或吸引相关人才来参与，或者针对特定的问题寻找对之感兴趣也擅长的人才来支持等，以上方法都是为了实现人才的精准衔接。

介绍了这样几个方法，我们接下来看看麻江是怎么做的。近年来，麻江县通过各种方式拓宽招才引才新渠道。

一是注重用好平台引聚人才。充分运用好省、州、县各级媒体宣传平台，加强宣传招才引才优惠政策，通过在麻江县人民政府网、人才招聘现场等渠道向社会公开发布招聘职位及招聘条件，2023年完成引进第一批急需紧缺人才8名，专业领域人才得到进一步充实。

二是抢抓东西部协作引聚人才。用好东西部协作机遇和对口帮扶政策，积极主动沟通对接，争取广东省佛山市南海区选派各类专家人才到麻江挂职支持工作。2023年以来，积极主动沟通对接佛山市南海区，成功争取15名优秀人才到麻江县开展对口支援帮扶工作，其中包括党政人才、教育人才、医疗卫生人才等，开创了优势互补、长期合作、聚焦扶贫、实现共赢的良好局面。

三是依托公开招考引聚人才。围绕"四化"产业、乡村振兴等重点领域，充分利用公务员招录、事业单位招考等方式，及时对人才队伍进行人员补充。2023年通过公开招考、定向招录等方式完成招录用公务员30名、完成事业单位公开招考聘用人员30名[①]。

【策划精选】

1. 针对麻江蓝莓产业的合成式人才建议：

麻江县面对蓝莓种质资源、种植环境、栽培技术、加工技术、采后处理、包装运输和品牌营销等多个环节的发展需求，针对现有人才薄弱的情况，与各

---

① 本段内容来自贵州省麻江县提供的资料。

类高校、科研机构、企业和公益组织等合作引进合成式人才，在助推麻江蓝莓产业发展的同时，又能起到"传帮带"的作用。

2. 针对麻江酸汤产业的合成式人才建议：

建议龙山镇共和村打造"酸汤第一村"，建设酸汤产业培训基地，为酸汤行业培养更多高素质人才，推动产业持续发展。政府相关部门与高校、科研机构建立合作机制，合作探索酸汤产业培训的内容体系，推广酸汤原料种植技术，加工技术，形成具有地方特色的产业培训项目，通过项目汇聚人才，助力当地酸汤经济发展。

3. 针对麻江文旅康养产业的合成式人才建议：

建议积极联动各领域专家和机构，为内外人才交流、对接提供平台。一方面连接心系乡土、有公益心的社会贤达及乡籍经济能人、社会名流和文化名人等，成立协会组织；另一方面根据发展需要，引入专业设计师、科技人才、农业职业经理人、互联网营销人才、乡村投资者等合成式人才，形成服务乡村发展的多元合成式人才队伍。

总之，破解乡村人才难题，需要引育并举、汇智聚力，通过盘活存量、扩大增量，激发外部人才服务乡村振兴的活力与激情，促使各类人才在乡村振兴中建功立业，用"活"人才杠杆，撬动乡村振兴。

上述复合型、专业化、合成式三类人才的同步打造，共同构成了区域乡村振兴的人才队伍，三者互相支撑、缺一不可。从三类人才的整体融合角度，麻江也做了很好的探索。

第二节　人才培训的 N 种方式

随着乡村振兴战略的持续推进，乡村人才的作用也显得日益重要。乡村人才培养是实现乡村振兴战略的关键环节之一，而人才培训则是人才培养诸多方式中最常见的一种，也是需要不断优化的一环。

【政策速递】

2024 年中央一号文件

（二十八）壮大乡村人才队伍。实施乡村振兴人才支持计划，加大乡村本土人才培养，有序引导城市各类专业技术人才下乡服务，全面提高农民综合素质。强化农业科技人才和农村高技能人才培养使用，完善评价激励机制和保障措施。加强高等教育新农科建设，加快培养农林水利类紧缺专业人才。发挥普通高校、职业院校、农业广播电视学校等作用，提高农民教育培训实效。推广医疗卫生人员"县管乡用、乡聘村用"，实施教师"县管校聘"改革。推广科技小院模式，鼓励科研院所、高校专家服务农业农村。

人才培训是指通过对个体进行系统性、有组织的教育和培养，提高其专业知识和技能，以适应社会经济发展的需要。它是一个综合性的概念，涉及个人培养、组织发展以及社会进步等多个层面。人才培训的目标是培养具备综合素质和专业技能的人才，为社会经济的可持续发展提供有力的支撑。

人才培训的方式有很多，比如线上培训、师徒帮带培训、实习培训等。本节内容主要介绍主题报告会、专题化培训、结构化研讨、场景化研学这四种常用方式，供广大基层工作者参考借鉴。

在麻江县实施"千万工程·联创共富"乡村治理人才培育计划的过程中，考虑到基层干部忙于各种事务，不便拿出大段时间来集中培训，前期集中培训课程设计基本为2～3天，通过"主题报告＋专题培训＋案例分享＋专家点评＋交流研讨＋总结动员"等方式，先统一思想、开启行动，后期辅之以伴生式指导、场景化研学、结构化研讨等与之所做工作或开展项目息息相关的方式，系统提升复合型乡村治理人才的基础认知、创新服务水平和现代治理等能力，内容包括如何对接国家政策，国内外村庄发展模式案例解读，县域乡村振兴的问题导向与发展思路、相关理念和实操方法等。

一、通过主题报告会识大局、明方向

主题报告会是一种重要的教育活动，通过报告会的形式，使参与者能够更加全面、详细、深入地了解特定主题，并对其进行探讨和思考。这种形式往往更加有高度、有广度、有深度，高屋建瓴地拓展原有认知，发人深省。

【路径参考】

乡村振兴主题报告会的主要类型：

1. 政策解读类报告会。解读中央及地方关于乡村振兴的战略部署、政策措施，以及具体实施细则，帮助参会者理解和掌握相关政策，明确工作方向。

2. 实践经验分享类报告会。邀请在乡村振兴工作中取得显著成效的地方政府代表、乡村干部、企业家等，分享其在乡村振兴领域的实践经验。

3. 技术培训与指导类报告会。针对农业科技、农业产业化、新型农业经营主体培育、农产品深加工、电商扶贫、乡村旅游等方面，提供专业技术培训与指导。

4. 规划研讨类报告会。集中讨论和制定乡村振兴的长远规划和短期行动计划，包括乡村空间布局规划、特色产业规划、生态环境保护规划等。

5. 案例分析类报告会。分析各地成功的乡村振兴案例，总结模式与路径，提炼可复制、可推广的经验，推动乡村振兴工作的创新发展。

6. 理论研究与学术交流类报告会：学者、专家围绕乡村振兴的理论框架、发展模式、挑战与对策等问题进行深入研究和探讨，提升乡村振兴战略的科学性和前瞻性。

各种类型的主题报告会都旨在通过不同的方式推动乡村振兴战略的落地实施，加快农业农村现代化进程，促进城乡融合发展。

在麻江县乡村治理人才专题培训班上，首先举办了专场主题报告会，重点就党中央重要指示精神和战略部署、乡村发展规律、乡村振兴政策等进行深入解读，聚焦突出问题，分享案例经验，引导学员吃透政策、活学活用，使培训施之有序、行之有效。

要达到这个效果，需要主讲人有足够的高度、广度和深度。为此，麻江县委邀请了中国西部人才开发基金会理事长、中央党校（国家行政学院）教授丁文锋以《聚焦乡村治理人才培养　推广"千万工程·花园经验"，协力谱写中国式现代化麻江新篇章》为题，为培训班授课。麻江县直各部门党组织书记，各乡镇（街道）党（工）委书记、组织委员、村（社区）党组织书记、主任等 300 余人参加。

丁文锋紧紧围绕深入贯彻关于"千万工程"经验的重要指示批示精神，讲授"千万工程"所蕴含的理念和方法。同时，紧扣黔东南苗族侗族自治州"一体两翼"战略抓手，突出人才振兴在乡村振兴中的战略地位，聚焦治理人才培养，提出要让"千万工程·花园经验"在麻江开花结果，从而激发和调动广大农民群众乡村振兴的内生动力，提升社会治理效能，推进共建共治共享，让与会人员受益匪浅。

通过主题报告会，可以促进政策和知识的传递与学习，激发参与者的思考和创新，也能够增强各层面人才之间的凝聚力和合作意识。在给各类人才做短期或长期培训的过程中，如果能基于大主题做一场这样的报告会，会非常有利于提升整个培训的质量和效果。

二、通过专题培训增方法、调思路

专题培训是针对某个领域或方向而安排的培训，具有很强的针对性，因此能够取得更直接的培训效果。相对主题报告会，这类培训更加具体和聚焦，更深入，也更注重实效。乡村振兴领域专题培训的主要方向可以根据乡村振兴战略的总体要求和五大振兴目标（产业兴旺、生态宜居、乡风文明、治理有效、生活富裕）来开展。

通过多角度、多层次的专题培训，可以助力各类人才综合素养的全面提升，进而推动乡村振兴战略的全面实施。例如，"千万工程"始发地浙江省历来重视人才培训工作，各领域都有大量的培训学院、培训机构和基地，值得我们深入学习和借鉴。

乡村振兴领域专题培训的主要方向和内容。

1. 产业发展培训。一是农业现代化技术培训：包括现代农业种植技术、智慧农业、农业机械化、农产品质量安全管理、农业科技创新等内容。二是产业结构优化培训：引导农民及农业经营主体开展多元化经营，比如农产品深加工、休闲农业、乡村旅游、农村电商等产业的发展策略。三是产业融合与发展培训：推动农村一二三产业深度融合，培育农业新业态新模式。

2. 人才培养培训。一是新型职业农民培育：提升农民的职业技能，增强其市场开拓、经营管理、电子商务等综合能力。二是农村基层干部能力建设：加强农村治理、政策解读、公共管理、项目策划与执行等方面的培训。三是农村创业就业技能培训：针对回乡创业青年、妇女、退伍军人等群体，开展有针对性的技能培训。

3. 生态环保与绿色发展培训。一是生态农业技术培训：推广绿色农业生产方式，减少环境污染，提高农业生态系统稳定性。二是环保法律法规教育：普及环保政策和法律法规，提高农村居民环保意识。三是生态环境整治与修复培训：指导乡村开展环境综合整治、垃圾分类处理、污水治理等工程的实施。

4. 文化传承与乡风文明建设培训。一是乡村文化挖掘与保护：培训如何传承和发扬乡村优秀传统文化，发展文化产业，保护非物质文化遗产。二是乡风文明创建活动指导：培养良好家风、淳朴民风和社会风尚，推动移风易俗。

5. 乡村治理与公共服务能力提升。一是村级组织建设与管理：强化村级组织规范化建设，提升村干部的民主决策能力和管理水平。二是社区治理与村民自治：培训村民参与社区治理的方法和技巧，推动村民自治制度的有效运行。三是公共服务设施建设与管理：提高乡村公共服务水平，如医疗卫生、教育、养老等社会事业的建设和运营培训。

6. 政策解读与项目申报辅导。一是解读乡村振兴相关的国家和地方政策，指导乡村把握政策机遇，争取各类扶持资金和项目支持。二是项目策划与申请书撰写：培训乡村如何编制高质量的项目可行性报告，成功申报乡村振兴相关项目。

在麻江县学习运用"千万工程"经验的过程中，也依托各方力量开展了一系列很有特色的专题培训活动。

服务队邀请了福建省屏南县政协原主席、屏南乡村振兴研究院副院长周芬芳，为基层干部作了题为《文创推动乡村振兴 促进共同富裕的屏南探索与实践》的专题报告。她以屏南县传统村落文化创意产业的实践成果为例证，讲述了通过打造"人人都是艺术家"等文创品牌，探索出的传统村落保护、活化与发展的新模式和新路径，助力麻江人才了解传统村落保护的相关政策、理念和方法。

同时，服务队还邀请了北京市烹饪协会副会长王云作了一场《党建引领践行"千万工程" 烹饪科技助力乡村振兴》专题报告。他以"农副产品销售难问题"为引入点，从"烹饪科技助力精准帮扶、乡村味道助力乡村振兴、直播是乡村振兴的好帮手"等方面，讲述烹饪如何助力乡村振兴，让从事相关工作的领导干部和经营主体受益匪浅。

另外，王云老师还结合麻江特色——蓝莓、酸汤及状元文化等，提出了诸多创造性建议。他建议，以独特的苗族、畲族、侗族等民族文化为元素，将酸汤、蓝莓、状元文化与苗家漂染织土布等有机结合，形成麻江乡村旅游的特色，充分体现年轻消费者喜闻乐见的"互动式"旅游特点，然后以研学游学、农事体验、红色之旅等项目为载体，促使麻江县域一二三产业形成融合发展之势。

专题培训不仅是集中培训需要，还可以结合平时产业发展需要进行专项人才培养，这样的培训也会更有针对性。

如果想让专题培训发挥更大的效用，还需让课程设计也更加"专题化"。比如，前文讲到专业化人才的提质方法，其中培训是必不可少的一环。那么，如果为种植养殖大户提供生态农业、种植养殖技术、产业链、供应链方面的培训，为文旅项目从业者提供品牌营销、运营策略方面的培训，为电商直播人才提供短视频、直播技巧、流量变现方面的培训，势必是雪中送炭，如虎添翼，精准助力培训对象。

三、通过结构化研讨学先进、强交互

结构化研讨在培训中或多或少会用到，但在基层使用还不够普遍，或者说基层层面对其流程和每个环节的本质目标了解有限。

结构化研讨是一种系统性的团队学习和决策方法，它是在特定议题或问题的背景下，通过精心设计程序、规则，使用一系列团队学习工具，引导参与者进行有组织、有序列的思考和讨论，以实现多角度、深层次的认知共享和共识形成的过程。结构化研讨强调全员参与、互动交流，有助于避免讨论的随意性和片面性，提高研讨效率和质量。

结构化研讨有以下几个特点：一是需要有人担任"催化师"的角色，即负责设计研讨流程、把控讨论节奏、确保每个参与者的声音都能得到充分听取和尊重，同时保持研讨的聚焦和深入。二是重视规则和程序，需要事先设定讨论的步骤和规则，例如轮流发言、定时讨论、记录和汇总观点、分阶段解决问题等。三是需要用好团队学习工具，包括 SWOT 分析、鱼骨图、"六项思考帽"、头脑风暴法、"世界咖啡馆"等用于激发创新思维、促进信息整合的工具。

麻江在学习运用"千万工程"经验的过程中，也应用了这种方法。比如，开展县、镇、村乡村治理人才培训时，采取以会代训的方式，先就培训的主题"如何用好村庄发展建议书"向与会人员发布通知，要求结合各自角度做好前期准备工作；实施过程中，以镇（街）为单位组成讨论小组，先在组内进行充分沟通，形成文字提纲要点；然后召开总体会议，让各镇（街）汇报其想法和建议，形成全县层面的关于村庄建议书的认知定位、应用方法、提升建议，达成方法论层面的共识。最后，再让每位参与者结合各自情况写出后续落实计划，更好地发挥了前期调研及建议书的示范引导作用，提升了乡村治理人才的认知和思维能力。

【路径参考】

结构化研讨的"八步法"

1. 议题设定：明确研讨的目的和中心议题，确保所有参与者对此有清晰的认识。

2. 前期准备：确定参会人员、准备相关资料、设计研讨框架和流程。

3. 开场与导入：结构化研讨的"催化师"介绍研讨背景、目标和规则，激发参与者的积极性和投入度。

4. 小组活动：通过分组讨论、角色扮演、案例分析等方式，促使每个人深入思考并贡献想法。

5. 意见收集与梳理：记录和汇总各小组或个人的观点，对重复或相似的意见进行归类合并。

6. 集体反思与深化：全组层面公开讨论各个观点，澄清疑虑，深化理解，寻找共识点和分歧点。

7. 决策与行动规划：基于讨论结果，提炼出行动计划或者达成决策共识。

8. 总结与反馈：对整个研讨过程进行复盘，评估成果，为未来改进提供反馈。

通过这样的结构化研讨，不仅可以促进各类现实问题的有效解决，还能提升团队协作能力、增进跨部门或跨层级的理解与协同，最终有助于组织的整体效能提升和持续发展。

四、通过场景化研学深体验、拓合作

乡村研学的方式方法多种多样，旨在通过不同形式的学习与实践相结合，实现对乡村振兴战略的深度认知、理论应用与实践经验的积累。通过研学，既能满足学员的理论学习需求，又能紧密结合实践，提升他们投身乡村振兴事业的实践能力和创新能力。

【路径参考】

常见的乡村振兴研学方式方法

1. 实地考察与案例分析：这是最常见的一种研学方式，即带领学员参观和考察典型案例，了解乡村产业转型、生态环境治理、文化建设、社区治理等方面的实践经验，通过实例解读乡村振兴战略的具体落地措施。

2. 主题研讨会与专题讲座：邀请专家学者、政府官员、成功创业者等进行主题演讲和研讨，解读政策法规、讲解理论知识、分享成功案例和失败教训，启发学员思考和讨论，这类讲座须与相关场景相结合。

3. 实训基地实践：利用各类农村实用人才培训基地、产业示范基地等，进行现场教学，如农技操作、农业科技创新、农村电商、乡村旅游项目的运营等，让学员亲自动手实践，掌握相关技术和管理方法。

4. 小组研讨与课题研究：围绕想要深化了解的主题，设置相关课题，组织学员分组进行研究，针对乡村振兴中遇到的问题，提出解决方案和创新思路，锻炼学员的研究能力和团队协作能力。

5. 线上线下混合式学习：利用现代信息技术手段，搭建网络学习平台，提供在线课程、视频教程、文献资料等，辅以线下集中研讨和实践活动。

6. 情境模拟与角色扮演：设计模拟场景，让学员扮演乡村建设中的不同角色，如村党组织书记、合作社负责人、农民企业家等，通过模拟决策和应对问题，增强解决实际问题的能力。

7. 游学旅行与文化体验：结合乡村文化和旅游资源，组织学员进行文化体验游学，感受乡村历史文化的底蕴，探索文化和旅游产业在乡村振兴中的作用。

8. 导师制指导：建立导师制度，聘请有丰富经验的导师对学员进行一对一或一对多的个性化指导，帮助学员解决实际工作中的问题，提升其专业素养。

在麻江县宣威镇咸宁村的村庄发展策划中，服务队为咸宁村策划了"村干部浙江花园村挂职锻炼项目"，即以咸宁村与花园村结对帮扶为基础，建议咸宁村推选两位村干部，赴浙江花园村开展为期半个月的挂职锻炼，重点完成以下几项学习及工作任务①。

一是先进经验的学习。在花园村的实际场景中，学习花园精神、发展理念、做事方法及践行"千万工程"的经验，结合麻江县及咸宁村实际情况形成学习心得与收获，回村后与其他20个村的党组织书记及干部进行分享交流，共同提高认识和实践能力。

二是公益项目的执行。负责对接及推进服务队帮咸宁村策划的"集体经济互助计划公益项目"的持续实施，包括与花园村的对接、咸宁村资源推介、项目思路介绍、产品质量监督、对接流程跟进等，确保项目保质保量完成，推动咸宁集体经济发展。

三是合作资源的对接。基于咸宁村特色产业和群团组织，与花园村及相关机构开展广泛的对接合作，负责策划对接方案、设计主题活动、衔接相关主体、推进项目落地、总结经验成果等，动态化、持续性地促进咸宁村资源与外部市场的对接合作。

2023年12月，受浙江花园村之邀，麻江县委书记唐光宏带队参加首届"科创中国"乡村振兴产业发展大会并作经验分享。麻江县县直机关干部、乡镇干部和村党组织书记20余人参加大会。会议期间，与会人员参观了浙江省"千万工程"展示馆，对浙江实施"千万工程"的理念和实践案例进行了系统深入的了解。同时，学习了浙江花园村、安徽小岗村等诸多名村强村的发展经验，受益匪浅。

大会结束前，麻江县委书记唐光宏接过大会旗帜，筹备2024年的第二届"科创中国"乡村振兴产业发展大会，这给了各级干部和基层人才以巨大鼓舞，为麻江县带来了服务黔东南、贵州省乃至全国产业发展的机会，同时也是麻江与各方联动合作的契机。

---

① 本段内容引自"千万工程·联创带富服务队"的《麻江县宣威镇咸宁村村庄发展建议书》。

参加完"科创中国"乡村振兴产业发展大会，麻江县委书记唐光宏直接带队去了浙江航民村，进行实地参观走访和交流学习，随行干部再一次受益匪浅。

与此同时，麻江县委、县政府定期开展"走出去"活动，由县委书记或县长率队，带领班子成员和相关部门干部、企业负责人赴各地招商引资，也经常顺便考察当地做得好的产业基地。这在推进招商工作的同时，其实也是一种场景化研学，通过实地走访、参观学习、座谈交流等多种方式，在实地场景里拓宽视野、提升能力。

麻江县这种抓住一切机会节省成本、开展场景化研学的精神，着实值得我们广大乡村干部们学习和借鉴。

总的来说，人才培训是一个综合性的概念，既关乎个人的发展，也关乎组织和社会的进步。它通过提高个体的专业素养和综合素质，实现个体和组织的协同发展，为社会经济发展提供人才支撑。在全面推进乡村振兴的过程中，人才培训具有重要的意义，既是个体发展的必然选择，也是组织和社会进步的重要保障。

第三节　不同人才的协同共进

复合型、专业化、合成式三类人才，从不同视角看，各有所长，也各有所短。从普遍性和推进产业项目的角度来看，专业化人才、合成式人才的专业度相对较高，复合型人才某一领域专业度相对较弱；从与区域政策和社会的紧密度来看，复合型人才相对全面，专业化人才和合成式人才次之；从对市场的把握程度来看，合成式人才一般相对较高，专业化人才和复合型人才次之。然而，从区域发展的整体出发，若三类人才能相互联动、互为支撑，就能形成更好的人才队伍合力。

一、复合型人才需要做好"内抓外引"

本节所说的复合型人才，多以县、镇、村等基层干部为主，其主要职能是经济社会的管理与服务，服务于各类人才和组织，也做统筹和督导。那么，在实践中，就更便于结合自身职级与职能，从以下角度实现与另外两类人才的高效衔接。

对内抓好专业化人才。乡村目前普遍存在的情况是，村干部是村干部，村里的能人是能人，彼此之间联系较少。可现实是，不管多厉害的能人，在那一片土地上创业发展，都免不了要与当地政府、群众打交道，而当地各项工作的推进，也都离不开能人的示范和推动。

基层干部应从服务与赋能的角度，注重为专业化人才提供政策信息、培训机会、资源对接、表彰推荐等支持，让专业化人才在村里有"家"的感觉，也更有干事创业的动力和支撑。

对外引入合成式人才。人的精力都是有限的。县、镇、村干部专注于推动区域的发展，解决当地的问题，就不可避免地对专业领域缺少了解，而区域能人在创业过程中需要各种各样的专业支持，区域的主导产业、特色项目推进也需要多元化人才的支撑，这些单靠本地人才是难以解决的。因此，可以通过主题论坛、区域招商等各种方式引才引智，进而引进资源和项目，为区域发展助力。

内外联动搭发展平台。当复合型人才对内有抓手、对外有援手的时候，就需要在持续提升内外合力上下功夫了。一方面，可以组织主题论坛或企业家沙龙，促进人才之间的交流与共创；另一方面，可以搭建产业发展平台，促进各类要素的汇聚，进而联动人才开展共建。例如，麻江县积极承办第二届"科创中国"乡村振兴产业发展大会，其实也是搭建平台促进产业相关人才交流的体现。

总之，作为复合型人才，要认识到自身在专业技能和市场拓展方面的不足，对内为本地专业化人才赋能，使之成为自身工作突进的"先锋"；对外精准引进各路"高人"，让自己势能得到提升。这样内外结合，如同插上了一对"翅膀"，进而更利于实现追高求远的目标。

二、专业化人才需要做好"内升外联"

对于区域内的专业化人才来说，优势是显而易见的，比如，有在地资源、实战经验等。正因如此，也更容易在宏观政策和更广阔市场把控上存在不足。基于在麻江的探索，提供以下几种赋能的方法，供广大专业化人才参考。

联系政府补充宏观视角。很多专业化人才都很实干，实干到"心无旁骛"，甚至有的还以"不靠政府支持"为荣。然而，时代在发展，万物将互联。区域产业的发展，也离不开政策的支持。各类政策落实也需要先行者示范和带动，那何不做好政策研究，精准争取相关支持，于国、于区、于己都是好的。

联动外部补充发展链条。 区域专业化人才往往在信息和资源的获取上受限，若能与外部同领域、同行业或上下游等主体加强联动与合作，可以弥补自身要素不全、链条不长、渠道不广等现实问题，能在市场上更有竞争力，能走得更高更远。麻江县在发展蓝莓产业的过程中，采取"蓝莓＋"策略，丰富蓝莓的加工品类，同时引进汇源集团开展物流与加工合作，延长了蓝莓的产业链条，也为麻江县、黔东南甚至整个西南部地区的水果加工物流提供了强大支撑。

联合周边补充层次规模。 专业化人才经过一定的实践，往往在当地能走在前面，成为引领者和示范者，这个时候也往往受到空间的局限。因此，若能基于自身优势，与周边区域加强联合，就能更好地弥补地域、人力、物力等方面的不足，再辅之以标准化流程和机制，可将有限的"空间经济"变为无限的"主体经济"。麻江县西部发展高山冷凉蔬菜产业的五个村成立了联合党委，推选其中一名书记担任理事长，明确分工，共同推动高山冷凉蔬菜产业发展，便是很好的例子。

三、合成式人才需要做好"内融外展"

合成式人才是针对区域整体来说的，是各类人才的集合，是一个团队概念，如果换成个人视角，构成合成式人才的每个人其实也是复合型人才或专业化人才。那么，作为区域外部的人才，如果想在区域落地生根实现良好发展，或为区域提供有效支持，该从哪些角度入手呢？或者说怎么做才能取得更好的效果呢？

全面深入调研，找准切入点。 外部专业化人才到地方做事，最怕的是因为信息不对称或对当地情况不了解，让自己陷入僵局、进退维谷。因此，建议外部人才在与区域对接前，对相关情况做个全面深入的调研，包括自然环境、当地政策、土地性质、运营主体、周边关系等，了解的信息越全面，对后续融入和发展越有利。

明确合作机制，找准发力点。 基层群众大多淳朴，认为人选对了做事就不用太较真儿，殊不知事物都是变化发展的，一旦场景变了、信息变了、对象变了，都有可能导致不可预知的变化。建议外部人才到乡村实施项目，尤其是涉及各方利益的合作，不管公益还是商业，都要签好协议，提前明确好责权利，这也正应了那句老话，"亲兄弟，明算账"，避免不必要的麻烦。

细化目标进度，找准价值点。基层工作事务繁多、乡村做事没有一定之规，这种情况下更加需要注意把握做事的节奏。比如，可以确定双方合作的具体联系人，随时沟通项目进度；定期召开工作推进会，解决关键问题；对团队成员建立一定的奖惩机制，鼓励各方提高效率等。总之，时间就是生命，把握了时间节奏，就相当于把握了价值的创造成本，也更有利于实现预期目标。

乡村振兴背景下，各行各业人员投身乡村建设是好事，也是乡村发展必需。正因如此，更要注重探索好的方法，最大程度降低沟通和合作成本，实现各路合成式人才在区域共建的高效率、高价值，推动区域高质量发展和共同富裕目标的早日实现。

第六章

共创·谋划麻江发展新蓝图

提升乡村产业发展、乡村建设、乡村治理水平，是推进乡村全面振兴的重点任务。浙江"千万工程"循序渐进、久久为功，由点及面，根据不同发展阶段确定整治重点，与时俱进、创新举措，制定针对性解决方案，既不刮风搞运动，也不超越发展阶段提过高目标，从花钱少、见效快的农村垃圾集中处理、村庄环境清洁卫生入手，到改水改厕、村道硬化、绿化亮化，再到产业培育、公共服务完善、数字化改革，先易后难、层层递进。

针对麻江县的乡村现状，服务队坚持"点、线、面"协同推进的发展思路，围绕乡村建设、乡村产业和乡村治理的目标，分类规划实施。

第一节 乡村建设：宜居宜业和美

乡村建设是推进乡村全面振兴的重要内容。从涉及内容上看，农村的基础设施、公共服务、环境保护与生态、产业发展和社会治理与文化等都属于乡村建设的范畴，是一个复杂而综合的过程；从实施主体的角度，需要政府层面的政策引导与支持，社会资本的多元参与和投入，最重要的是发挥农民的主体作用，引导农民积极参与乡村建设，共同推动乡村的繁荣发展。

麻江县的"四在农家·美丽乡村"2014 年被纳入贵州省农村综合改革标准化试点，建立了包括生态环境改善、村容寨貌改造、产业发展升级、公共安全保障、公共服务提升五大体系的县级美丽乡村标准体系，在美丽乡村建设方面取得了显著成效。但在乡村全面振兴的新阶段,如何将美丽乡村建设与村庄产业、文化和治理有效结合,如何发挥群众的主体性和参与性等,还是亟须解决的课题。从乡村生态、业态和文态三位一体的角度,不断提升乡村建设水平,推动麻江从美丽乡村向现代宜居宜业和美乡村转型,成为"千万工程"经验落地的探索方向。

一、庭院经济促进乡村形态美

乡村形态是从空间角度描述乡村的概念,包括乡村自然景观形态如地形、地貌、水文和植被等自然要素,也包括村民生产和生活的聚落形态。乡村形态是自然环境与人为改造相适应的结果。乡村形态不仅体现着当地的自然风光,而且反映出当地人们的生活方式和审美情趣,是区域特征的重要体现。美丽乡村建设,既要求村庄有"颜值",又要求村庄有"气质"。"颜值"指的是景观、山水等外在的风貌,"气质"则代表了村庄沉淀下来的地域特色。

浙江"千万工程"首先是从环境整治入手,以"污水革命""垃圾革命""厕所革命"为切入点,由点及面,这是对农村人居环境的重塑,也是对浙江乡村形态的重塑,其内在逻辑是转变发展观念、调整发展方式,特别是处理好发展与环境保护之间的关系。

推进乡村建设的过程中,麻江探索充分考虑县域乡村空间特点、民族特色和发展阶段,提出以"庭院经济"作为优化村庄布局、强化乡村空间设计和风貌管控的抓手,推动麻江乡村形态改造与功能提升。

在中国传统建筑文化中,庭院发挥着建筑群体布局的灵魂作用,历史悠久,文化深厚。广义的庭院是亭台楼阁等建筑物包围或者其前后左右场地空间的集合,即包括建筑附属场地和植被,狭义的庭院则单指居家生活的院子。在传统文化里,中国的院子不仅是居住的环境,更是一种文化情感的载体,能够调和人际关系,成为人与自然对话的场所。

庭院经济指的是农民以自己的住宅院落及其周围为基地,以家庭为生产和经营单位,为自己和社会提供农业土特产品和有关服务的经济,是农业经济的组成部分。"庭院经济"的概念是由著名经济学家于光远先生首次提出的,在 1984 年

7月发表的《庭院利用的科学》一文中，他认为："利用农户一家一户的房前屋后的有限的土地从事高度集约化的种、养等各业生产完全可以获得很不错的效益"。20世纪80年代，费孝通先生也在对黄河流域乡村经济的考察中发现了"庭院经济"因素，指出"利用庭院经济"，发挥农民的积极性，然后引导他们向集体主义发展，使个体经济的作用越来越小，集体的作用越来越大。这是条值得充分利用的道路。①

家庭联产承包责任制实施之后，农民一直有利用房前屋后从事种植、养殖的传统，这也成为小农状态下农民解决温饱和增加收入的重要手段，然而随着城镇化水平的不断提升，农民从事庭院经济的积极性有所衰退。

国内外都有发展庭院经济的范例。浙江省安吉县以"美丽乡村庭院"建设为切入点，精心打造庭院微景观，用美丽庭院点缀美丽乡村。成立县领导牵头的美丽庭院创建工作领导小组，推动美丽庭院建设与美丽乡村建设联创。提出"院有花香、室有书香、人有酿香、户有溢香"美丽庭院创建总要求，作为主要起草单位之一，成功编制《乡村美丽庭院建设指南》国家标准。

西班牙南部的小镇科尔多瓦的庭院节作为西班牙第十一个非物质文化遗产被西班牙政府重点保护并享誉世界，每年的庭院节都能吸引大量外来游客参与。从1921年首次创立庭院节开始，政府每年投入大量的资金用于奖项设置，同时，设立"庭院皇后选美比赛"和"弗朗明哥音乐节"等活动来扩大节庆影响，成功创造多维度的艺术活动氛围。之后庭院节不断朝着建筑保护、自然装饰等多个维度发展出不同标准，更多的人以此为工作并传承给下一代。

在当前推动庭院经济的大背景下，庭院经济的重要性和价值日益凸显。国家政策层面也对发展庭院经济作了一系列指导。2018年4月，习近平总书记在海南考察时指出，要鼓励和扶持农民群众立足本地资源发展特色农业、乡村旅游、庭院经济，多渠道增加农民收入；2022年9月底，农业农村部、国家乡村振兴局印发《关于鼓励引导脱贫地区高质量发展庭院经济的指导意见》，提出要从特色种植、特色养殖、特色手工等方面入手，支持农户高质量发展庭院经济；2023

---

① 费孝通. 开发大西北［M］//费孝通全集（13卷）. 呼和浩特：内蒙古人民出版社，2009.

年中央一号文件明确鼓励脱贫地区有条件的农户发展庭院经济。

（一）麻江庭院经济的功能创新

在麻江推动庭院经济模式创新，首先发挥庭院美化乡村生态的作用。将居民生产生活与环境美相结合。在景观设计上，合理规划庭院的生活空间、生产空间和储藏空间，活化闲置空间，使空间整体协调。在具体实施过程中，一是重塑庭院风貌。通过将乡村特色元素进行重构，提炼当地传统建筑、民族纹样、生产生活工具等元素中的乡土记忆，在进行庭院景观打造时运用到景观中。二是通过庭院植物景观维护和美化农民生活和生态环境。通过将砖块、瓦片等乡土材料制成围墙来划分庭院空间；用鹅卵石、砾石、瓦片等装饰地面，打造出特色的庭院氛围；同时加强乡村庭院的景观小品设计，如将废弃不用的脸盆、腌菜坛、酸汤罐等改造成花盆，在院落里修建小型花池，用竹竿、铁丝、木架子搭建简易花架，既与庭院空间整体相协调，又创造出新的文化价值。同时，将单个庭院打造与村庄整体空间布局优化和风貌提升结合。在设计过程中，把庭院经济与村庄发展规划、乡村振兴规划相结合，统筹规划庭院经济发展布局，突出乡土特色，走特色化、差异化发展路子，形成"村是景区、家是景点、村景一体、全民参与"的良好局面。比如对宣威镇卡乌村的策划，在现有庭院经济已经初具成效的基础上，提出可与"四季花海"景区联动，引入多彩花卉装扮庭院，并与绣娘文化、农家书屋、文创作品相结合，打造独具特色的卡乌和美庭院；在宣威镇光明村，针对其蓝莓产业优势，策划了蓝莓庄园和九大特色庭院，活化了村庄整体空间布局。

其次，合理利用院落等闲置资源，为家庭增加一份收入。由庭院汇聚和培育特色产业，打造一村或一乡"一品"。通过花、果、菜等各类内容的植入，汇聚和培育特色产业，形成系列项目和产品，助力农民增收，形成产业集群，壮大集体经济，推进共同富裕。从庭院种植、养殖内容角度，围绕麻江产业特色，服务队策划了通用的"六小园"模式。

庭院经济"六小园"

1. 小菜园。根据庭院情况选择几个主要蔬菜品种，比如西红柿、黄瓜、生菜、彩椒等，兼顾季节更替的衔接、不同品种套种等，确保菜园持续有菜。同时，开展家庭认领、蔬菜采摘、农耕体验、沙拉制作等活动，增加延伸收益。

2. 小花园。与园林花艺公司合作，由相关企业负责提供鲜花绿植的种苗、技术指导和收购服务，农户负责日常浇水、施肥等基础管护。同时，推出基于花的各种体验活动，如插花、手工制香、制作花篮、花艺纪念品DIY等。

3. 小果园。在庭院及周边种植枣树、樟树、梨树等适宜栽种的果树，辅之以常态化的果树认养、水果采摘、叶子书签制作、树的自然体验研学等体验项目，还可以提供水果沙拉、水果冰激凌、水果捞等特色小食。

4. 小药园。选择几种适合麻江气候的中草药，如鱼腥草、板蓝根、艾草等，在生产和销售药材的同时，还可以根据季节特点提供清热解暑、健脾开胃等不同功能的茶饮，与中医药学校合作推出中药科普研学项目，推出中药艾灸、泡脚等特色健康养生项目。

5. 小艺园。引进体现民族、民俗文化的文创类项目，如苗绣、扎染、编织、布艺、民族服饰、民俗画等，同时还可以成为游客采购的特色小商品，增加农户收益。

6. 小乐园。通过唱民歌、讲故事、跳舞等活动，传播民族特色文化；推出多人桌游、密室逃脱、儿童无动力设施等方式，为游客提供休闲娱乐空间。在落地和实践中，根据实际场景的特点和市场需要，还可增加其他类别的内容，不断丰富庭院场景。

再次，将庭院打造成科普研学基地、新产品新技术试验基地、乡村民俗和农耕文化的体验场所、共享休闲空间、联动周边基地的特色产品展销窗口等复合功能场所。既缓解当前农村建设用地紧张，又实现了庭院的价值提升，在功能上将庭院打造成小微文旅基地、康养基地、展销基地、试验基地、孵化基地和服务基地。

（二）麻江庭院经济的特色

将庭院打造与调动村民积极性联系在一起。通过"县里制定补贴办法、村里讨论实施细则、村民委员会商议具体方案"的推进机制，让群众参与到庭院设计和改造的全过程，最大程度地调动其参与性。

坚持以景融景，充分利用当地景观元素改造庭院。在以庭院经济为导向的经济发展以及庭院空间改造中，色彩和材质充分运用当地的资源。例如龙山镇的共和村是全国规模最大的酸汤发酵和生产加工企业——麻江县明洋食品有限公司所在地，服务队利用汤家寨（自然村）设计酸汤特色村庄，对废弃的酸汤发酵坛再利用，利用彩绘、搭配造型等方式，将废弃发酵坛再利用，打造独特的酸汤坛景观小品。

丰富庭院功能空间，促进生产方式变革，实现"产、庭、景"融合。赋予庭院经营性功能并依据自身条件调整生产方式，并打造相应的生产空间，给村落创造更多新型的服务，降低传统农业散、小、落后的风险。在此基础上达到真正的经济美、产业美、景观美。

二、多业并举推动乡村业态多

乡村业态指的是乡村的经济产业，包括产业的发展形态和发展状态，乡村业态涵盖了一二三产业和其他所有能够创造出经济效益的活动。

随着现代农业的发展和农村一二三产业的融合发展，乡村业态成为乡村极具潜力的发展动能，是进一步繁荣农村经济、促进农民增收的重要抓手。发展乡村产业，一方面可以增强集体经济的实力，另一方面对村民而言，不用离乡背井，异地就业，村庄也不会变成"空壳村"，将更具活力与生命力。目前在一些落后乡村，仍旧延续着千百年来的小农经济，农业生产是主要的，甚至是唯一的产业，"粗放型"的模式无法向"集约型"转变，且农产品加工、服务业、旅游业等第二、第三产业严重缺乏，这就导致了乡村经济基础越来越薄弱，人口流失越来越严重的现象，形成恶性循环。此外组织体系低效、产业竞争力弱，农民增收乏力、利益联结缺失等问题都影响了乡村多元业态的构建。

作为乡村建设的基础，产业的兴旺与否决定着乡村的发展方向。如何稳固旧业态，培育新业态，发展特色产业，是当前乡村振兴迫切需要解决的基本问题。

从业态角度分析麻江乡村现状，目前主导产业还是农业，主要在蓝莓、太子参种植和传统养殖业，同时三产旅游业具备了一定的基础，二产薄弱，产业融合度低等问题显著。从生产方式、经营方式和体制机制等层面入手，围绕"特色化、多元化、数字化、优质化"发展战略，推动麻江多业并举。

（一）多业态打造，构建乡村产业多元结构

凸显特色产业。村庄产业的选取，要从现实出发，找到地方的特点与优势，通过"一村一品"的品牌强化，形成"小而精，特而美"的发展格局，并以农业为龙头，进行产业链延伸与拓展。在深入分析麻江特色产业分布的前提下，服务队提出麻江"千万工程""三廊一片"示范带规划建议：以光明村、共和村牵头五村形成蓝莓产业特色联廊，以卡乌村牵头富江村、龙江村等五村形成"农文旅康"多彩特色联廊，以坝芒村—谷硐村牵头五村形成高山冷凉蔬菜及避暑夏养特色联廊，以高枧村及夏同龢故居牵头周边村社形成状元文化"诗山联海"休闲度假片区，活化展示麻江"千万工程"的生动格局。

以蓝莓产业特色联廊为例，麻江县作为中国蓝莓的核心产区之一，从1999年开始零星种植发展到8万多亩，蓝莓种植区域从麻江县发展到黔东南苗族侗族自治州，成为全州的主导产业，并辐射带动全省种植，推动生产、加工、销售等全产业链发展，带动旅游业等新业态发展。但目前产业方面也面临生产结构待优化、品牌塑造和产业链打造待完善、精深加工体系薄弱、产村融合度低、产业发展不均衡等诸多问题。

围绕蓝莓产业如何发挥优势、凸显特色，服务队进行了一系列落地设计。针对蓝莓产业主要集中在宣威、龙山两镇的情况，服务队根据地形地貌、产业特

色、发展阶段等因素，对主产区的5个村庄进行差异化的定位和策划，提出"五个结合"：宣威镇光明村与商业、服务产业相结合，翁保村与生态、民俗产业相结合，甲树村与交易市场相结合，咸宁村与交流、康养产业相结合以及龙山镇共和村与蓝莓产业、蓝莓文化相结合。

光明村是麻江县最早试点引种蓝莓的区域，也是麻江县种植面积最大的村庄之一，为将特色产业做大做强，带动麻江蓝莓产业提质增效，服务队提出将光明村打造成为麻江蓝莓特色产业发展与服务中心，联动蓝莓交易中心、蓝莓小镇等，形成集苗木繁育、露地栽植、鲜果采摘、旅游观光、产品深加工、产品展销、商贸服务等于一体综合性产村单元。同时，围绕"农旅相融""产村相融""文旅相融"，逐步将光明村打造成为亚高原自然生长冷凉蓝莓核心产区、"农文旅康"融合发展乡村样板、"蓝莓第一村"，成为麻江乃至贵州乡村产业发展的亮丽名片。在实施层面，通过打造麻江·中国蓝莓产业核心园片区、特色农产品交易中心、十里蓝莓微田园、蓝莓产业观光园片区、蓝莓主题庄园等，同时组织蓝莓种植大赛、光明蓝莓宴、蓝莓特色村产业交流会、乡村蓝调音乐节等品牌活动，推动蓝莓产品延伸（推广盆栽蓝莓、景观蓝莓，探索具有地方和民族特色的蓝莓深加工产品如蓝莓猪、蓝莓鸡、蓝莓药膳等，开发蓝莓文创衍生品）等一系列手段，对光明村整体进行包装提升，形成文化的蓝莓、科技的蓝莓、融合的蓝莓、共富的蓝莓等"蓝莓第一村"的产业内涵。

三产融合发展。坚持以农业为中心，根据当地的实际情况，对农业进行多元化的拓展，对农业的深度加工进行升级。对于具有良好生态条件的村庄，利用"景村一体""产旅融合"等手段，以农业为中心，大力发展第三产业，推进一二三产业的相互结合、相互衔接、相互协调，打造具有良好发展前景的、具有一定规模的现代化的、可持续发展的、鲜明特色的、前景广阔的乡村。

一是抓好产业与美丽乡村建设的融合。按照"小规模、组团式、微田园、生态化"理念和思路，推动村庄经营项目与美丽乡村建设融合发展。通过项目建设，促进村庄大变样，成果惠及百姓。宣威镇卡乌村是少数民族特色村，是麻江县"卡乌—乌卡坪—乌羊麻"阳光生态旅游的主景区之一。作为麻江县重点打造的文旅康养示范区域，卡乌村需要将村庄资源有效盘活并形成精细化、组团型的项目，才能更好地与市场精准衔接，同时形成特色主题、持续流量。为此，服务队建议打造立体田园、绣娘文化、民俗体验、农耕民宿等"11个组团"，建设田园微景、江边花海、苗绣体验工坊、林间休闲步道、斗鸡场等产业和景观项目，既让美丽乡村建设有了实际的内容，也为带动村民增收奠定了基础。

二是抓好产业与景区的融合。突出"以农促旅"，推动景村融合、产村融合，将村庄空间与特色产业、景区等资源联系在一起，围绕提升一产、延伸二三产的思路统筹规划村庄发展格局。例如卡乌村域内建有旅游景区"菊花园"，已连续举办了七年菊花节，每年人流量达到4万余人，但项目由政府和帮扶单位共建，老百姓的参与度不高，不能发挥农民的主体作用，为更好地发挥项目与村庄的联动效应，依托"菊花园"，策划了四季花海组团，以四季花海观光为核心，配合"宴南山"食苑、特色花茶研发和研学文创开发，通过研发菊花、蓝莓等特色宴席，研发多种花茶并形成不同的花茶套系，形成茶系列商品，延伸文创设计与体验，实现村庄与景区间的良性互动。

三是抓好产业与文化的融合发展。坚持外塑形象、内塑特色理念和高标准、高质量要求，对村庄风貌、乡村特色、民族文化、民俗文化等进行提炼挖掘。状元文化是麻江县特色文化的重要体现。贤昌镇高枧村是贵州省历史上仅有的两名文状元之一夏同龢的出生地，拥有夏同龢状元府、姜家祠堂等13个文物保护点，文化产业发展具有良好的基础。以高枧村为核心，联动贤昌镇周边村庄如贤昌村等共同打造状元文化"诗山联海"休闲度假片区，形成"一村、一园、一主题、一品牌、一活动"的状元文化发展新格局。以保护和传承状元文化为核心，通过保护和修复具有浓郁黔东南特色风情的传统建筑，开发与状元文化相关文化旅游产品，如文化体验游、夏同龢故居参观、研学体验等，推动当地旅游业发展。同时放大状元文化品牌影响力，将状元文化与当地特色农产品相结合，打造具有文化内涵和特色的农业品牌。

推进区域公用品牌建设。 2023年中央一号文件提出"支持脱贫地区打造区域公用品牌"。"麻江蓝莓"是国家地理标志保护产品，并被纳入第二批中欧地理标志产品互认名单。但麻江未完全形成以"麻江蓝莓"为载体的知名品牌，政府以及蓝莓生产种植企业对于"麻江蓝莓"地理标志保护产品的文化宣传与推广较为欠缺，没有开展品牌宣传工作，也没有对其产品的文化内涵进行挖掘。作为具有高海拔、原生态生产环境的"麻江蓝莓"，并未充分发挥其此前所获的国家地理标志产品所形成的高附加值的作用。

助力麻江打造区域特色农产品公用品牌，一是加强对"麻江蓝莓"公用品牌的利用与保护，强化产品的生产标准化，优化蓝莓种植管理，进一步加强对"麻江蓝莓"区域公用品牌的应用，确保"麻江蓝莓"这一特色产品能够有效推广。同时，增强"麻江蓝莓"的宣传力度，充分利用广播、电视、报纸等传统媒体，以及短视频新媒体等渠道，增强"麻江蓝莓"产品的知名度和社会影响力，利用区域公用品牌促进麻江经济发展，提升麻江知名度；二是加强蓝莓产业带头人培育，依托"麻江蓝莓"区域公用品牌，促进龙头企业、种植大户的规模化、标准

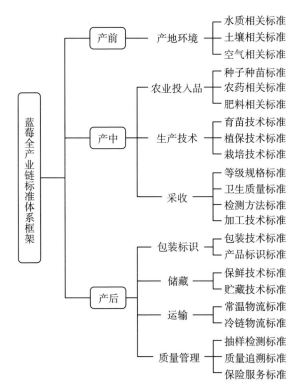

蓝莓全产业链标准体系拟构建框架图

化、专业化、品牌化等示范性建设，构建"麻江蓝莓"生产体系标准，形成具有代表性、带动作用的蓝莓全产业链标准体系框架，对蓝莓种质资源、种植环境、栽培技术、加工技术、包装运输和品牌营销等多个环节形成完整产业链系统，规范生产行为，带动整个麻江蓝莓产业发展，提升市场竞争力；三是围绕区域公用品牌打造一批特色村，以光明村"蓝莓第一村"的打造为基础，构建以特色村品牌为支撑的品牌体系。

同时，基于区域农产品公用品牌构建消费场景。以"蓝莓之乡·田园麻江"为品牌的蓝莓产业特色联廊，以"深呼吸·生活家"为发展主题，在引动游客消费上，要实现精准营销和宣传推广。

【策划精选】

四种消费

1. 引导舌尖消费。发展麻江菜系和养生饮食，挖掘一批麻江或者苗族名菜、名食、名品，将麻江饮食养生产业发展成为独具特色的养生名片，做实"麻江蓝莓宴"主题名片，开发不同样式的蓝莓美食产品，针对不同年龄、不同性别、不同体质、不同区域、不同季节、不同职业人群等设计打造不同形态的养生主题餐饮。

2. 引动生态消费。在片区倡导一种生活方式的革命，注入"深呼吸·生活家"内涵，进而吸引一些都市白领、文化创意工作者、自由职业者来麻江消费生态环境。同时要实现生态消费产品的多样化，既要"生产食材"，也要"生态餐馆"；既要"生态餐饮"也要"生态康养"。

3. 引动文化消费。游客在麻江蓝莓产业特色联廊，既要能感受原汁原味的黔东南民俗风情，体会丰富多彩的文化特色，又要将乡愁与乡村文化的时代性相结合，让旅游度假者感受到一份有温度的娱乐、有感悟的乡村生活，让乡村成为文化创意的灵感之源。

4. 引动心灵消费。让游客回归自然的智慧生活。麻江在提供生态产品的同时，要引导游客从喂养身体的消费向滋养心灵的精神消费转变，形成独具吸引力的心灵养生产业，让乡村成为幸福之源。

全面数字赋能。加强"互联网"技术在乡村治理，农产品生产、加工、营销及管理中的应用。借助"富共体"及浙江花园村捐赠的"智慧花园—乡村治理应用软件"系统，通过数字化、信息化手段优化乡村管理和服务流程，提高乡村治理效能，推进乡村治理体系和治理能力现代化；通过数字化赋能，推动蓝莓种植及其深加工产业升级和农业现代化，带动农民持续增收致富；在生产方式上，利用"智慧化"手段，提升生产方式的效能与经营水平；通过构建"大数据"技术，提高农产品的"可追溯性"。在销售商品时，利用直播电商、短视频、会员模式等，扩大销售渠道，提高产品的知名度。

（二）多主体培育，推动村庄集体经济做大做强

顺应乡村产业精细化、专业化趋势，进一步激发农户的组织潜力与活力，实现以联合生产经营为核心的多主体培育。在翁保村，针对不同产业，整合村里的相关企业和种植养殖大户，成立蓝莓、中药材、养殖等专业合作社，梳理村土地、产业、技术、渠道等各方面资源，建立资源清单，面向社会招募企业项目和乡村振兴合伙人，采取片区自营、片企联营、托管运营等方式发展产业，由县、镇（乡）政府牵头，帮助引进资源项目、打造优势资源、提升发展质量。

发挥政府作用，实现以分工协作为关键的多主体培育，推动乡村产业组织协同发展。为打破传统政治和产业组织之间的壁垒，服务队基于杏山街道的青山村、小堡村、靛冲村联合党委，在片区探索以特色产业为主的"五联五创"的发展模式，打造共富片区，其中"五联"指的是联建支部、联动村企、联合个私、联系百姓、联通社团。由三村共同出资成立一家联村合作发展有限公司（强村公司），村集体以土地、资金等形式入股享受分红，突破村域限制，联建联营。县、镇（乡）政府通过实施强村公司培育计划，在资金、土地、项目等方面给予支持，将公共财政投入的绿化养护、物业管理、垃圾清运等项目向强村公司倾斜，

让其获取稳定的保底型收益，为壮大村级经济夯实基础；由公司牵头，承接镇域的市场管理、道路施工、园林绿化等项目，承揽镇域小型工程，加强工程项目管理，吸收本地剩余劳动力和工匠团队。

以增收为导向，创新村庄经营方式。推动村庄经营项目"自主式开发"。大力鼓励社会工商资本投向乡村经营项目，以土地租赁、出让回购、以地换房等方式开发建设项目，高效利用闲置村留地，壮大村集体经济。宣威镇甲树村是黔东南苗族侗族自治州通往黔南布依族苗族自治州的南大门，村庄的闲置建设用地因集体经济薄弱未得到开发。服务队在分析村庄优势的基础上，将此地规划为"蓝莓五村"合作特色农产品交易中心，分为畜牧交易区（出售五村的生猪、蛋鸡、牛等养殖产品）和土特产交易区（蓝莓、蔬菜、大米、鸡蛋、果品、中药材等），由五村共同出资（或以土地、资本、产品等其他形式入股）。既作为宣威特色农产品面向都匀市的交易场所，也为五村合作创收提供项目支撑。靛冲村的陶瓷厂基础较好，产品具有一定的特色，目前市场销售情况也良好，但还是家庭作坊模式，在工业化、标准化和工艺传承等都存在困难，进一步扩大规模又面临土地、资金、技术和市场等方面的制约。将陶瓷厂作为联合党委和强村公司的一个特色孵化项目，将各村的闲置资源如烘房、劳动力等，分别以土地、资金等形式入股，与原陶瓷厂共同成立陶瓷发展有限公司，实现利益共享、风险共担。

（三）多利益联结，重构乡村产业价值取向

要以实现农民自由全面发展为导向，构建和完善产业与农民利益联结的合作机制。一是地方政府应立足提升小农户"实力"导向，顺应数字经济发展趋势，着力提升小农户的"数字素养"，激发其内生发展动力、增强其参与发展的能力，促进双方建立更加稳定、更加可持续的利益联结合作机制。二是要积极推进乡村产业组织之间的合作与联合，打通小农户与二三产业环节衔接的渠道，让小农户真正成为乡村产业发展的参与主体与受益主体。在宣威镇富江村，结合村里产业可联动空间、村民闲置资产等基础情况，探索成立相关专业合作组织，推动党建服务化、服务组织化、组织专业化。例如，引入专业机构，基于农户的闲置资金，成立金融互助合作社，让闲置资金保值增值的同时，增加集体经济的发展和

服务能力。同时，加强党组织对专业合作组织的指导和监督，形成个体到集体、集体到群体、群体到团队的良性循环组织格局。

以拓宽农民持续稳定增收渠道为导向，构建和完善产业与农民利益联结的共赢机制。一是地方政府应立足当地资源禀赋、产业基础等，以拓宽农民持续稳定增收渠道为导向，优化布局乡村产业体系，培育新型经营体系，畅通小农户与乡村产业利益联结的共赢渠道。二是强化市场化合约订立原则，在遵循市场发展规律的前提下，以多元化的利益分配方式畅通小农户与乡村产业利益联结的共赢渠道。宣威镇光明村支部书记是麻江蓝莓协会的会长，服务队建议不断拓展协会的服务功能和服务范围，将协会打造成集管理、服务和运营于一体的组织，发挥协会对蓝莓产品的保护、销售与质量检验功能，以协会为平台推进品种改良与技术推广等服务，制定麻江蓝莓优质品种标准和种植、采摘、加工等环节的协会标准，注册片区蓝莓共同品牌和标志，对于符合协会标准要求的蓝莓可授权使用协会标识，这样就在机制上对蓝莓种植户的权益有了监督和保障。

以实现乡村产业与农民发展合作共赢为导向，加快构建和完善乡村产业与农民利益联结的保障机制。一是聚焦"合作共赢"，充分协调乡村产业链上各类主体与农民的利益诉求，深化机制改革，激发创新活力，促进农民与各主体之间形成更为紧密的常态化利益联结机制，为农民自由全面发展、乡村产业高质量发展提供制度保障。比如在共和村，依托麻江县明洋食品有限公司，推出村企用工优先计划，依靠企业发展带动村民就业致富，依托技能型人才（引进、培训）资源为企业发展提供保障。二是强化村党组织的引领作用，鼓励和引导基层党组织创新思路，提升农民生产经营组织化水平，为推动小农户与乡村产业形成更加紧密的利益联结机制提供组织保障。

三、特色民俗彰显乡村文态深

乡村文态是由村民在长期的生产生活过程中创造出来的，是一个地区的精神根脉与思想智慧的体现。文态空间记录着乡村不断发展变化的历程以及村民的日常生活，是承载并且延续乡村文化的重要纽带。与此同时，它还是一种能够反映乡村特征的基本要素，也是构建出一个地区文化自信的主要源泉。以往的乡村建设中，文态往往没有受到重视，农民没有共同的价值追求和高度的文化认同。

中国几千年的农耕文明发展中，创造了丰富的历史文化资源。麻江县作为少数民族聚居区，既创造了包括传统建筑、书法、绘画等丰富的文化，也传承了传统习俗和节日、历史故事、歌谣传说、手工艺等无形的文化，包括苗族铜鼓文化、织锦文化、刺绣文化、龙舟文化、斗牛文化、斗鸡文化、斗鸟文化、苗医苗药文化、菊花文化等，形式多样，内涵丰富。同时在新时代文明实践的过程中，又孕育了村规民约、村民议事制度等新型乡村治理文化。

此外，麻江在乡村文态上又具有独特的基础性资源。一是麻江地处清水江的上游，是黔东南苗族侗族自治州的西大门，有积淀深厚的清水江学。清水江是沅江的主源，流域地区居民多为苗、侗等少数民族同胞，明清时期，中央王朝加强对清水江流域的管控，汉族人口携带着汉文化不断迁入，对流域内的生产生活产生了极为重要的影响，汉字的使用及契约文书便是在此背景下产生。随着清水江文书的大量发现，以清水江流域为中心，以清水江文书为第一手资料展开的学术研究取得的成果令世人瞩目，清水江学应运而生；二是状元文化在贵州独树一帜。麻江是清光绪戊戌科状元夏同龢的故乡，作为贵州省内仅有的两位古代状元之一，且唯一一个出国留学的状元，夏同龢状元文化在麻江、贵州乃至中国都具有重要的影响力。让文化赋予乡村发展新动能，是推动麻江乡村振兴不断深化、活化的重要抓手。

（一）做好文化产业培育

传承保护挖掘传统文化资源。整体上，根据麻江县产业资源禀赋和村庄特色，服务队提出以卡乌村牵头，联合富江村、龙江村、城中村、咸宁村等共同打造清水江流域"农文旅康"多彩特色联廊的总体策划思路，从政策衔接、组织创新、基础配套、特色线路、智慧平台、人才支撑、活动策划、品牌建设等方面系统推进，整体构建文旅康养产业带；以贤昌镇高枧村为核心，联动周边村庄如贤昌村等共同打造状元文化"诗山联海"休闲度假片区，形成文化经济和区域发展示范带，带动周边村庄，联动相关区域发展。

在落地方面，设计苗族文化线路，以卡乌村为核心，在绣娘小道、铜鼓小道、斗鸡、老屋、小卡乌美食等特色文化基础上，联动龙江苗岭的苗寨、古粮仓博物群等，打造一条苗族文化旅游线路，从吃、住、行、游、购、娱等各角度感受苗族文化。同时，在做好传统的苗族特色节日基础上，结合几村的特色资源及项目，策划祭鼓节、龙舟节、菊花节、丰收节等节庆活动，推广和传承苗族文化；搭建平台，举办状元文化村论坛，组织麻江县中小学生和群众进行楹联书法创作，并在同鰍状元府、高枧村和其他乡村民居进行张贴，形成"全县书同鰍、全县传同鰍"的文化环境，让同鰍状元文化"活"起来。

积极探索文化与产业结合的创新路径。有效保护乡村历史文化，重点关注传统村落、乡村文物古迹、乡村非物质文化遗产等，保持原有的精神内涵和面貌不变，将其与现代元素、技术和创新相结合并推广。采用文化创意产业园、工艺品工场、工匠工作室等新形式，打造具有地方特色的产品，发掘当地文化的生产和体验功能。

具体落实到实践中，一是推动文旅的融合。通过整合文化资源和旅游资源，创造出新的旅游产品和服务，满足游客对高品质旅游体验的需求。比如卡乌村的人文民俗资源丰富，有苗寨、绣娘文化和铜鼓文化，在策划时专设了绣娘文化组团和铜鼓文化组团，以文化微展厅、体验工坊、产品专卖店和主题院子为内容，选取具有特色的苗族房屋，组团打造"文化小道"，通过介绍文化的历史、特色，打造文化宣传阵地，研发文化相关文创产品并进行展示与销售。二是以农业为底色，旅游为业态，文化为灵魂，挖掘乡村的深层价值，推进农文旅的深度融合。翁保村是贵州省休闲农业与乡村旅游示范点，文化与旅游资源丰富。服务队根据产村融合的思路，设计了四大庄园：蓝莓庄园、民族医养庄园、夏养庄园和森林康养庄园。

（二）推动文化设施建设

推动乡村文化设施建设，一方面要恢复乡村党群文化服务中心的主体功能，不断加强新型农村公共文化场地建设，另一方面要将乡村的文化软、硬件服务系统整合起来，利用文化演出、文艺创新等活动载体，不断提升乡村文化服务质量和保障能力，最大限度优化现有服务的存在价值，创造乡村文化阵地。

活化传统文化设施。作为公共文化服务体系的重要组成部分和乡村文化振兴的重要阵地，乡村文化设施在满足农民精神文化需求、推动新时代文明实践方面发挥了重要作用，但也存在资源分散、保障不足、效能不高等问题。很多村庄的文化活动场所依附于其他功能布置，流于形式，没有切实发挥作用。在对麻江的整体规划中，着重对村庄的基层综合性文化服务设施进行保障，通过现有存量盘活、从其他功能置换等方式保证基层公共文化设施能够对接群众需求，发挥应有作用。

针对传统文化设施闲置的问题，麻江结合新时代文明实践，不断探索"合约食堂"模式，将闲置学校、家祠、老村委办公楼或集体仓库等集中场所，转换为集群众办酒席、村民议事、调解纠纷、政策学习、开展文化活动于一体的综合场所。以此为抓手，既有助于摒除乡村陋习，活跃农民文化生活，又能增加村集体经济收入，促进村集体经济发展。宣威镇龙山村民族文化浓厚，是"中国少数民族特色村庄"（苗族），同时村里的建筑风格独特，蜂巢式粮仓是少数民族生活智慧的结晶，形成了黔东南州级文物保护单位——龙江粮仓群。当前粮仓的传统功能已经丧失，为实现古法粮仓的传承与保护，服务队策划"古法粮仓博物群"，选址建设各个民族的不同粮仓，形成一个民族粮仓的活化展示基地，同时，结合农民丰收节等节庆活动，研发特色科普研学项目，听粮仓历史故事、体验迷你粮仓 DIY 活动等。

建设新型文化载体。针对具有稀缺性文化资源的乡村，通过文化原真性展示、文化融合性利用、文化重塑性兴建等方式建设历史遗迹陈列馆、乡村博物馆、乡村图书馆、民俗文化馆、艺术馆、文化广场等特色文化设施，赋予其文化的精神场所，打造成为村民对自我文化认同、重塑文化自信的标识，激发乡村传统文化在乡村建设中的灵魂作用。围绕新型文化载体建设，服务队在酸汤第一村——共和村创设酸汤文化图书馆项目，通过影像、图片、文字及实物等方式，介绍贵州苗族制酸工艺和饮食文化中的酸文化，讲述苗族酸汤的由来和发展，并计划收集贵州及全国其他省份饮食类及周边书籍并设柜展示。在蓝莓第一村——光明村，为全方位呈现蓝莓文化，创设"蓝莓科普馆"，充分挖掘蓝莓文化，立体呈现蓝莓科普知识，对蓝莓一二三产业融合的层次进一步拓展。

创新文化活动。作为乡村文化发展的"高地"，从 2022 年夏天开始，"村BA""村超"等植根于黔东南的"宝藏运动"大放异彩，受到全国人民喜爱。麻江作为少数民族聚居地，民族文化和节庆活动丰富多彩，为创新文化活动奠定了基础。比如翁保村乌羊麻景区，结合春夏的蓝莓采摘时节，联合蓝莓产业走廊特色村，举办麻江乡村美食节，突出麻江美食特色，可设计一个主会场和 N 个分会场，同时与民俗文化活动如"村篮"、斗牛、斗鸡、山歌、祭鼓节等结合起来，形成麻江乡村旅游名片；在卡乌村，就有铜鼓文化以及赛龙舟、斗鸡等传统活动，打造"铜鼓共舞"活动，在民族古老宅院里设置铜鼓舞空间，一方面特定时段表演，供游客观赏；另一方面也可以让游客参与其中，增加体验感和互动性，让游客对苗族铜鼓文化有更深入的了解。

以"文明"促文化。作为乡村文态的重要部分，以新时代乡风文明去引导乡村文化有序有力发展，是推动麻江县构建多样化乡村文态的重要方式。以"五星文明户"、"美丽庭院"示范户评比活动为载体，深入开展精神文明创建活动，融合少数民族节日等优秀传统文化和历史文化，建设文化大院，修订完善村规民约，对家庭及邻里关系、维护社会和谐稳定等内容进行量化评分，教育引导群众讲文明、改陋习、树新风，着力培育文明乡风。如在翁保村，通过推进文化传承和文化普及，丰富居民阅读内容，营造文化氛围；开展家风家训评选活动，通过祖辈送家规、讲家事扬家风等活动，进一步传承家风、弘扬风尚；开展道德典型选树活动，通过"最美"家庭、"好婆婆"、"好媳妇"等评选活动，倡导孝老扶幼，形成"共倡文明，互帮互助"的良好社会氛围，不断提升乡风文明程度。

第二节　乡村产业："专精特新"联动

产业兴旺是解决农村一切问题的前提。"千万工程"20 年，2003 年到 2010年，第一阶段"千村示范、万村整治"，万千村庄从人居环境整治入手，环境变革触发了生态变革；2011 年开始第二阶段——"千村精品、万村美丽"，美丽乡村的建设带来了产业、文化和城乡重构的变革；2021 年开启了"千村引领、万村振兴"的新阶段。20 年实践证明，"千万工程"坚持以业为基，激发了强大活力，形成了持久生命力。推广"千万工程"经验，关键是做好"土特产"文章，坚持产业兴农、质量兴农、绿色兴农，加快构建粮经饲统筹、农林牧渔并举、产加销贯通、农文旅融合的现代乡村产业体系，把农业建成现代化大产业。

"专精特新"企业，是指具备专业化、精细化、特色化、新颖化特征的中小企业。这些企业成长性突出，发展潜力十足，是未来产业链的重要支撑，有望成为引领行业变革的"巨人"公司。"专精特新"作为企业特征，在制造业领域表现突出，核心表现在支持和推动中小企业转型升级，聚焦主业，创新引领，降本增效，增强核心竞争力，不断提高发展质量和水平。这些特征对当前的乡村产业发展同样具有较强的借鉴意义。"专精特新"模式在乡村产业方面的基本内涵是各类乡村经营主体的专业化发展、精准化经营、特色化定位和创新化驱动①。

麻江县乡村产业具有很强的辨识度。县域聚焦"酸甜美"，特别是蓝莓、酸汤、高山冷凉蔬菜等县域优势产业，大力推动传统产业提质改造升级、特色食品精深加工做强做优、矿产资源高效有序开发利用、其他产业稳步发展，着力构建"3＋N"现代工业产业体系，助力麻江经济社会高质量发展，全面实现乡村振兴。

与此同时，麻江的特色产业也呈现出诸多问题。借鉴"专精特新"模式，服务队从四个层面对麻江现有的乡村产业进行优化：一是特色化定位，主要体现在特色产业联动、特色村庄打造、特色品牌赋能；二是专业化发展，表现在专业化方向的选择、专业化人才的培养和专业化服务的升级；三是精准化经营，体现在生产和加工环节的精细化、产品和服务的精准化，品牌打造和市场渠道的精准化；四是创新化驱动，体现在生产的创新、技术的创新、市场的创新、文化的创新和机制的创新。

一、跨界合作的"链条经济"

"链条经济"一般可以从两个层面来理解，第一种是横向链条，指的是在各

---

① 张利庠，陈帅先，姜梦. 中小农牧企业"专精特新"模式助力乡村振兴——以辽宁省沈阳博阳饲料股份有限公司为例. 中国畜牧业，2021（15）.

种链条的衔接下发展的经济，这涉及编织和维护各种链条的一种经济活动。这种经济形态通过不同链条之间的有机联结，实现专业化分工、多元化合作和紧密化结合；第二种是纵向链条，可以理解为某一特定链条之下的经济，即该链条本身各个环节联通的经济。在这个层面上，"链条经济"关注的是特定经济链条（如产业链、供应链等）内部各个环节之间的紧密联系和相互依存关系。

在乡村产业层面，强调跨界合作的"链条经济"，往往需要紧扣内容，纵横贯通，实现产业在生产、流通、销售和服务等业务环节中所形成的各种经济链条的有机联结和协作。乡村产业"链条经济"的形成，使得各个环节之间的信息和资源得以有效流通和配置，促进了生产的专业化、规模化和市场化。通过加强农业链条各环节的紧密合作和协同发展，可以提高农业资源的利用效率，降低成本，增强农产品的市场竞争力和附加值。

围绕麻江主导产业——蓝莓产业，服务队认为麻江县在打造蓝莓产业特色联廊上有自己独特的优势：从产业主体来看，其他地区都是"政府＋公司"主导，麻江有广大农户群体参与进来；从产业覆盖范围来看，麻江的蓝莓产业区既有产业景观，又有乡村景观，更有田园风光；从蓝莓文化来看，麻江蓝莓产业特色联廊的田园文化、民俗文化和乡土文化独树一帜。

从跨界合作和形成"链条经济"入手，麻江县在打造联廊的过程中，如果注重将产业文化与生态文化、历史文化、民族文化、民俗文化、避暑文化等有机交汇，农业经济、旅游经济、气候经济紧密结合，挖掘完善以蓝莓产业为特色的村庄特色产业集群，对丰富麻江"中国蓝莓核心区"品牌内涵和独特农旅文化具有重要的意义。

针对自身资金、技术和市场的相对劣势，麻江县提出"蓝莓＋"的发展思路，将蓝莓与各种元素、产业或概念进行结合，以创造新的价值和体验。"蓝莓＋"首先体现在产业链的延伸上，例如蓝莓深加工产业，包括蓝莓饼、蓝莓干、蓝莓馒头、蓝莓酱等产品的研发和生产，这不仅能够丰富蓝莓产品的形态，满足消费者的多样化需求，还能提高蓝莓的附加值，为产业链上的各个环节带来更大的经济效益。其次是体现在文化和情感的融合上，蓝莓代表着爱情、浪漫、温馨和感恩等情感和价值观念，可以与节日、庆典或特殊场合相结合，推出具有文化特色的蓝莓产品。此外，"蓝莓＋"还可以与健康、旅游和教育等领域进行跨界融合，如开发蓝莓健康饮品或保健品，满足消费者对健康食品的需求；将蓝莓种植基地与旅游业相结合，打造蓝莓主题旅游线路或度假区，吸引游客前来体验蓝莓采摘、品尝和制作等乐趣；在教育领域，可以通过蓝莓种植、加工等实践活动，培养学生的动手能力和创新精神，同时加深对蓝莓产业和文化的了解和认识。

在实施层面，首先是推动区域联合，打造蓝莓产业"共富片区"。按照地域位置互邻、资源禀赋互通、产业项目互动的原则，由县、镇（乡）政府牵头，将产业联廊内的光明村、共和村、翁保村、甲树村等村共建蓝莓产业"共富片区"，共同流转土地，种植、施肥、护理、采摘、销售、品牌打造等产业链一起干，打造"党建引领共同富裕"乡村振兴样板片区；以片区为单位，成立村党组织领办合作社联盟，打包各村土地、产业、技术、渠道等各方面资源，建立资源清单，面向社会招募企业项目和乡村振兴合伙人，采取片区自营、片企联营、托管运营等方式发展产业。

其次是将"蓝莓＋"产品开发模式广泛应用于国内外知名食品企业，发挥各方优势，融入产业链条。2023 年 7 月 8 日，在麻江县"千万工程·花园联创共富服务综合体"创设暨乡村治理人才培育计划启动仪式上，山西省阳城县皇城村和麻江县高枧村签署了友好村庄协议，"皇城相府"是中国驰名商标，皇城相府酒业由皇城相府集团投资 6 亿元建成，是集工业旅游和生产研发销售为一体的智能化蜂蜜酒生产基地，也是中国蜂蜜酒领军品牌。皇城相府集团和麻江县蓝莓协会就开发蓝莓蜂蜜酒相关产品达成了初步意向，麻江提供蓝莓原材料，皇城相府负责技术开发和品牌赋能，双方联合开拓市场。"蓝莓＋蜂蜜酒"的强强合作，不仅是一次美味的碰撞，也是一次健康的融合，更是一次乡村特色产业链的合作。

再次是不定期举办"蓝莓＋"旅游主题活动，丰富蓝莓产业文化内涵。县域和片区要按照麻江蓝莓产业的物候节令特色和贵州避暑旅游的大环境，持续性地开展蓝莓文化旅游节、避暑旅游文化节、麻江口福文化节、乡村蓝调音乐节等主题活动，辅助开展民俗文化节、田园文化节、山地运动节等特色活动；各乡镇、村庄、旅游景区乃至于民宿客栈等，要根据自身定位和游客需求，举行各种小型的体验参与活动，形成以活动带人气、促旅游、引消费的旅游格局。

最后是"蓝莓＋"专业人才队伍建设。一是大力培育蓝莓产业专业型人才。依托"麻江蓝莓"国家地理标志产品，促进龙头企业、种植大户的规模化、标准化、专业化、品牌化等示范性建设，构建"麻江蓝莓"生产体系标准，形成具有代表性、带动作用的蓝莓生产体系，依托产业链体系推动蓝莓专业型人才培养。二是着力引入合成式人才。围绕蓝莓种质资源、种植环境、栽培技术、加工技术、采后处理、包装运输和品牌营销等多个环节，针对现有人才薄弱的情况，与各类高校、科研机构、企业和公益组织等合作引进合成式人才，在助推麻江蓝莓产业发展的同时，又能起到"传帮带"的作用。

二、区域联建的"组团经济"

"组团经济"作为一种广泛的市场制度框架，其核心理念在于组团内部的资源共享、经济共融和发展多赢，旨在打破行政区划壁垒，实现统筹规划、平台共享和协调发展。通过推动组团内部要素的自由流动和优化配置，并借助"内生做强"产生外部吸附力，"组团经济"致力于提升紧凑式多中心组团的经济活力，并进一步提升村庄集体经济的竞争力。2008年前后，"村际合作"作为一种全新的区域合作组织形式，首先在浙江、上海的5个村之间形成，浙江的花园村、航民村、滕头村、方林村和上海的九星村联合成立浙沪五村合作组织，各地不同形式的村庄合作组织形式随之涌现。作为一种创新的村庄经济组织形式，这种新型合作体在实践中摸索前行。现有的村际合作模式，大致可以分为以下几类：村庄产业不同，村庄企业合作成立投资集团，共同进行项目投资；村庄产业类似，合作实现资源共享；强村弱村联合，强村利用自己的经济优势帮助弱村开发村庄资源；村庄跨区域进行文化合作和党建合作等。

麻江县域经济呈现明显的东西差异格局。西部的谷硐镇和坝芒布依族乡由于海拔高、气候凉爽、光照充足、昼夜温差大、生态良好，特别适宜发展高山冷凉蔬菜。其中坝芒已成为贵州省两个高山冷凉蔬菜产区之一，也出现了水城村、谷硐村等专业特色村。但片区发展呈现村庄产业发展结构单一，单打独斗难以形成公共品牌，上级政府政策与专项资金无法有效落实到重点产业项目上等问题。

为充分发挥组团优势，通过创建合作平台、资源共享平台、互动交流平台，推动村级信息与管理人才队伍建设，引导区域特色产业高质量发展，服务队提出依托党建引领开展"五村联建"（水城村、坝河村、大开田村、谷硐村、兰山村），形成"抱团的"共富特色联廊的建议：以五村联合党委为典型示范，以产业为纽带，与公益组织、行业组织等联动，形成党建引领、汇聚各方、共同推动资源共享、产业协作、信息互通、优势互补发展的典型模式。推进麻江西部五村连片发展，整体打造麻江县高山冷凉蔬菜及避暑夏养特色联廊名片。

2023 年 7 月 17 日，在服务队的引导和设计下，麻江县谷硐镇谷硐村、兰山村、坝芒布依族乡水城村、坝河村、大开田村进行了"麻江西部五村合作"签约仪式，就党组织联建及共同发展高山冷凉蔬菜及康养产业等事宜开展共建，这与浙沪五村合作组织形成了东西呼应，也将为区域村庄合作共建提供实践样板。麻江西部五村从六个方面推进协同发展。

麻江西部五村合作

1. 共创五村信息交流平台。发挥五村基层党组织的作用，互通产业、市场、治理以及村庄资源开发等信息，为五村合作发展共赢提供基础。

2. 建立五村人才交流培养机制。推动五村在人才交流、培养等方面的协作，定期举行五村能人的互访、交流与联谊活动，协商未来村庄发展事宜。

3. 打造五村文化宣传平台。共同协作，发掘五村的历史文化与旅游资源，以"亚高原冷凉蔬菜"为依托，进行对外宣传。

4. 建立五村合作交流机制。不断完善互访协商机制和倡导村"两委"干部会晤制度，以民族文化为载体，加强五村的对外交流。

5. 共同探索五村管理创新机制。采用协商、研讨、交流等方式，在村庄管理、旅游开发、文化挖掘和种植技术改进等方面，不断创新合作方法，形成常态化的新机制，共同促进五村的发展。

6. 建立多网销售渠道，线上赋能线下联动，利用和发挥各自的优势，达到更好的销售效果，从而带动亚高原冷凉蔬菜销售的同时，联动大葱、生姜、蕨菜等其他产业发展，实现农户增收，助力乡村振兴。

村庄合作的前提在于找到互惠共赢的合作模式和利益分配机制。为保障合作组织常态化发挥作用，在机制上，麻江西部五村设立"轮值主席制"，原则上每年轮换 1 次。由当选轮值村庄组办，通过统筹协调全域资源，定期举办相关活动，讨论新一年合作相关事宜，并邀请中国西部人才开发基金会及北京联村村信息咨询中心等机构作为观察单位，共同探索开发相关工作。

三、三产融合的"流域经济"

打造流域生态经济带，推进流域经济高质量发展，是新时期深入践行习近平生态文明思想和贯彻新发展理念的重大举措。在守好"绿水青山"的同时，架好"绿水青山"向"金山银山"转换的桥梁，使流域的"绿水青山"产生巨大的生态效益、经济效益和社会效益。

20 世纪 80 年代，社会学家费孝通正式提出区域经济的概念，指出小区域协作应该在流域整体视野下，实现大尺度统一、小尺度协作，才能谋得长远发展。[①]

2003 年，以整治农村人居环境为目的的"千万工程"启动，水利配套的"万里清水河道""百江千河万溪水美工程"等河道治理工程也先后启动。20 年来，浙江的众多河流成为乡村发展的重要枢纽，推动自然、人文、产业等要素向滨水空间集聚，一个个美丽乡村从外在风貌到内在机理，都焕发出前所未有的蓬勃生机。

流域作为乡村的一种自然形态，是串联多个镇（乡）村甚至县市的纽带。乡村振兴的五大振兴之中，生态振兴是基础，产业振兴是支撑，流域经济也就成了其中不可忽略的重要构成。然而，单个村庄由于资源规模有限、主体能力不足，需要将有一定关联的村庄组织起来，穿点成线、连线成面，结成联合党委、产业联盟、合作社等，共同对接申报政策、共同培育人才、共同招商引资、共同面向市场。

清水江是贵州省第二大河流，是长江上游重要支流沅江的主源，在贵州省境内称之为清水江，又名清江、清河。清水江干流全长 452 千米，流域面积达到

---

① 包艳杰 . 费孝通对黄河流域乡村经济的考察及启示 . 商丘师范学院学报，2020（11）.

1 745 平方千米，清水江主要流经黔东南，是黔东南"两江一河"重要水源之一，在黔东南苗族侗族自治州行政区域内的清水江沿岸及其支流地区共分布着309 个传统村落，约占贵州省传统村落总数量的 43%。

清水江蜿蜒于苗岭山区的群山之中，地处亚热带湿润气候区，流域生态宜人、环境优美，有着传统村落聚集的良好生态条件，适合人群聚居，独特的生存环境涵养着传统村落的生存肌理和文化脉络。其中麻江段涉及乡村治理人才培育计划的有 5 个村，分别为卡乌村、富江村、龙江村（3 个村又被合称药谷江村景区）、咸宁村、城中村。药谷江村民族文化浓郁，自然风光秀丽，清水江两岸植被良好，辖区野生中草药资源丰富，是发展苗医苗药养生的好地方，被列为州县大健康苗医苗药养生基地。咸宁村和城中村相邻，均有相似的产业基础，其中咸宁村土地资源丰富，且为锌硒土质，为发展特色产业提供了支撑；城中村是宣威水库所在地，具有很大的发展空间。上述五村均是典型的苗族聚集村寨。在党委政府的引领下，不断发掘苗族铜鼓文化、织锦文化、刺绣文化、龙舟文化、斗牛文化、斗鸡文化、斗鸟文化、苗医苗药文化、菊花文化等，举办芦笙会、唱苗歌、龙舟赛、自行车爬坡挑战竞赛等丰富多彩的民俗活动，可为联动发展提供有力支撑。

围绕流域经济主题的定位，服务队提出五村联动，以清水江流域"农文旅康"多彩特色联廊为主题，打造清水江流域"农文旅康"融合发展示范区，形成流域经济模式和区域发展示范，带动周边村庄、联动相关区域发展。围绕一二三产融合发展的目标，在总体思路上，形成以卡乌村为核心，以五村为分区，以特色项目为支点的"一核五区多支点"空间布局，大力实施"八起来"战略，即用顶层设计建势"立起来"、用组织创新统筹"合起来"、用智慧平台支撑"聚起来"、用精品线路共创"连起来"、用主题活动引流"动起来"、用产业项目联动"火起来"、用人才队伍提升"强起来"、用品牌营销赋能"飞起来"，将清水江流域"农文旅康"多彩特色联廊打造为麻江的一张独特名片、流域经济的先行样板、乡村振兴的典型案例。①

---

① 参见服务队成员赵艳艳撰写的《贵州省黔东南苗族侗族自治州麻江县清水江流域"农文旅康"多彩特色联廊发展策划书》

产业联动是形成三产融合的流域经济的基础。清水江流域五村产业具有同质性，也有一定的互补性，围绕共推技术创新、实现特色化发展，共创产业基地、实现规模化发展，共建标准体系、实现品牌化发展和共拓市场渠道、实现精准化发展四个方向，可以开展联动共建。以共创产业基地为例，通过联建，打破空间的局限，实现连片、联动发展。具有一定产业优势的村庄，可以牵头其他同样产业的村庄或运营主体，共建专业合作社或合作联社，全方位开展招商引资，提升一产基础，延伸二产加工，融合三产文旅康养，努力构建全产业链格局。

保障清水江流域经济的整体性，需要线路的串联，从文旅康养的主题和市场需求入手，流域形成了5条特色线路。

【策划精选】

1. 以龙江苗岭为重点，围绕苗岭高山度假、富江亲水休闲、卡乌江边康养及花海游、咸宁田园游、城中水库康养小镇等的生态康养线路。

2. 以卡乌村为核心，在绣娘小道、铜鼓小道、斗鸡、老屋、小卡乌美食等特色文化基础上，联动龙江苗岭的苗寨、古粮仓博物群等的苗族文化旅游线路。

3. 以咸宁村锌硒果、锌硒米等产业为重点，联动卡乌菊花产业、富江精品蓝莓产业、龙江云雾花椒产业、城中村黄精产业，共同打造一条花、果、药、粮、料相结合的特色产业线路。

4. 以龙江村"36道拐"等为重点，联动清水江水上运动、江边休闲活动、山上骑行运动、越野摩托及滑道、富江村特色蓝莓拓展运动、林中拓展活动等的户外拓展线路。

5. 围绕团队、家庭、个人等各类群体的个性化需求的定制化线路。

此外，将清水江流域作为麻江区域乡村振兴的整体品牌，强化宣传营销，形成品牌势能。比如设计"清水江流域"品牌识别系统，搭建"清水江流域"微信公众号、视频号，加强对清水江流域典型经验和案例的总结、提炼和宣传等。

四、"状元"铸魂的"文化经济"

"文化经济"是指文化产业与经济的结合，它是以传统经济为基础，以新生的文化产业为主要载体，生产文化产品和提供文化服务的新经济。2006年，习近平在《浙江日报》发表的《"文化经济"点亮浙江经济》中提出："所谓文化经济是对文化经济化和经济文化化的统称，其实质是文化与经济的交融互动、融合发展。"文章进一步指出"文化经济"的本质在于文化与经济的融合发展，说到底要突出一个"人"字。

"千万工程"20年，"文化经济"是浙江改革发展中的一大特色和一大亮点。就像习近平对浙江的观察和总结："浙江人敏于挖掘文化传统中的经济元素和商业契机，善于向经济活动中注入更多文化内涵，以文化的力量推动经济发展。当代浙江人，善于用文化的内涵包装和经营产品，各种文化节庆活动都注重经济效益与社会效益的结合；善于借文化的传统打造和经营城市，保护和建设江南水乡、文化名城；善于依托民俗文化传统发展和壮大地方经济。"

文化产业赋能乡村振兴是新时代乡村振兴的创新路径。如果要充分发展好"文化经济"，必须首先注重深入挖掘传统村落文化资源，在丰富的文化资源中，总结提炼当地特有的文化内涵特征，形成具有高识别度的文化品牌。[①] 状元文化是麻江县特色文化的重要体现。麻江高枧村人夏同龢，号狮山山人，1898年被御点为戊戌科状元，1906年留学日本法政大学。他是贵州历史上的两个文状元之一，是中国自实行科举制度以来同时取得状元和留学身份的第一人。夏同龢的作品《行政法》奠定了他在中国近代行政法学史的地位，是中国近代法政的开拓者，亦是极具影响力的教育家、书法家和社会活动家，他的楹联和书法尤为清末世人喜爱，其楹联、匾额、立轴、屏风、扇面、镜框、尺牍等均是收藏家瑰宝。以夏同龢故居为基础打造的夏同龢状元文化产业园位于贤昌镇高枧村狮山脚下，已成功创建国家AAA级旅游景区，状元府、狮山、古银杏树、状元湖和状元文

[①] 杨贵庆.习近平"文化经济"论述对中国传统村落保护利用的指引——以浙江省为例.中国名城，2023（10）.

化旅游节等资源独树一帜。

乡村振兴,既要塑形,也要铸魂。在深入挖掘麻江状元文化的内涵的基础上,服务队提炼出"诗山联海"这一主题定位,建议以高枧村为核心,联动周边村庄如贤昌村等,辐射全县文化特色村庄,共同打造状元文化"诗山联海"休闲度假片区,形成文化经济和区域发展示范,带动周边村庄,联动相关区域发展。

为深化"诗山联海"文化内涵,服务队将联合多家机构经过多年努力采编完毕的大型文献资料《华夏历代状元诗联大典》,包括200名以上历代状元创作的约12 000首诗词作品(含3 000副对联作品),共分为12卷,赠献给麻江县,从而在全国同类景区中形成不可替代的特点、亮点、卖点。在此基础上,服务队建议麻江县形成"全县书同龢、全县传同龢"的文化环境。夏同龢是著名的书法家和楹联家,从其楹联、书法、著述作品中,可以窥见一个时代传统文化、审美追求和生活情趣。麻江乡村亦自古盛行在民居门头、窗口、墙柱过年贴春联、节庆贴对联,楹联文化相当浓郁。

文化经济的打造,重要的是做好传统村落的保护和景村融合发展。围绕高枧村深化打造成状元文化特色村,服务队建议从5个方面着手。

【策划精选】

1. 加强对状元文化的研究。成立状元文化研究中心,多方参与共同构建麻江的状元文化话语体系。

2. 景区内容的完善。完善博物馆建设,展示夏同龢的生平、成就、文学作品以及与村庄历史相关的文物和展品,保护和传承夏同龢的文化遗产。

3. 深度挖掘夏同龢人物历史故事,结合中国近代史典故,围绕"一个夏同龢、半部近代史"的主题,延伸景区内容,将其打造成一个在全国有影响力的历史文化景点。

4. 完善状元文化研学旅游路线,在已有线路内容基础上提供更具当地特色文化的有关夏同龢人物介绍课程、文学创作、传统文化和历史的培训。

5. 建立状元文化发展联盟,以打造状元文化品牌作为抓手,与当地龙头企业、政府合作，赋予当地农特产品、文创产品、旅游产品等社会价值和品牌价值，加强政府引导、企业推动、学校研究、个人参与等多主体合作机制。

"文化经济"的本质在于推动文化与经济的融合发展，突出一个"人"字。将麻江文化资源与旅游经济进行结合，一方面需要将壮大集体经济作为重要的着力点，以实现群众的共同富裕为目标。片区内的贤昌村是锌硒米的主产区，但缺少品牌化思路和产业化思路。围绕打造锌硒米之乡核心产区，服务队提出贤昌村、高枧村和宣威镇咸宁村联动，扩大生产规模，以"状元锌硒米"品牌带动农特产品联合发展，政府提供基础设施建设支持和形象背书，带动集体经济提升。另一方面，文化经济的发展需要一批具有专业知识水平的人才队伍。急需组织村干部及能人开展与文化经济、组织管理和旅游服务有关的培训。与当地教育部门、文旅部门、学校、私人教育机构等外部组织合作，建立文化和历史教育项目，以传承夏同龢的故事和价值观。

五、村企联动的"场景经济"

"场景"原指影视、戏剧及文学艺术作品中的场面。"场景理论"是芝加哥社会学派提出的从文化、消费、空间整合的角度来解释后工业化时期的经济社会现象的理论范式。场景，是一个区域（地方）的整体文化风格或美学特征。场景理论本身作为一种分析城市美术风格和美学特征的工具，区别于传统的生态导向，注重于研究消费的社会组织形态，用场景把消费组织成有意义的社会形式。它以消费为导向，以生活娱乐设施为载体，以文化实践为表现形式，推动着经济增长[1]。场景通常包括五方面要素：邻里社区；物质结构，城市基础设施；多样性人群；前三个元素以及活动的组合；场景中所孕育的文化价值。将场景理论融入乡村振兴实践中，有助于提升乡村整体风貌、形成区域特色品牌、丰富产品体

---

① 吴军.城市社会学研究前沿：场景理论述评.社会学评论，2014，2（2）.

系、形成发展合力。① 从"农业场景"过渡到"文旅融合场景",需要转变单一的发展观念,从生产视角转换成消费视角,营造乡村生态、产业、文化、服务、数字等多重场景。

麻江县以蓝莓、酸汤为主导的农业特色产业,产生了以宣威镇光明村、龙山镇共和村为代表的产业特色村,以贵州蓝瑞农业科技有限公司、麻江县明洋食品有限公司等龙头企业,但在村企联动、品牌打造和场景营造等方面还存在明显的问题。表现在:特色产业公共品牌打造和区域品牌塑造上还有很多欠缺,导致产品整体知名度低,品牌效应带动能力不足;产业链没有形成闭环、精深加工体系薄弱,产业链的质量和延伸价值没有得到有效释放;种植(加工)主体多,但联动合作不足,产销体系不健全,产业分工不明确,产品市场化营销能力存在欠缺;村庄有种植大户和小龙头企业,但带动能力有限,村集体引领群众致富的带动性不足;村庄环境整治效果有待提升,农旅融合、产村融合和产链融合度有待加强。

此外,麻江的村庄知名度和影响力不高,卡乌苗寨和乌羊麻苗寨虽然有基础,但都是政府投资建设的旅游型村落,产业带动性不足,与周边县(区)的苗寨、侗寨相比特色也不明显,更遑论在全省的知名度。服务队在调研和分析麻江村庄优势的基础上,提出麻江有条件打造出一批区域村庄名片,特别是光明村和共和村,完全可以形成全省乃至全国村庄中的响亮名片,因此围绕光明村打造"蓝莓第一村"、共和村打造"酸汤第一村"进行了一系列内容设计。

"第一村"品牌的提出,基于服务队主要专家多年来研究和服务乡村的实践。1999 年,服务队顾问沈泽江提出"特色村"的概念,并编制《中国特色村申报办法》,发起推介宣传"中国特色村"活动,取得了积极效果,一批特色种植村、养殖村、工业村、旅游村、生态村、民俗村、市场村得到提升发展。其中有些村庄已成为全国特色村庄的旗帜,如"市场第一村"上海闵行九星村、"蔬菜第一村"山东寿光三元朱村、"生态第一村"浙江奉化滕头村、"农家乐第一村"四川成都农科村、"汽车市场第一村"浙江台州方林村、"红木家具第一村"浙江东阳

---

① 刘预萍.场景理论在乡村振兴中的应用研究——以肇庆市高要区回龙镇为例.2023 中国城市规划年会论文集.

花园村、"养生休闲第一村"北京昌平郑各庄村、"相府文化第一村"山西阳城皇城村等。在《中国特色村申报办法》的基础上，其后又相继制定"中国幸福村庄评价体系""中国乡村文化遗产地标评价体系""中国旅游特色村评价指标体系"等一系列村庄评价指标，服务全国乡村发展。

其中光明村定位为麻江蓝莓特色产业发展与服务中心，联动蓝莓交易中心、蓝莓小镇等，形成集苗木繁育、露地栽植、鲜果采摘、旅游观光、产品深加工、产品展销、商贸服务等于一体的综合性产村单元；共和村在打造农旅融合的田园精品示范村的同时，突出特色，打响酸汤名片，形成区域经济发展新模式，构建"政府＋企业＋基地＋合作社＋个体经济＋村民"的利益链接新模式。

这两个村的产业发展虽然具有良好的基础，但要引导村庄由生产型村庄向生活型和服务型村庄转变，乃至发展成为村镇园一体的综合性村庄，还需要政府、企业、村集体和村民多方共建，形成集生产、加工、服务、文化、科技、旅游等于一体的生态场景。

以光明村为例，依托"蓝莓"产业主线，打造"蓝莓第一村"，服务队建议融合文、旅，在乡村治理、乡村建设和产业发展等方面，对村域整体进行包装提升，使之同时具备农业产业的观光、游览、展示功能，并形成可供其他村庄学习借鉴的模式。

将提升乡村建设水平与蓝莓主题营造结合在一起。在村域（镇区）环境提升上，充分利用村庄山林、河流、水库等生态资源，打造高山林、低山果、田中粮、水中鱼的立体布局，积极推进村庄绿化工作；在蓝莓主题营造方面，通过在村域和集中种植区设置蓝莓场地导入标识，核心种植园设置"蓝莓仙子"等雕塑小品，开展民居建筑彩绘展，由设计团队设计多种蓝莓仙子或蓝莓主题雕塑绘画/墙画作品，在蓝莓庄园及周边民居墙体上进行绘制，凸显蓝莓主题氛围。通过对建筑、道路、环境等的打造，塑造宣威（光明）蓝莓文化小镇。配合蓝莓产业及文化培育，并展示世界蓝莓特色种植形式等，未来可以打造成为麻江/光明蓝莓自然教育基地。

打造"蓝莓第一村"，产业发展是核心，光明村需要在县、镇（乡）政策的支持下，从产业提升和产村融合等角度持之以恒，形成文化的蓝莓、科技的蓝莓、融合的蓝莓、共富的蓝莓等"第一村"的产业内涵。围绕四个内涵，需要配套农文旅项目支撑。

【策划精选】

光明村——蓝莓第一村

1. 打造麻江·中国蓝莓产业核心园片区。在已形成的蓝莓种植、蓝莓品种等主题展示内容基础上，升华提升，美学整合，建设蓝莓仙子广场、麻江蓝莓博览区、麻江蓝莓科技大棚、蓝莓特色展、蓝莓科普馆、田园蓝莓图书馆等内容，形成集蓝莓文化、蓝莓旅游等为一体的产业融合示范区。

2. 打造光明村特色农产品交易中心片区。建设蓝莓鲜果及特色农产品交易中心、蓝莓精深加工产品展示中心、蓝莓产业服务中心、大数据服务中心（发布整理中国蓝莓价格指数），以光明村所在镇域（宣威农贸市场）等为空间载体，以宣威蓝莓特色小镇建设为契机，打造村庄主体的产村融合片区。

3. 规划十里蓝莓微田园。从镇域光明片区到张家冲核心园片区，在乡村民居中规划出前庭后院，让老百姓在小庭院中种植时令瓜果菜蔬，既增添了农家情趣，又增加了农民收入，让他们切切实实得到实惠。

4. 打造蓝莓产业观光园片区。建设蓝莓休闲空间、蓝莓特色品种采摘园、蓝莓主题骑行道等，将蓝莓园区建成观光景区，形成集蓝莓休闲、蓝莓主题景观、蓝莓产品体验、运动健康于一体的蓝莓观光服务体系。

5. 规划蓝莓主题庄园。村域范围选取4～6栋较有特色的民房，打造蓝莓农旅产业单元，作为农产品观赏游览、民俗住宿体验的乡村游小节点。与种植大户合作，开展蓝莓猪、蓝莓鸡、蓝莓羊等特色养殖工作。

打造"蓝莓第一村"场景生态，还需要在机制上进行创新，形成可供借鉴的模式。一是推动产村融合的组织创新，如打造"联建支部＋科研机构＋龙头企业＋行业协会＋村庄＋农户"的新组织。二是搭建平台，实施光明村蓝莓"三品"

提升行动。实施蓝莓品种改良行动，做到统一推广品质好的鲜果产品，探索培育适合光明村本地种植的蓝莓新品种，统一包装和品牌，探索建立村级蓝莓分级制度。三是开展蓝莓技能提升行动。加强整地和土壤改良等工作，推广蓝莓剪枝、覆膜等种植技术。推广蓝莓种植和销售技能培训，特别是运用新媒体技术进行市场推广的培训。四是成立强村公司，培育村级龙头企业。发挥集体的示范带动作用，以强村公司为龙头，在村域种植大户中培育 N 家小龙头企业。探索以村集体、合作社和公司为信用背书，帮助农户获得品种改良、设施建设和产品销售所需的资源、资本和资金支持。

第三节　乡村治理：高效现代和美

"千万工程" 20 年，推动乡村治理效能有效提升。以农村基层党组织为核心、村民自治为基础、各类村级组织互动合作的乡村治理机制逐步健全，乡村治理体系和治理能力现代化水平显著提高，农村持续稳定安宁。[①] 地方探索践行"千万工程"，需要将提升乡村治理水平放在突出位置，牢牢坚持以党建引领作为重要抓手，引领乡村"四治结合"（自治、法治、德治、智治），在"以人民为中心"的理念指导下，发挥各类治理主体的作用，构建高效现代文明的乡村治理体系，扎实推进和美乡村建设。

乡村治理现代化是指在乡村地区推进现代化进程的治理方式和手段。乡村治理现代化的核心理念是"以人民为中心"，以满足农村群众的实际需要为出发点和落脚点，倡导"政府引领、全民参与、多元共治"的发展理念，强调农村自治、法治建设、民主参与、信息公开等基本原则。[②] 推动乡村治理体系和治理能力的现代化，建立健全党委领导、政府负责、社会协同、公众参与、法治保障、科技支撑的现代乡村社会治理体制，是中国特色社会主义乡村善治的必由之路。

---

① 专题调研组．总结推广浙江"千万工程"经验，推动学习贯彻习近平新时代中国特色社会主义思想走深走实．求是，2023（11）．

② 娄文浩，杨松菊．中国式现代化视域下推进乡村治理现代化的现实困境与实践路径．云南农业大学学报（社会科学），2024，18（0）：1-8.

麻江县探索"千万工程"经验下的乡村治理实践，在党组织全面领导的基础上，坚持调动政府、市场、社会三方积极性，建立"政府主导、部门配合、社会资助、企业参与、市场运作"的工作机制，坚持问题导向，将"千万工程"治理模式转化为方法论，对不同发展阶段的村庄分类施策，逐步构建高效现代和美的乡村治理新局面。

一、党建创新引领发展

（一）开展党组织联建

党组织联建是在不打破现有行政区划管理体制、不改变原有党组织隶属关系和功能形态的前提下，通过跨层级、跨行业、跨部门党建联建方式聚合资源，打破乡村发展受村域限制而单打独斗的局面，找准联建各方契合点，实现治理联抓、发展联促、服务联享。

动员地缘相近、业缘相融、文脉相通的村成立联合党委是麻江县开展党组织共建的有效形式。卡乌村、富江村、龙江村皆位于宣威镇且都在清水江流域，联建成立领导小组，通过资源共享等方式，定期不定期召开例会进行协商，互通信息，加强互相了解。围绕区域阶段性中心工作进行协调，统一行动；结合清水江流域发展需要，富江村、卡乌村、龙江村、咸宁村、城中村等村党组织开展联建，共同促进文旅康养产业发展；在杏山街道青山-小堡-靛冲坝区，脱贫攻坚阶段，3个村坚持党建引领、产业兴旺的发展思路，不断探索弱村抱团、联合发展路径。为继续发挥联合党委在巩固拓展脱贫攻坚成果与乡村振兴有效衔接中的示范和引领作用，服务队充分发掘现有3个村的组规民约《七字歌》和文明公约"三字歌"的特色，与苗族歌舞进行融合，让老百姓参与歌词改编和创造，打造出一台联合党委党建特色节目，让群众更深入地参与乡村治理实践。

党建合作与产业发展结合。引导清水江流域五村联合成立运营公司，负责清水江流域整体项目申报、品牌建设、人才引进与培育、主题活动、联动运营、对外交流与合作等事宜，形成五村联动发展的整体格局；基于联合党委牵头，青山-小堡-靛冲三村共同出资成立联村合作发展有限公司（强村公司）和蓝莓产业合作联社，村集体以土地、资金等形式入股享受分红，突破村域限制，联建联营；以"蓝莓五村"党建合作为基础，共建经济组织，通过识别比较优势产业、识别协同产业和创建三方或多方合作机制下的资本和产业经济组织等形式，由政府牵头，服务队总体设计，引导麻江围绕党建引领产业发展，成立不同形式的"五村合作组织"。比如以卡乌村为核心区，联合富江村、龙江村、咸宁村、城中村等形成"清水江五村"，打造清水江流域"农文旅康"融合发展示范区；以光明村牵头，联合翁保村、甲树村、城中村、共和村等形成"蓝莓五村"，以片区为单位，成立联合党委，开展党支部交流，全面提升支部党员素质，完善基层党建；县域西部水城村、坝河村、大开田村、谷硐村、兰山村成立"麻江西部五村合作组织"，通过对五个村规划连片实施、环境连片提升、产业连片发展、组织连片共建、资源连片投入等系统举措，形成优势互补、多向受益，聚力打造麻江高山冷凉蔬菜及夏养特色联廊。

为深化党组织共建机制创新，以联合党委的形式积极"走出去"，谋求"党建＋品牌"的共建共享合作，服务队经过沟通对接，促成中国国土经济学会秘书处党支部与麻江县杏山街道青山-小堡-靛冲联合党委开展党支部结对共建工作；以"五村党建合作"为品牌，建议"蓝莓五村"对接外部资源，如与"浙沪五村""赣浙皖五村合作"等其他的区域五村合作组织形成党建合作；"清水江五村"与丹寨县、下司古镇等区域党组织进行联建，实现流域延伸区域的联动发展。

（二）创新基层党组织

2023 年中央一号文件强调"强化农村基层党组织政治功能和组织功能，提升乡村治理效能"。创新基层党组织，有助于打破传统按照地理位置、行政区划设置党小组的局限，将党建引领作用充分覆盖到村庄的各个角落，拉近党员和群众的距离，既实现基层党组织的全面覆盖，又实现乡村治理多元主体的有效参与，调动其积极性。

在麻江创新基层党组织建设中，首先是在党建引领下，以浙江花园村"新集体、新集团、新集群"的组织带富经验为样板，构建符合麻江乡村特色发展的

"新组织",以重点村庄为主组建庄园式联村公司,带动村民创业,壮大新集体经济。同时,充分发挥党组织的引领作用,采取"联建支部＋行业协会＋科研机构＋龙头企业＋村集体＋农户"的组织形式,融合政、学、产、研、用、带的产业联合发展平台,通过积极引导和推动村级合作社、家庭农场、小农户等加入平台,实现以强带弱、以富帮贫、优势互补、共同提升。

其次是组建以党员为核心的乡村振兴作战队伍。每个村都成立了"作战指挥部—作战村'两委'—作战小分队—作战网格"的垂直乡村振兴指挥体系,根据村庄资源特点制定发展规划和发展目标,由指挥部分解任务,制定详细作战目标。

再次设立功能性党小组。在具体操作上,兼顾党员的年龄、喜好、技能特长和乡村发展的需要。在产业发展方面,通过成立联合党委,设立党建办、产业发展办等,制定联合党委工作制度、议事制度、办事流程等规章制度,引导党员结合自身特长积极参与各类功能型党小组,并组建养殖、工程技术等功能型党小组,推进联合党委领导下的各项工作。在宣威镇富江村,结合村庄发展实际,服务队建议将党员分为产业小组、生态小组、文体小组、老年小组等几个功能性党小组,明确每个小组的示范带动方向,比如,产业小组突出党员的创业带富、产业联动合作等;生态小组突出环境卫生监督、人居环境整治等;文体小组突出特色文化宣传、文体活动组织等;老年小组突出家风家训传承、邻里关系提升等。同时,结合党员工作及生活情况进行方式设计,线上与线下相结合,集中与分散相结合,更好地发挥党员的模范带头作用。

(三)"智慧党建"赋能乡村治理

"千万工程"从"千村示范、万村整治"向"千村精品、万村美丽",再向"千村引领、万村振兴"的迭代升级,浙江坚持把加强党的领导作为抓好"千万工程"的关键,实施基层党组织"先锋工程"和"堡垒指数"管理,高标准落实农村党建"浙江二十条",强化抓党建促乡村振兴,有力推动农村基层党建全面进步、整体提升。浙江提出要"构建党建统领的整体智治体系",争创省域治理现代化,杭州上线"西湖先锋"数字党建平台,金华构建"基层党建精密智管"

数字化平台，台州建设"两新组织党建质量管理"……各地充分运用数字新技术探索党建工作数字化、智能化的新阵地，探索了一条条各具地方特色的数字党建实践路径。

乡村基层党组织必须从传统党建工作的线性思维转变为智慧党建时代的数字化、智能化思维，创新党建的组织形态，通过加强对党员的教育和学习管理、打造智慧党建阵地、依靠技术平台化解治理难题、打造数字乡村治理队伍等措施，推动了新时代的党建实践探索。中西部地区在学习运用"千万工程"经验时，要把握"后发优势"，抓住数字化改革的契机，将智慧党建贯穿于生态、产业、组织、文化、人才等乡村振兴的全过程。

为适应中西部地区乡村振兴数字化党建发展需要，服务队联合相关机构打造了"村信通"智慧党建服务平台，以大数据服务乡村发展，以轻应用提高管理和执行效率，以数字化思维践行基层党建路线。

一是实现智慧学习。依托"中国人才云"和"村信通"小程序，建立党建网上学堂、在线考试等服务，同时对学习人数、学习时长、学习进度、学习内容等各个维度的数据进行统计。实现党员随时随地便捷地学习与交流，为党员教育培训规范化和常态化提供了便捷的平台。

二是打造智慧阵地。依托"智慧党建平台"，将党支部建在平台上，党小组建在网络上。各级党组织在"村信通"管理后台终端均可发起会议，多种方式推送会议通知，提供线上会议、录制、直播功能，党员通过手机端进行参与确认、请假、定位签到，以及会议过程中议题的发表，投票表决，会后撰写会议纪要并支持导出 PDF 文件，高效地参与三会一课、组织生活会、民主评议、主题党日等活动，让组织生活简单化。

三是提供智慧化服务。打造治理主体沟通数字平台，激励村民主动参与乡村治理。加入的各村党支部可以在"村信通"智慧党建平台上公开党务、政务和财务（"三务"），以便党员自我监督和群众监督；为群众提供一键反应、一键办理、一键打分评价的高效便捷的小程序；针对老年人等特色人群，提供党员、网格员、群众之间"心连心"点亮心愿、热心帮办、爱心预约、结对帮扶、一键呼叫、定期慰问、上门温暖等银龄服务；建立村民电子健康档案，关注老年人及特殊群体的安全监测,做好突发事件预防、应急监测和预警救援应急处置等。

四是建立智慧党建的人才队伍。为强化智慧党建人才支撑,帮助麻江县打造智慧党建的人才队伍,服务队一方面构建了使用人员、技术人才、运维人员之间的沟通反馈机制,同时不断调研基层党建工作人员的党建工作实际场景和其对数字党建平台的需求,以问题为导向优化数字化平台内容,加强对党建工作人员数字技术、运用场景等的培训,构建精通党建业务、具有数字技术和实施经验的复合型人才队伍。另一方面对专业化人才进行提质。每村遴选3~5名乡村能人,包括种植养殖大户、电商服务人员、文旅运营人才、文体活动组织人才、养老服务人才等,通过综合培训、技术赋能、交流互动等方式,将专业技能型、生产经营型、社会服务型的乡村专业人才强化提质,为智慧党建的运用培育丰富的人才。

二、"四治"创新推动发展

(一)以自治为核心,建设生态宜居美丽乡村

我国宪法规定,城市和农村按居民居住地区设立的居民委员会或者村民委员会是基层群众性自治组织;《中华人民共和国村民委员会组织法》第一条提出,为了保障农村村民实行自治……根据宪法制定本法。由此可见,乡村自治是乡村治理的核心。

麻江县作为一个多民族聚居区,苗族、侗族、布依族等分布在清水江流域,积累了丰富的民族地区乡村治理经验,流传于世的清水江契约文书即是社会治理的宝贵记录。此外村规民约、"中人"调解等治理内容也显示出浓厚的地方特色和民族特色。如何将这些传统资源中的有益部分创造性转化并运用于现代乡村治理,是麻江乡村自治的重要课题。

在乡村自治的过程中创新方法,麻江将治理单元下沉到村民小组,在村民小组组建"寨管委",负责村民小组内部的事务管理,吸收村寨中有威望的族老、寨老等加入"寨管委",大力实施以"十户一体+"为载体的基层治理模式,通过"十户联产、十户联防、十户联诚、十户联治、十户联建"等举措对小组内有关环境卫生和产业发展的具体事项进行自我管理。

服务队对"寨管委"的自治功能进行了完善，使其更好地发挥群众主体作用。按照"村管组、组管寨、寨管户"的责任划分，因地制宜组建自然寨管理委员会，推动寨人治寨的自治模式，吸收各类能人加入"寨管委"，同时可以对"寨管委"进行功能区分，如环境管理委员会、经济管理委员会等，充分发挥各类群众主体作用；建议村庄制定村规民约、生态公约、村民道德公约等行为规范（已制定的由服务队协助完善），提高村民的自律、自治和自我保护能力。积极引导群众参与美丽乡村建设、产业发展、村庄环境整治等工作。

强化村民自治主体建设，吸收乡村医生、乡村教师、村企能人等进班子，发挥返乡创业青年和退休归乡能人的作用，提高自治组织的整体素质，切实履行自治组织的职能。组建村民理财小组等自治组织，吸收乡村能人、产业带头人等加入小组，参与制定本村集体的财务计划和各项财务管理制度，检查和审核本村财务收支情况，做好民主理财等工作。

创新乡村自治文化与公共载体。在青山-小堡-靛冲片区，规划建设一座家风家训主题馆，以"国有法、乡有规、家有训"为理念，从时间与空间两个维度扩展，吸收传统与现代优秀家风文化，借鉴全国范围内家风家训成果，实现从"家训治"而"乡规盛"，最终达到"国风兴"的逻辑演绎。一是引导村民自撰家风家训，统一做成装饰物放置于墙上；二是改造合适的民居，打造一座麻江家风家训馆，展示全国著名村规民约内容、百家姓百家训、麻江县党建成果、家风建设成果、"麻江好人"、"好家庭"事迹等。同时，结合麻江的苗绣等传统技艺，将姓氏及家训绣在扇子、香包、手提袋、杯垫、壁画等上，形成系列产品。

（二）以法治为保障，夯实乡村治理根基

法治是保障乡村各主体权益、实现村民自治的重要前提和保障。2018年中央一号文件《中共中央 国务院关于实施乡村振兴战略的意见》发布，"法治乡村"在官方话语体系中第一次得以清晰呈现。近年来，我国陆续出台《中华人民共和国乡村振兴促进法》《中华人民共和国民法典》《中华人民共和国黑土地保护法》《中华人民共和国农村集体经济组织法（草案）》等，为推进乡村全面振兴、

促进土地改革、土地资源保护、农村集体经济组织发展等提供了法律支撑，为"三农"发展与建设农业强国提供了有力的法律保障。

推进乡村法治建设，一是加强乡村法治教育。常态化开展形式多样的法治宣传教育活动，提升农民群众法律素养，推动形成办事依法、遇事找法、解决问题用法、化解矛盾靠法的良好法治环境；创新普法宣传。服务队基于翁保村的司法调解等调研情况，建议大力倡导与宣传麻江的乡村法治经验，并策划了翁保村"乡村治理展示馆"。展示馆通过展示全国著名党建引领乡村发展案例、清水江流域历史乡村治理文化、麻江党建引领乡村发展经验、翁保村法治经验、数字治理等内容，全面宣传全国及区域乡村法治案例与经验，为乡村法治教育提供坚实支撑。

推进乡村法治建设，二是要加强乡村法律服务。当前，乡村由于与市场经济高度关联，随着依法治国的深入，乡村治理也产生多方面的法治转型，村集体和村民个体在土地流转、市场交易等方面都面临诸多的法律诉求。服务队成立了乡村法律服务中心，聘任资深法律行业人才作为"实践型指导师"，依托"村信通"平台，主动介入涉及村庄利益和村民个人利益的法律事务。

（三）以德治为引领，铸就乡村治理灵魂

实现乡村振兴，既要塑形，也要铸魂。习近平总书记强调，要在实行自治和法治的同时，注重发挥好德治的作用，推动礼仪之邦、优秀传统文化和法治社会建设相辅相成。清水江流域的少数民族历史悠久，文化资源宏富，其社会治理蕴含着丰厚的历史积淀，为新时代乡村德治发展打下了根基。

弘扬乡村德治，首先是保护和传承乡村优秀传统文化。在麻江，通过对物质文化的保护利用和非物质文化的传承弘扬，筑牢了乡村德治的基础。比如，麻江县贤昌村少数民族文化浓厚，但缺乏有效的挖掘与建设，一些文化场地处于闲置状态，打铁工艺等文化遗产也未得到利用，文化对村民的凝聚作用未得到充分发挥。服务队从打铁工艺入手，利用闲置民居作为场馆，策划以"民族百刀坊非遗工艺展示馆"为支撑的农耕文化展示区，结合当地民族服饰文化和节日活动，既能够传承发扬农耕文化精神，又形成了乡村德治阵地。

其次是开展村民素养提升行动。在富江村，通过推出村庄精神、改进村规民约、提炼家风家训等措施，提高村集体的凝聚力，改进村风民风，推动村庄精神文明和文化氛围建设。一是村庄精神提炼。根据富江村自身情况，用简单凝练的文字提出村庄精神，通过宣传材料、标语制作等方式将村庄精神呈现出来，并通过会议交流、奖励活动等方式，让村庄精神深入人心，起到凝神聚力的作用。二是村规民约示范。基于已有的统一版村规民约，结合富江村自身情况，提出简单易行且有利于规范村集体、村民行为的富江村特色村规民约，探索与积分制相结合，对遵守情况好的给予奖励或表扬，对违反者作出相应的惩罚措施，逐渐形成富江村自身良好的村风和民风。三是家风家训示范。在村党支部的统一组织下，指导每家每户确定家风家训，村里负责为每家制作家风家训标牌，群团组织可设立主题征文比赛，通过讲述家风家训故事收集各家各户的好做法；或组织"老人讲家训""家风家训示范户创建"等活动，使家风家训发挥积极作用。

再次，是推动新时代乡风文明建设。比如在翁保村，服务队在深挖其乡村治理特色和亮点的基础上，注入新内容，通过推进文化传承和文化普及，丰富居民阅读内容，营造文化氛围；开展家风家训评选活动，通过"祖辈送家规"、"讲家事扬家风"等活动，进一步传承家风、弘扬风尚。开展道德典型选树活动，通过"最美家庭"、好婆婆、好媳妇等评选活动，倡导孝老扶幼，形成"共倡文明，互帮互助"的良好社会氛围，不断提升乡风文明程度，逐步打造县域乡村治理的特色村。

（四）以智治为支撑，打造乡村治理新模式

智治是将大数据、云计算、人工智能等先进科学技术应用于社会治理中的新实践，其涉及领域广泛，涵盖内容丰富，为乡村提供新的治理手段。乡村智治作为"健全党组织领导'三治'融合乡村治理体系"的重要抓手，将在联结多元乡村治理主体、提升乡村治理效能等方面发挥作用，有利于实现共建共治共享的乡村治理格局。

麻江县抢抓数字乡村建设机遇，以智慧治理为路径，按照"县级牵线、乡级搭台、村级实施"的模式，持续推进数字乡村建设，将科技手段与基层工作深度

融合,实现乡村数据"一张图",全科管理"一张网",让指挥调度提速、基层治理提能、群众满意率提高。但在产业发展及县域治理过程中仍存在配套服务平台不完善、科技化赋能相对落后、产业链整合不足、合作组织松散、基础设施不完善、缺乏专门的技术人才等系列问题。

2023年10月,在服务队的沟通对接下,基于麻江—花园的对口帮扶及麻江在数字化建设方面的需求,浙江花园村、麻江县和中国西部人才开发基金会达成共识,先期将"智慧花园—乡村治理应用软件"系统捐赠给麻江县,为麻江县提升治理效能、优化公共服务、产业发展升级、农业现代化及可持续发展提供科技平台支撑。同时,基于捐赠实现"智慧麻江·乡村治理系统"App和微信小程序的部署。

三、"四治"融合实现善治

健全自治、法治、德治相结合的乡村治理体系,是实现乡村善治的有效途径。《中共中央关于党的百年奋斗重大成就和历史经验的决议》将"健全党组织领导的自治、法治、德治相结合的城乡基层治理体系"作为新时代在社会建设上所取得的历史性成就的一部分。这表明,要实现乡村振兴战略中的"治理有效"目标,就必须坚持自治、法治、德治相结合,全面推进"三治融合"。浙江花园村通过构建"党委领导、村委负责、企业支持、居民参与、法治保障"的治理体制,健全以德治为基础、法治为保障、自治为目标的治理体系,形成了原村民与新村民、村民与居民、户籍人口与常住人口"共建、共治、共享"的治理格局,走出了一条"以工富农、以商兴村、共同富裕、全面小康"的"花园道路"。

借鉴花园村乡村善治的经验,麻江以党建为引领,推动自治、法治、德治和智治共同发展,以"四治"融合共促乡村善治。

(一)党建引领"三治"融合

党建＋自治,激发乡村治理活力。充分发挥各治理主体的自身优势。首先,发挥党组织领导核心作用,健全县、乡、村三级联动的治理机制,逐渐将政府职能由"管理"向"服务"转型，发挥村民作为乡村治理主力军的作用。服务队将麻江村庄的发展建议列成项目清单，由县、乡、村干部首先讨论完善清单，再将清单拆解为每年的工作内容，由村民代表大会商议细化成实施方案。其次，以骨干党委为基础形成治理网格。围绕"一中心一张网十联户"，积极构建"上下联动、同心合力、共建共享"的工作格局。采用"党小组＋网格员＋联户长"工作模式，完善综合服务管理体系，将"五老"人员、村干部、乡村贤达人士积极发动起来加入联户长队伍，共同参与基层党建、社会治理、风险防范、矛盾化解等平安建设工作。再次，通过村党组织领办合作社，推动村域经济发展。合作社可以为集体经济的发展提供动力，为分散小农户提供对接市场的服务，推动农业现代化转型，同时可以为闲置劳动力提供一部分工作机会并组织开展相关职业技能培训，实现乡村治理从管理到服务的转变。

党建＋法治，提高治理保障。围绕卡乌村、富江村、龙江村联建，制定了群众举报制度，设立举报信，制定了信访制度，成立信访接待室，探索数字技术融合法治乡村的具体实践，完善村庄全方位社会风险防控体系，夯实平安建设基础，筑牢法治根基。

党建＋德治，营造良好乡村风气。一是发挥寨老、族老的作用。从群众认可的寨老、族老中，采取"两推一选"的方式，推选出1名组长，1名党员，1名护林员，1名保洁员，形成上下联动的四人管理体系。由四人组成的"寨管委"在村"两委"的领导下，全面负责自然寨的政策宣传发动、环境卫生整治、社会综合治理、公益事业发展、乡风文明建设、森林防火六项工作。二是建立了完善村规民约、家风家训等约束体系，建立健全矛盾调解机制，实现村民的自我管理、自我约束和自我监督。三是开设"道德银行"，开展"好媳妇""好婆婆""好邻居"等评选，培养良好家风文明。比如在翁保村，建设村民"道德银行"，具体操作上，通过给村民设置一个账户，把村民的善言善行善举都记录在册，村民可以彼此之间互相申报，也可以事后补报，成为满满几大本的道德薄。"道德银行"会根据每位村民的善举，为他们积分，不同等级的行为会有相应的分数，一季度一公布，一季度一结算。在单位时间内得分最高者，会有一定的奖励，也可作为村民贷款等的评估依据。

（二）"智治"赋能"三治一体"

数字技术为乡村社会提供了智能化治理工具，不管是通过打造数字化治理平台凝聚治理力量，抑或利用大数据、人工智能技术等为治理决策收集分析信息，都极大提升了乡村治理绩效与治理数字化、智能化水平。浙江花园村借助智能化、智慧化和数字化乡村治理手段，实现了"智治"的模式跨越，大幅度节约了治理的成本，提升了治理的效率。

麻江县抓住数字技术发展的机遇，逐步构建起党建数字化，提升治理效能的技术基础。但在乡村"智治"方面，距离智能化、智慧化还有一段距离。借助"富共体"落地契机，发挥"智慧花园"系统的辐射带动作用，全面提升麻江的智治水平。

一是技术支撑，搭建乡村治理融合平台。充分利用"智慧花园-数字麻江"系统在智慧治理、人才培养、产业服务等方面的应用优势，搭建乡村公共资源共享平台、公共服务平台，使乡村自治、法治、德治真正实现有序融合。

二是多元协同，打造乡村治理共同体。一方面，发挥数字经济的开放性和便捷性优势，通过构建以"智治"为支撑的乡村治理共同体，将政府、村集体、村干部、村民、村企和乡村贤达人士等各类主体共同纳入乡村治理体系，不断壮大参与乡村治理的主体力量。另一方面，为跨区域、跨部门、跨村庄的协同治理提供支撑。在乡村建设过程中，麻江构建了以党建合作为基础的多元合作格局，需要发挥数字技术的平台优势，广泛链接各类主体，打破不同区域、不同部门和不同村庄的协同壁垒。

三是系统变革，重塑乡村治理模式。利用数字平台的优势，可以更好地发挥村民的主动性，激发其更广泛地参与乡村治理。同时，利用数字平台的数据管理优势，更好地明确乡村治理中的权责分工，优化乡村治理流程，将自治、法治、德治嵌入到乡村治理的全过程，为乡村治理现代化提供探索和路径，推动实现乡村善治目标。

第七章

赋能·构建系统的发展支撑

乡村振兴需要赋能，这种赋能需要具有一定的系统性。从赋能对象及方式的不同，可以将其分为对人的赋能、对事的赋能，以及具有综合性、整体性、生态性的场景赋能三个角度。

第一节　人的赋能：示范引领带动

为基层人才赋能，除了本书第五章所提到的培训方式外，还有很多其他角度的方法，包括请他们与专家一起进行场景化调研，帮助其挖掘内部优质资源、设计项目清单、精准对接外部资源，支持其将思想变成行动、让行动产生实效。同时，还需要为其提供发展环境、激励措施、生活关照等各方面的配套服务，让其拥有源源不断的奋斗能量，进而发挥示范作用。

一、带其参与调研，提高思想认知

调研，就是调查研究。调查研究是我们党的传家宝。党的十八大以来，以习近平同志为核心的党中央高度重视调查研究工作。调查研究是谋事之基、成事之道，没有调查就没有发言权，没有调查就没有决策权。

当前，我国发展面临新的战略机遇、新的战略任务、新的战略阶段、新的战略要求、新的战略环境，不确定、难预料因素增多，改革发展稳定面临不少深层次矛盾，躲不开、绕不过，各种风险挑战、困难问题比以往更加严峻复杂，乡村领域也是一样，迫切需要通过调查研究把握事物的本质和规律，找到破解难题的办法和路径。

实践中，调研方法也是多种多样，常见的有：问卷调查、召开座谈会、一对一访谈、网络调研、实地和蹲点调研、体验式调研、案例或大数据分析、文献查询、专家咨询等。乡村调研中，以资料查询、走村入户和召开座谈会的形式居多。

麻江县引入"千万工程·联创带富服务队"，在主题培训后第一时间趁热打铁，召开了干部动员会，麻江县委书记唐光宏高度重视这个环节，主持会议并提出具体要求，为调研取得良好效果奠定了基础。

在后续为期一周的实地调研中，一支调研队伍吸引了很多人的眼球，干部群众说很少遇到这样的调研。为什么这么说呢？

首先，这支队伍的人员构成丰富多元，包括县里负责统筹和协助的人员、镇（乡）党委书记和分管人员、村"两委"班子成员、第一书记和驻村工作队成员，有时候还有村里的种植养殖大户、文旅运营者、电商直播人员、党员群众代表等。这是一支从群众中来、到群众中去的队伍。

其次，调研过程中，专家并不只是从自己的角度收集了解信息，而是通过与县镇村干部沟通、与相关人员的互动式交流，彼此激发、相互探讨，同时还会借机对相关人员进行拓展指导，即前文所说的附带"场景化研学"功能。

其实，这不仅仅是调研，也是基于实际场景的统一思想，为后续项目设计及落地奠定基础。相信注重后续落地效果的团队，能够理解这种方式。

调研结束后，服务队专家还会和参与人员一起复盘。因为基于这种调研，参加人员往往都觉得受益匪浅，但毕竟是各自角度的收获，通过一个非正式的总结复盘，大家分享彼此的感受和收获，可以让一分收获变成十分收获，让个体的感受升华为集体的能量。

正是通过这样的用心设计，服务队基于一次调研，实现了信息的收集、场景化研学培训、项目策划初步沟通、项目实施动员等多种功能。因此，这是通过调研为其赋能的具体体现，助其提升了资源识别能力、学习思考能力、项目策划能力、总结沟通能力等，还增进了彼此的了解，提升了集体的凝聚力和战斗力。

二、帮其挖掘资源，拓展价值空间

产业兴旺是实现乡村全面振兴的基础和支撑。习近平总书记强调，做好"土特产"文章，依托农业农村特色资源，向开发农业多种功能、挖掘乡村多元价值要效益。这一重要论述，为以特色产业发展推动乡村振兴提供了根本遵循。

乡村的资源多种多样，正确挖掘和利用这些特色资源，不仅能够更好地对接政策和外部资源，促进农村地区的经济发展，还能传承和弘扬地方文化，也能更加精准地为人才提供赋能端口。麻江县在实施乡村治理人才培育计划的过程中，也非常重视这个环节。

麻江县和服务队充分考虑资源的区域性、领域性、主体性和系统性，分批次对4个镇（乡）域组团进行走访调研，在实践中统筹分析资源和产业现状，对很多当地人看来很普通的土地、山林、水塘以及文化、风俗等进行了系统挖掘，有的提高了质量、有的延了链条、有的增添了文化厚重感。

在麻江县谷硐镇兰山村调研过程中，服务队专家发现布依族住户居住的名为摆博的寨子里有两眼冷水泉，专家提出布依族文化和冷水泉可以成为特色资源，建议其基于摆博泉水亭、泡冷泉项目、主题民宿、布依御宴、田园书苑、文体活动打造"摆博布依小寨"。如果不做深挖，那么将一直是寨子和泉水的状态，也无法成为带动村民发展致富的特色资源。

在坝芒布依族乡大开田村有个隐逸于万年灵溪山谷中的自然村落，专家发现了独具特色的院落天然泉眼，因其位于自然保护区内，经过水质检测，搭配饮用配套设施，可开发冷水泉美食等，使之发挥特色资源的价值。同时结合其中三座院落的高低错落结构，提出了打造"寻源匠居·临泉戏水"的布依族生态家居体验的建议，提出了"戏万年清水泉，品百年布依族古村原味，享受简朴而宁静的村落生活"的理念，让大开田村的泉眼成了"镇寨之宝"。事后当地村干部进行了水质检测，催生了系列特色项目。

在龙山镇共和村内，坐落着目前全国规模最大的酸汤发酵和生产加工企业——麻江县明洋食品有限公司，但企业和村庄联动不多。基于这种情况，服务队专家建议共和村用好已有酸汤企业在地资源，联动周边生产基地、加工基地、文旅研学基地等，促进区域酸汤一二三产业融合，实现酸汤产业的品牌化、标准化、集约化、规模化发展，勇于打造"酸汤第一村"，将企业发展与区域发展相结合，使村庄成为企业的特色资源，而不仅仅是企业的用地空间，反过来，企业则为区域的发展提供支撑和引领，进而带动相关产业发展和群众增收致富。

这个环节完成后，当地的相关人员自信心和优越感大增，因为发现平常很多不起眼的事物都有了独特性，也看到了一个个价值提升的空间，这是带动村庄发展的一个个契机。与此同时，也让调研专家们找准了方向，为项目策划与落地奠定了基础。

三、助其策划项目，形成需求清单

在"千万工程"实施之初，习近平就强调要坚持"规划先行，以点带面，着力提高建设水平"。按照这个要求，浙江从制定村庄规划入手，不断开辟乡村发展新空间。20多年来，"千万工程"持续迈向纵深。进入新阶段，浙江坚持以新发展理念为引领，把"未来乡村"建设作为全面推进乡村振兴的重要抓手，开启了"千万工程"新的探索和实践。所有这些，都体现了规划策划在乡村发展中的重要性。

在麻江，服务队专家提出要将策划、规划、计划"三划"打通，即先基于资源做好策划，然后结合空间做好规划，进而形成落地实施的工作计划，指导各项工作的扎实有效开展。

调研完成后，服务队进行了一个多月的项目策划。过程中，经过了框架要点示范、初稿沟通完善、定稿交流转换三个阶段，最终形成了19份村庄发展建议书、4份区域专题策划书（"三廊一片区"）和1份县级整体实施方案，为资源对接和工作推进开启了新局面。

麻江县"三廊一片区"是什么?

"三廊一片区"指的是服务队为麻江县策划的三个产业带、一个特色产业片区,分别为:以光明村、共和村牵头五村形成的蓝莓产业特色联廊,以卡乌村牵头富江、龙江等五村形成的清水江流域"农文旅康"多彩特色联廊,以坝芒-谷硐牵头五村形成的高山冷凉蔬菜及避暑夏养特色联廊,以高枧村及夏同龢故居牵头周边村社形成的状元文化"诗山联海"休闲度假片区。

项目策划与发展规划是很多咨询机构、项目团队都会做的事,但对于基层来说,能否形成更为清晰的需求清单更重要。服务队和麻江县委、县政府经过多轮沟通,最终确定了"项目清单化"的思路,即按照实施主体和资金来源的不同,将策划的项目分为六大类,分别是自主型项目、政策型项目、市场型项目、经营型项目和公益型项目,资金来源分别以自筹、上专资金、招商引资、社会资金、公益资金为主,但也可以多种方式组合,这为县镇村推进项目提供了方向和路径。

例如,在麻江县宣威镇卡乌村的村庄发展建议书中,服务队专家基于对全村的整体调研,提出突出民族特色,注重流量激活,围绕文旅康养融合示范基地,重点打造"11个组团"的建设性意见,促进思路落地及持续发展。11个组团分别为立体田园组团、绣娘文化组团、铜鼓文化组团、农耕民宿组团、自然休闲组团、民俗体验组团、亲水江边民宿组团、小卡乌美食组团、老屋保护组团、四季花海组团、跑步鸡养殖业组团等,每个组团包含几个特色项目,并从五大振兴角度出发,分别策划了项目内容和实施方法,最终整理形成了具体项目清单。

卡乌村项目规划与实施清单

项目类别	项目名称	项目类型	资金来源
生态振兴	村庄环境整治项目	政策型	自筹
	庭院经济示范项目	政策型	自筹+上专资金
	田园景观及花海项目	经营型	社会资金
	卡乌观景台打卡地项目	公益型	公益资金
产业振兴	游船码头建设与运营项目	经营型	社会资金
	立体田园民宿项目	市场型	招商引资
	江边主题民宿项目	经营型	自筹+社会资金
	江边亲水设施及项目	市场型	招商引资
	江边营地提升项目	市场型	招商引资
	农耕民宿提升项目	经营型	社会资金
	农特产品展销市集项目	经营型	社会资金
	清水江渡船项目	经营型	社会资金
	苗族特色美食项目	经营型	社会资金
	四季花海项目	市场型	招商引资
	卡乌农特产品品牌化项目	经营型	自筹+社会资金
	跑步鸡特色养殖项目	经营型	社会资金
文化振兴	苗族老屋修缮维护项目	政策型	自筹+上专资金
	绣娘文化小道项目	经营型	社会资金
	铜鼓文化小道项目	经营型	社会资金
	富氧瑜伽空间项目	自主型	自筹
	区域民族特色主题活动	经营型	自筹+社会资金
人才振兴	文旅人才培训项目	政策型	上专资金
	卡乌里外长赋能项目	公益型	公益资金
组织振兴	清水江流域组织共建项目	自主型	自筹
	功能党小组创新项目	自主型	自筹
	卡乌村乡村能人协会项目	公益型	公益资金

　　这种清单化的罗列，让基层干部们很兴奋。卡乌村李书记和村干部们纷纷表示："这种形式太好了，能让我们知道从哪里着手推进，感觉发展路子更宽了"。确实，经过简单的划分，复杂烦琐的工作逐渐清晰，为项目落地指明了方向，也

为项目实施提供了有效路径。

据麻江县相关领导同志反馈，他们还将结合上级相关部门的统一部署，认真组织做好村庄、镇（乡）域等各级发展规划，并落实到三年行动计划、年度工作计划、项目实施计划等，让各项工作有"章"可循、有"路"可走、有"果"可见。

四、为其对接资源，做出先行示范

乡村项目的落地实施，离不开各种力量的支撑和赋能。在此过程中，社会力量的引入，可以推动公益项目率先落地，对于政策型、市场型、自主型等其他类型项目的实施起到了很好的示范作用。

举例来说，服务队协调浙江花园村向麻江县红十字会定向捐赠资金 36 万元，用于帮助麻江县 5 村共 6 个公益项目的实施，分别是麻江县宣威镇卡乌村绣娘小道院子组团项目、坝芒布依族乡大开田村泉水及饮用水改造项目、宣威镇咸宁村集体经济互助计划项目、贤昌镇贤昌村百刀工坊非遗传承项目、谷硐镇兰山村深呼吸红豆杉小院公益项目和布依小寨冷水泉项目。

据了解，这 6 个公益项目得到花园村捐赠的资金支持后，分别制定了详细的实施方案，并经镇（乡）党委集体讨论决策、报县相关部门审定后实施。同时，委托县农业农村局、县林业局对以上项目进行策划指导与实施监管，项目验收完毕后，向麻江县红十字会提交验收资料，报销项目费用。这些支撑，为 5 个村集体经济发展、少数民族文化传承和百姓增收致富，以及"千万工程·花园联创共富服务综合体"赋能麻江乡村发展做出了先行示范，取得了良好的带动效果。

另外，在数字乡村建设方面，麻江县也积极争取社会力量支持。2023 年 12 月，第二届"新时代人才强国论坛"在中央党校（国家行政学院）南校区成功举办。在该论坛上，浙江花园村再次通过中国西部人才开发基金会"筑梦工程"专项基金向麻江县捐赠了价值 1 000 余万元的"智慧花园—乡村治理应用软件"系统，这为麻江推进数字化进程奠定了基础。

总之，在乡村建设过程中，很多地方政府面临资金压力，如有社会力量通过基金会、公益组织等方式给予先行助力，再联动产业基金、社会资本，将对乡村产业和社会发展起到积极的促进作用。

五、给其提供保障，营造良好氛围

要想用好人才，必须注重营造干事创业的良好氛围。在这一点上，浙江做出了表率。浙江围绕打造"人才生态最优省"的目标，先后开展了"五位一体"人才生态优化工程、营造优良生态办好八件人才实事等工作。同时借助数字化改革东风，持续推进服务流程数字化改造，积极打造"一站式"人才服务体系，实现人才办事"一站入口"、生活"一码畅享"、服务"一呼百应"。坚持人才无小事，集中解决住房、教育、医疗等人才面临的现实问题，不断营造识才、爱才、敬才、用才的社会氛围，营造出人人皆可成才的社会环境①。

在服务队给麻江县的策划建议中，也很重视人才保障问题，例如，建议做好村"两委"干部分工，按照组团及相关工作安排，让不同人从不同方向牵头负责，形成做事的合力；建议扶持村里的能人，比如民宿、美食等项目负责人，使之成为村里的精英人才，成为相关领域的专业化人才。建议选拔培养本村网络直播人才，建立村里微信公众号及视频号，动态宣传村庄发展情况及亮点；建议加强对典型人、典型事的案例总结，注意过程记录与资料留存等②。

总之，通过上述一系列方法和实践，提升了麻江县乡村治理人才的学习思考、沟通交流、政策衔接、资源分析、项目策划、招商引资、运营管理、团队建设等多种能力，使之更加具备复合型人才的素质，这些都是对人的赋能，也是对基于人的团队的赋能。

第二节　事的赋能：降本提质增效

在乡村振兴战略中，事的赋能是发展目标达成的关键力量。其核心理念在于精准匹配资源，确保项目方向的准确性、支撑的全面性及推进的顺畅性，从而在

---

① 人才强省二十年的浙江路径 . https：//baijiahao. baidu. com/s? id=1795830072531245712&wfr=spider&for=pc，2024-04-09.
② 本段内容引自"千万工程·联创带富服务队"的《麻江县宣威镇卡乌村村庄发展建议书》。

成本节约、质量提升和效率飞跃上取得显著成效。本节从研究、科技、品牌与资本等角度深入剖析了赋能路径，并特别强调了在"千万工程"的指引下，新一轮东西部协作对赋能乡村振兴的非凡意义。

一、从研究角度赋能，提升认知力

古人云，凡事预则立，不预则废。不论是大到整个区域的长期规划、五年规划、三年行动计划，还是具体到一个项目的落地实施、一次活动的组织策划，都离不开对其时其事其人其法的研究与应用。

乡村振兴，规划先行。这是众所周知的一句话。乡村振兴不是一朝一夕就能完成的，需要对照国家和上级政府要求，结合实际，高标准编制规划，并按计划实施，积极稳妥推进。坚持一张蓝图绘到底，发扬"钉钉子"精神，一年接着一年做，一届接着一届干，确保干出成效。其实，这一思想适用于乡村所有的事。

在为区域发展赋能的过程中，需要把握三个阶段的研究：一是事前研究，通过深入的调研，了解现状，预测趋势，避免盲目行动；二是过程中研究，通过持续检测，及时调整策略，纠偏止损；三是事后总结研究，通过提炼经验教训，承前启后，为未来决策提供依据和参考。那么，怎么做才能从研究角度为乡村赋能呢？在此简列几项。

第一，在地方设立智库分支机构，安排专人常态化了解地方需求，根据实际需要对接智库专家，衔接内外做好智库联动服务。比如，北京超选智能科技研究院在麻江设立分院，联动农业产业、文旅康养等各领域专家，为麻江蓝莓、乌羊麻苗寨、状元府等发展提供咨询指导。

第二，帮助地方成立乡村振兴研究院，例如麻江县在蓝莓创意工坊内专门拿出办公空间，设立了南京农业大学乡村振兴研究院，帮助地方解决了很多实际问题。据了解，近5年来，南京农业大学先后组织100余批次、800余名师生赴麻江调研、服务、开展培训，接续探索出一条兼具特色、抓手和成效的"党建兴村、产业强县"之路[①]。

---

① 山海情长，共富交响．半月谈，2024（10）．

第三，帮助地方举办论坛等主题交流活动，邀请相关领域专家、学者齐聚论道，为地方发展建言献策。例如，服务队多次到麻江调研，然后与相关领导同志和部门负责人召开座谈会，就麻江乡村振兴公共服务体系构建、数字麻江建设等进行专题座谈，推动了相关工作的开展。

第四，基于区域热点难点重点问题开展课题研究，用相关研究成果指导实践等。例如，服务队基于调研所形成的村庄发展建议书、专题发展策划书，为区域发展提供了行动指南。后续，服务队还将就麻江县相关领域开展专题研究，为区域发展提供智力支持。

这些措施共同构成了乡村振兴战略中不可或缺的研究赋能，为乡村的可持续发展提供了坚实的理论基础和实践指南。

二、从科技角度赋能，提升创新力

科技是第一生产力。2024年中央一号文件强调，要强化科技和改革双轮驱动，突出了农业科技创新的重要性。"新质生产力"的提出，为摆脱传统发展模式、适应高质量发展需求指明了方向。在科技赋能、创新驱动方面，麻江县做出了积极探索和率先示范。

（一）东西部协作奠定基础：科技引领的数字变革

在新一轮东西部协作大背景下，麻江县成为科技赋能乡村的代表案例。2023年12月，浙江花园村通过中国西部人才开发基金会"筑梦工程"专项基金向贵州省麻江县捐赠的"智慧花园—乡村治理应用软件"系统，加快了麻江数字乡村建设进程，这也是新时期东西部协作的重要成果。

中国西部人才开发基金会对此项目给予高度重视，多次开会沟通、实地调研了解进展情况，并给予一定资金支持，还建议麻江基于城乡融合发展、东西部协作等，申报机制共建型的第二批国家级数字乡村试点县。与此同时，麻江县委、县政府也是高度重视、积极响应，认真贯彻落实国家和省州关于推进数字乡村的政策要求，抓住多方共促的契机，积极推动麻江县的数字化进程。

智慧乡村治理系统功能简介

作为现代信息技术与乡村治理需求深度融合的管理工具，智慧乡村治理系统主要包含数字党建、阳光村务、村务掌上办、人口管理、资产管理、户联码管理、精细化网格管理等多个子系统，覆盖数字党建、阳光村务、智慧治理、幸福邻里等应用场景。

1. 数字党建：传播党建理论，展示党建成果，教育党员干部，推动党建基层工作的数字化、信息化发展。

2. 村务管理：实时发布和更新各类村务公告、财务收支、项目进展等情况，便于村民监督。

3. 智慧治理：建设精细化网格管理系统，实现"人、事、地、情、物、组织"的全面管理，推动社会治理和服务重心向基层下移。

4. 政务服务与民生服务：集成各种政务服务事项的在线申请、审批和反馈，以及各类民生服务的查询、预约和办理。

5. 乡风文明建设：组织各类线上线下活动，弘扬社会主义核心价值观，促进良好乡风民俗的传播。

（二）多维共创破解难题：资金与技术的协同破局

面对资金瓶颈和技术人才匮乏的双重挑战，麻江县采取了一系列创新策略。在资金方面，通过政府引导、企业投入、基金会支持、东西部协作助力及社会资本合作的"五位一体"筹资模式，有效解决了智慧系统建设和运营的经济压力。在技术方面，通过与中国西部人才开发基金会、北京超选智能科技研究院等机构的深度合作，建立了技术引进与人才培养的长效机制，解决了前期技术实施和运维的难题，为数字麻江的持续发展奠定了坚实基础。

（三）数字麻江的深化布局：从试点拓展到全域

麻江县在数字乡村建设上采取了"分步走"的策略。首先，通过贵州麻江蓝莓产业投资（集团）有限公司的引领，选取典型村落进行智慧乡村治理系统的本地部署及优化，围绕多个关键领域验证系统的实用性和有效性。随后，逐步扩展至智慧农业、智慧文旅、人才孵化等，通过将数字平台建设与特色产业深度融合，不仅推动了文旅产业的升级，还加速了人才培训和品牌塑造的进程，为乡村逐步走向现代化树立了典范。

（四）持续演进与开放合作：面向未来的数字生态

"数字麻江"建设是一个不断完善的过程。麻江县持续深化与各方合作，不断优化治理体系，促进产业升级，提升服务效能，并启动了数字资产的开发利用，吸引更多社会力量参与到数字基础设施建设和新兴业态的培育中来，为构建开放、共享、共赢的数字生态奠定了坚实基础。

总之，智慧乡村治理系统及"数字麻江"建设的推进，标志着麻江县在乡村振兴道路上迈出了数字化的坚实步伐，也是学习"千万工程"经验与新一轮东西部协作背景下科技赋能乡村发展的成功典范。

三、从品牌角度赋能，提升影响力

农业品牌是农业农村现代化的重要标志，培育发展农业品牌是全面推进乡村振兴、加快建设农业强国的重要抓手。近年来，国家围绕打造农业品牌出台了一系列政策措施。2022年中央一号文件提出，开展农业品种培优、品质提升、品牌打造和标准化生产提升行动。2023年中央一号文件提出，支持脱贫地区打造区域公用品牌。2023年4月，农业农村部办公厅印发《支持脱贫地区打造区域公用品牌实施方案（2023—2025年）》，强调加大脱贫地区区域公用品牌建设力度，促进实现巩固拓展脱贫攻坚成果同乡村振兴有效衔接。

品牌赋能乡村振兴是一个系统工程，旨在通过打造和提升乡村地区的特色品牌，实现产业兴旺、农民增收、农村繁荣的目标。

品牌赋能乡村振兴的几种方法

1. 发掘本土特色资源：深入挖掘乡村的自然环境、历史文化、特色产业等独特资源，形成具有地域特色的品牌故事，如地理标志产品、非物质文化遗产、传统手工艺等。

2. 建立品牌体系：围绕区域特色资源，创建和培育一系列农产品、乡村旅游、民俗文化等领域的品牌，统一品牌视觉形象，延伸设计品牌文创产品，规范品牌管理，提升品牌的知名度和影响力。

3. 提升产品质量：以品牌为导向，强化农产品质量安全管理，推进绿色生产方式，提高产品质量和安全标准，满足消费者对高品质产品的需求。

4. 创新营销模式：利用互联网、新媒体等现代营销工具，拓宽销售渠道，开展线上线下相结合的品牌推广活动，扩大市场影响力。

5. 产业融合发展：推动农业与二三产业深度融合，发展休闲农业、乡村旅游、文化创意等相关产业，打造集种植、养殖、加工、销售、体验于一体的全产业链条，通过产业链不同环节做好品牌文章。

6. 引导社会资本参与：鼓励和支持各类企业和社会资本投资乡村品牌建设，通过市场化运作，激活乡村经济内生动力。

7. 政策引导支持：充分利用国家和地方关于乡村振兴的一系列政策红利，争取政府在资金、项目、政策等方面的扶持，助力乡村品牌建设和发展。

（一）标识是载体，让品牌被看见

冯骥才先生曾说，中国传统文化 70% 在乡村。乡村拥有丰厚的自然资源和独特的在地文化，携带着中华文明传承的密码，却仍有众多村庄难以进入大众的视野。酒香也怕巷子深。该如何唤醒"沉睡"的乡村文化，让其走出"深闺"、走向大众？放大 IP、扩大传播是关键。在此过程中，首先要有标识，既包括景观标识也包括 Logo 图文。比如，江西婺源篁岭鲜花小镇，把当地晾晒农作物的农俗打造成特色晒秋景观，并策划了一系列晒秋主题活动，吸引了众多游客，篁岭晒秋还被文化部授予了"最美中国符号"。

（二）标准是支撑，让品牌被信任

麻江县基于区域特色优势，充分发挥农业生产"三品一标"在品牌建设中的示范作用，积极鼓励支持生产主体抓特色、创品牌，确定专责部门、专业指导人员，制定年度创牌工作计划，帮助企业分析发展优势与产品市场需求，引导企业制定企业标准甚至推动编制团体、行业、国家标准，走优质化、品牌化发展之路。

另外，在麻江探索的基础，贵州省相关工作也有了进展。比如，由中国国土经济学会、"科创中国"乡村振兴联合体和北京超选智能科技研究院牵头主编的《名优品牌诚信服务体系评价规范》团体标准在贵州启动，《贵州省品牌年鉴》编制工作也在进行中。这些特色项目，都为贵州省的品牌建设营造了良好氛围。

（三）文化是灵魂，让品牌有力量

服务队总顾问、中国国土经济学会副理事长沈泽江一边指导服务队调研工作，一边邀请知名画家邓正立用 5 天时间完成了蓝莓油画作品《蓝之梦》，并以服务队的名义捐赠给了麻江县，麻江县委、县政府为邓正立先生开具了《收藏证书》，并于县政务服务中心珍藏。这幅画，为麻江蓝莓产业赋了一份能量。

同时，服务队专家顾问、知名文化品牌策划专家乔惠民提出了协助麻江创建一批特色品牌的建议。其中包括采集夏同龢等名联作品形成历朝状元诗山联海，打造状元文化品牌，提升影响力。通过中国国土经济学会研究室、深呼吸小城专家组的调研和数据对标评价，助力麻江创建"美丽中国·深呼吸小城"及"美丽中国·深呼吸乡镇"群品牌。打造"美丽中国·深呼吸夏养小寨"群，助推麻江爱生活、懂生活、会生活的"生活家"品牌创建等。

（四）场景是土壤，让品牌固根脉

在麻江的项目策划中，服务队充分重视场景化的"品牌"效应。比如，基于全国规模最大的酸汤发酵和加工企业——麻江明洋食品有限公司与龙山镇共和村的融合，在龙山镇共和村的建议书中提出了打造"酸汤第一村"的建议；基于麻江蓝莓主导产业与宣威镇兴明村的结合，在宣威镇光明村的建议书中提出了打造"蓝莓第一村"的建议，提升蓝莓产业的品牌影响力。

（五）传播是翅膀，让品牌飞起来

2024 年 5 月 16 日，在贵州省多个机构指导下，由贵州省品牌建设促进会等贵州省行业组织、中国外文局西欧与非洲传播中心（今日中国杂志社）、北京超选智能科技研究院等联合主办的"2024 年中国品牌日·贵州品牌"系列活动成功举办。期间，多个角度的品牌赋能活动启动，如"乡村振兴品牌故事"走进贵州系列活动、贵州省农文旅品牌营销人才培育计划等。这些特色项目的实施，将为贵州品牌传播提供载体、路径和人才支撑。

同时，服务队还为麻江总结了一句脍炙人口的宣传语：万年清水江，千年红酸汤，百年状元府，十年蓝梦谷。如今，这句话经常在麻江的对外宣传片、招商材料中出现，让人耳目一新，难以忘记。

四、从资本角度赋能，提升发展力

在服务乡村过程中，如果问到基层干部或创业者缺什么，十有八九会说"缺钱"。是的，乡村建设、项目落地、产业发展、公共事业等到处都缺钱。政策补贴只能解决部分问题，多元化资本投入必不可少。

资本赋能乡村振兴是一个综合性的过程，既包括直接的资金投入，也涵盖制度创新、人才培养、技术研发等多个层面，旨在构建可持续发展的乡村经济体系，实现乡村振兴战略的长远目标。

【路径参考】

资本赋能乡村振兴的主要方式

1. 产业投资：一是助力产业升级，即引导和鼓励工商资本投入现代农业产业链，包括种植养殖业、农产品深加工、冷链物流等环节，通过技术创新和规模化经营，提升农业产值和附加值。二是新业态开发，即吸引资本方投资乡村旅游、康养度假等新兴产业，结合乡村特色资源打造多元化产业结构，拉动当地经济增长。

2. 基础设施建设：一是交通、通信设施建设，包括改善农村道路、供水供电、网络通信等基础设施，为乡村振兴提供基础支撑。二是公共设施的升级与改造，如吸引资本投资教育、医疗、文化、体育等公共服务设施，提升乡村居民的生活质量和公共服务水平。

3. 金融支持：一是信贷投放，即金融机构加大对涉农贷款的支持力度，降低融资成本，为农户和农业企业提供更多金融服务。二是金融创新，如设立专门的农业投资基金，发行乡村振兴债券，探索农村产权抵押贷款、农业保险等金融产品和服务。

4. 合作模式创新：一是混合所有制改革，引入社会资本与集体、农户共同组建股份制等形式的企业，共享收益，共担风险。二是采用公私合作（Public - Private Partnership）模式，推动政府与社会资本在乡村建设项目上的长期合作。

5. 政策引导与激励：一是财政补贴及税收优惠，包括制定并落实财政补贴政策和税收优惠政策，激发社会资本投资乡村的积极性。二是推动产权制度改革，包括农村土地承包经营权、集体建设用地使用权、宅基地使用权流转制度等，保障社会资本的合法权益。

麻江县在吸引资本方面的主要做法：一是构建多层次融资渠道，支持农业技术创新。从成熟经验看，需要建立完善多层次的农业科技金融体系。二是探索投融资创新模式，支持乡村建设项目。比如，引入社会资本设立公益基金支持乡村建设。三是探索合作金融模式，让农民获得更多资本市场的红利。

总之，资本下乡可以激发农村的内部活力，使农业和文旅康养产业价值得以体现，产业链上多方优势互补、分工合作，让村民和村集体的腰包鼓起来，也会进一步带动企业投资和长远发展。

第三节　场景赋能：共享共治共生

面向乡村的赋能，对人、对事的角度都在上文中做了阐述，然而，只有这些还远远不够。乡村是一个多元复杂的生态体，人和事都不是孤立存在的，而是彼此影响、共存共生的。那么，如何能实现场景化、动态化、持续化的综合赋能呢？

一、区域发展的瓶颈和破困关键

在推动经济高质量发展、产业结构转型升级以及创新能力提升的过程中，存在着教育资源与产业需求脱节、人才供需矛盾大、创新能力不足、产业链不完整、协同服务机制欠缺等一系列现实问题。

区域经济发展面临的制约，归根结底是产业链、创新链、人才链、资本链"四链"的缺失或不畅，城乡在资源、要素、产业、人才等方面尚未形成内生的循环机制，导致区域资源要素流失。比如说，有些区域产业布局分散，产品缺精品、缺品牌、缺规模，导致农民增收困难；内部需求把握不准，外部资源引进无序，导致科技创新成果衔接及转化成本过大；基层组织机制创新乏力，人才引进、人才培育缺少支撑，创新驱动内生动力不足；整体统筹不够，普遍缺乏服务区域的公共组织，也缺乏完善的服务体系。

那么，如何破解这些问题呢？结构化、系统性问题还得基于整体场景来解决。其中，县域便是其中最为关键的一环。

县域是要素齐备、功能完整、相对独立的经济单元，破解发展瓶颈的关键在于，能否联动各领域优质资源，共同打造系统化、服务场景化、赋能持续化的乡村振兴区域服务载体，对内挖掘资源和禀赋、激发内生动力，对外精准导入资源、形成外部推力，共同构建区域公共服务的系统支撑，让区域走有组织统筹、有人才推动、有资源支撑、有典型示范、有辐射带动、有模式成果的高质量发展之路。

为此，需要基于地方实际发展情况，联合各类生态伙伴一起构建区域服务的公共载体，使之发挥上下、内外枢纽作用，成为区域内部需求的"连接器"，外部资源的"转化器"，特精产业的"孵化器"，区域发展的"加速器"①。

二、场景赋能的模式和创新探索

乡村区域整体赋能旨在通过对乡村的全面、系统性提升，使其在经济、社会、文化、生态等多个层面实现高质量发展。

【路径参考】

乡村振兴区域整体赋能的常见模式

1. 基础设施建设赋能模式：加强道路、水电、网络、医疗、教育等基础设施建设，提高公共服务水平，缩小城乡基础设施差距，为乡村发展奠定坚实基础。

2. 综合产业赋能模式：以一二三产业融合发展为核心，培育特色农业产业，发展农产品深加工，拓展农业产业链，同时结合乡村旅游、田园综合体等新业态，打造多元化产业体系。

3. 生态宜居赋能模式：强化生态环境保护与修复，实施农村人居环境整治工程，推行绿色生产方式，构建美丽乡村，发展生态旅游和康养产业，让良好生态环境成为乡村最大的发展优势。

---

① 引自北京超选智能科技研究院"千万工程·乡村振兴"区域创服模式。

4. 人才智力赋能模式：实施农民培训计划，引导和支持高校毕业生、外出务工人员等返乡创业就业，建立和完善农村人才激励机制，培养懂农业、爱农村、爱农民的乡村振兴人才队伍。

5. 科技创新赋能模式：利用现代信息技术改造传统农业，发展智慧农业，推广农业科技成果应用，构建农业社会化服务体系，提升农业生产效率和农产品质量，推动数字乡村建设进程，打造现代化的未来乡村。

6. 文化传承与创新赋能模式：挖掘和保护乡村传统文化，发展乡村文化产业，打造乡村文化IP，通过民俗活动、非物质文化遗产传承等方式，激发乡村文化的活力和影响力。

7. 体制机制改革赋能模式：推进农村集体产权制度改革，探索宅基地"三权"分置，健全农村金融服务体系，完善乡村社会治理机制，营造良好的乡村发展政策环境。

这些模式的综合运用和创新实践，有助于破除制约乡村发展的瓶颈，激发乡村内生动力，实现乡村的全面振兴。然而，这些赋能也多是从某一领域、某一角度出发的，难以体现乡村区域的生态性、综合性和动态性。

麻江正是看到了这个问题，积极寻求解决之道。在服务队的推荐下，麻江县与北京超选智能科技研究院对接，引入了超选构建的"千万工程·乡村振兴"区域创服模式，打造了"千万工程·乡村振兴"麻江创服中心，即依托地方政府的大力支持，与区域运营公司紧密协作，携手各领域优质合作伙伴，以创新驱动为核心，结合县域特色资源和区位优势，构建起集创新创业服务、人才培养开发、科技成果转化、产教深度融合于一体的综合服务枢纽和载体，主要开展区域资源调研及项目策划、科技服务及数字化发展支撑、人才服务及产教融合示范、产品的品牌塑造与市场拓展等场景化赋能服务。

【服务内容】

"千万工程·乡村振兴"区域创服模式

"千万工程·乡村振兴"区域创服模式是超选智能科技研究院基于多年服务乡村实践所研发，是以县域为重点，协同多方共建服务载体——乡村振兴创服中心，使之成为内部需求的"连接器"、外部资源的"转化器"、特色产业的"孵化器"、区域发展的"加速器"，有效推动区域的高质量发展。"1+2+5+N"模式，即围绕"千万工程·乡村振兴"一个主题，依托公共和市场化两种运营主体，强化研究、科技、人才、产业和资本五类支撑，提供N项乡村振兴赋能服务。

在落地过程中，超选按照联动区域范围和功能设置了三个服务层级，即全国统筹中心、省级协同中心、县级实施中心。通过三级创服系统的上下贯通、内外联动，实现了乡村振兴所需各类资源的有序承载和转化，并以共享、共建、共治、共生、共赢的理念和方式，实现了多方融合和价值提升。

在运营支撑方面，超选协同各类组织和运营主体，坚持以研究为引领，以科技为支撑，以人才为核心，以产业为路径，以品牌、资本等为助力，有序、有效地为区域提供精准赋能服务。

同时，联动各领域生态伙伴，为区域发展提供专业服务，包括但不限于土壤改良与修复、ESG与低碳发展、科技成果转化与应用、电商直播体系构建、产业招商、产业转型升级、各类会议论坛的组织实施等，有效解决了单一资源难以支撑区域全面发展的现实问题。

乡村振兴创服中心定位为一个集政策解读、展示宣传、商务交流、资源共享、信息对接、人才服务、创新孵化、项目合作等于一体的多功能服务平台，借助科技力、品牌力、公益力、组织力做"四力"的持续赋能，推进产业链、创新链、人才链、资本链"四链"在地方有序发展和有机融合，打造集数字乡村建设、人才培养、产业联动于一体的城乡融合发展试点，形成乡村振兴典型示范样板，辐射带动周边区域，共同推动乡村振兴和高质量发展。

在此过程中，全国统筹中心和省级协同中心可为县级实施中心提供系列公共服务和市场化服务支撑。经过一段时间的常态化运营，可发挥"创服中心"服务区域的载体作用，形成具有示范意义的合作模式、服务模式、解决方案，带动更多机构和企业参与，提升经济发展质量和效益。同时，总结各类主体参与共建的成果并进行传播推广。

三、场景赋能的方法和落地案例

为乡村振兴区域场景做整体赋能，即通过对乡村的全面、系统性提升，使其在经济、社会、文化、生态等多个层面实现高质量发展，包括产业赋能、数字赋能、文化赋能、人才与教育赋能、生态赋能、基础设施与公共服务等多个方面，旨在全方位、多角度地发掘并利用区域优势，通过政策引导、技术支持、资源统筹等多种方式，激发乡村自我发展能力，实现乡村快速健康可持续发展。

还是以"千万工程·乡村振兴"麻江创服中心（麻江创服中心）为例，看看它是怎样在麻江落地的，又在乡村振兴中发挥了什么作用、解决了哪些问题。

首先，完善软硬件设施。麻江创服中心设在麻江现代农业产业园区的蓝莓创意工坊，可在现有产品和非遗展厅、会议室、直播间等基础上，升级补充数字智慧中心（数字化方案的研究、交流、展示、服务等）、产业孵化服务中心（企业家会客厅、媒体运营中心、互联网直播基地、麻江众创空间）等，为麻江乡村治理、产业发展、城乡融合等提供场景化、系统化、持续化支撑。

其次，麻江创服中心在麻江县委、县政府指导下，由当地国企贵州同和集团和外部支撑机构超选智能科技研究院合作落地，共同打造智库方案中心、企业家会客厅、互联网直播基地、麻江众创空间等功能，联动和承载各类专业机构的合作，共同服务于麻江发展。

智库方案中心。围绕麻江发展需要，常态化统筹协同各类专业机构、专家学者为麻江相关产业发展提供针对性的课题研究、标准编制、模式总结、成果输出等，为麻江发展提供持续的智力支持。

乡村振兴会客厅。 开展政企联动，汇聚专家、企业家等资源，通过政策解读、会展活动、企业家会客厅、创客沙龙等方式，汇集要素资源，为创业者、企业家创建高效、有趣的交流空间。

特色产业创孵中心。 基于麻江主导产业、辅助产业和相关配套产业发展需要，联动各类机构提供产业发展现状诊断、产业策划、招商引资、电商推广与平台对接等服务。

互联网直播基地。 引进和培育网络主播、文旅讲解员，促进麻江文创产业、文旅项目和农特产品的推介和展销。

麻江众创空间。 针对创业者面临的困难，联手各类专业机构，常态化开展政策解读、项目指导、融资对接、工商法务服务等，为中小企业加速及创业孵化提供全链条服务。

上述几个载体共同支撑了麻江创服中心的主要功能，共同为麻江发展蓝图的实现提供持续的支撑。

最后，将麻江创服中心作为麻江内外资源衔接的基础并提供相关支撑，联动相关政府、企业、社会组织引入更多服务载体，比如"科创中国"乡村振兴创新基地、"乡村振兴人才研修基地""南海·麻江企业家会客厅"等，在引入资源的基础上，协同落地生态治理项目、蓝莓产业及文旅产业赋能项目、人才培育与就业创业服务项目等，汇聚更多资源和项目。

当然，这仅是麻江的实践模式，这种模式的关键在于，如何形成内外合力，共同构建起这么一个枢纽和载体，使之发挥承上启下、承外启内的重要作用，这也是目前全国各地乡村振兴过程中最需要的。至于具体功能，完全可以根据实际需要进行设计。

接下来，通过线上或线下组织"专家大讲堂""企业家沙龙""项目专场对接会"等各类专题会议或展览展示活动，搭建区域共享共创的平台，架起内外企业家等主体的对话桥梁，激活联动各类要素，推动资源共享及项目合作，促进麻江的全面健康发展。

第八章

突破·麻江探索的经验与启示

　　"千万工程"是习近平在浙江工作时亲自谋划、亲自部署、亲自推动的一项重大决策。20 年来，浙江省一张蓝图绘到底，持之以恒、锲而不舍实施"千万工程"，探索出一条以农村人居环境整治小切口推动乡村全面振兴的科学路径，引领浙江乡村面貌发生历史性巨变，充分彰显了习近平新时代中国特色社会主义思想的真理力量和实践伟力。麻江县在贵州省、黔东南苗族侗族自治州的工作部署下，采取了积极有效的行动。

第一节　麻江探索的经验[①]

一、以"六个领会"准确把握新时代"千万工程"精髓要义

　　"千万工程"是学习贯彻习近平新时代中国特色社会主义思想、学深悟透习近平总书记关于"三农"工作的重要论述最生动最鲜活的案例教材。要深刻领会"千万工程"蕴含的战略思维、变革理念、系统观念、为民情怀、问题导向、科学方法，更好地准确把握新时代"千万工程"精髓要义。

---

　　① 本部分内容来自贵州省黔东南苗族侗族自治州麻江县委书记唐光宏的文章——《学习推广"千万工程"经验 奋力开创麻江乡村全面振兴新局面》。

（一）深刻领会"千万工程"蕴含的战略思维

"千万工程"是习近平立足浙江省情和发展阶段特征，前瞻把握乡村发展演进趋势和未来形态，作出战略性系统性的顶层设计和重大决策。要深刻领会"千万工程"贯彻体现着加快推进城乡一体化、农业农村现代化的深远战略考量，把握大势、高瞻远瞩的战略视野，把握规律、科学决策的非凡魄力，不断增强决策科学性、前瞻预见性、工作主动性和执行创造性。

（二）深刻领会"千万工程"蕴含的变革理念

"千万工程"是习近平对浙江农村发展深层次、全方位、整体性的变革重塑，指引浙江农村率先走上了创新、协调、绿色、开放、共享发展的高质量发展道路。要深刻领会"千万工程"集中反映了新发展理念在浙江农村萌发形成的清晰脉络和巨大成效，从而完整、准确、全面理解和贯彻新发展理念，奋力实现更高质量、更有效率、更加公平、更可持续、更为安全的发展。

（三）深刻领会"千万工程"蕴含的系统观念

"千万工程"是习近平坚持系统思维、全局谋划、突出重点、综合集成，提出的牵引城乡一体化建设牛鼻子的"龙头工程"。要深刻领会"千万工程"是习近平在浙江工作期间娴熟运用辩证唯物主义特别是"两点论"和"重点论"的典范，努力在多维度推进中实现重点突破，在多目标平衡中寻求"最优解"。

（四）深刻领会"千万工程"蕴含的为民情怀

"千万工程"是习近平充分尊重农民心声意愿、增进农民根本利益、促进农民全面发展，为浙江广大农民做出的一项民生实事、民心实事。要深刻领会"千万工程"把解决好人民群众最关心最直接最现实的利益问题作为出发点和落脚点，更加坚定地站稳人民立场，把惠民生、暖民心、顺民意的工作做到人民群众的心坎上，不断满足人民群众对美好生活的向往。

（五）深刻领会"千万工程"蕴含的问题导向

"千万工程"是习近平有效破解浙江城乡二元结构、探索农业农村现代化方式路径问题的"金钥匙"。要深刻领会"千万工程"以问题为导向对症开方、在解决问题中务求发展的务实作风，更加牢固树立问题意识、强化问题导向，做到解决真问题、推动真发展。

（六）深刻领会"千万工程"蕴含的科学方法

"千万工程"是蕴含着丰富的科学方法，与习近平新时代中国特色社会主义思想的世界观和方法论，一以贯之、一脉相承。要深刻领会"千万工程"人民至上、共建共享，创新驱动、绿色发展，统筹协调、突出重点，因地制宜、分类施策，加强领导、完善机制，锲而不舍、久久为功六个方面的科学方法，坚持一张蓝图绘到底，推动乡村振兴不断取得新成效。

二、以"六个结合"积极探索新时代"千万工程"麻江实践

习近平总书记关于对总结推广浙江"千万工程"经验有批示，中央有部署，省、州有要求，麻江有行动，以确保粮食安全、不发生规模性返贫为底线，以提升乡村产业发展、乡村建设、乡村治理水平为重点，强化科技和改革双轮驱动、农民增收举措，推动"千万工程"日益展现出弥足珍贵、历久弥新的强大力量和璀璨光芒。

（一）坚持强引领与优布局相结合，以"三个载体"为抓手造就美丽乡村

坚持把规划引领作为"先手棋"，像规划城市一样来规划乡村。

依托一个综合体。 借助浙江省东阳市花园村、中国西部人才开发基金会等资源力量，创设贵州省首个"千万工程·花园联创共富服务综合体"，探索出"能人助力、名村携手、团队赋能、人才培育、示范引领、联创共富"发展之路，争创贵州省甚至西部地区学习践行"千万工程"试点示范县。培育 AAAA 级旅游景区 1 个、AAA 级旅游景区 5 个，编制村庄发展建议书 21 份、片区策划书 4

份、县域经济高质量发展报告 1 份，获赠"智慧花园—乡村治理应用软件"系统。花园村捐赠 36 万元启动公益性项目 5 个。2023 年 12 月，麻江县 3 个乡镇入选 2023 年"美丽中国·深呼吸乡镇"名单。

突出两条发展带。充分利用清水江、佛山大道沿线发展蓝莓、酸汤等产业，着力构建"清水江流域乡村经济共富发展带"和"佛山大道乡村经济共富发展带"。2024 年麻江蓝莓种植 8.72 万亩，占全国 115 万亩的 7.6%，占全省 22.8 万亩的 38.2%，是国内最大蓝莓种植县和蓝莓产业发展核心区。2023 年 7 月，招引汇源集团落地麻江，建设蓝莓全产业链项目，力争建成贵州省蓝莓产业融合发展示范区、贵州省蓝莓产业科技创新中心、贵州蓝莓全产业信息交易大数据中心和全国最大的蓝莓（加工原料）交易中心。2023 年，麻江全县酸汤产业总产值 8.13 亿元，产量 9 997.53 万吨，拥有全国规模最大的酸汤产品生产基地，全力打造贵州特色酸汤加工集聚区。

创建五个新中心。科学创建人才孵化、产业发展、商创促进、治理创新和社群服务中心，依托"五个新中心"落地承载各方资源，开展伴生服务系统赋能。2023 年，开展干部人才培训 2 556 人（次），全县拥有农村实用人才 3 245 人，学前教育普及普惠创建工作顺利通过国家评估验收，义务教育优质均衡发展列入首批国家评估创建县。县人民医院荣获"中国创伤救治联盟创伤救治中心建设单位"称号，国家级慢性病综合防控示范区创建成功通过省级预评估。水稻钵体育秧技术扩面增效，承办全省水稻钵苗育秧技术培训会。获批中华全国供销合作总社"县域流通服务网络强县"。严格落实"一中心一张网十联户"管理机制。2020—2022 年，麻江县连续 3 年群众安全感 100%，位居全省第一。

（二）坚持强产业与显特色相结合，以"三廊一片"为示范造就兴旺乡村

产业是乡村振兴的重中之重，也是乡村建设的内在支撑。

打造蓝莓产业特色联廊。按照"扛大旗、建基地、定标准、打品牌、推发展"的思路，以光明、共和等五村形成蓝莓产业特色联廊，通过村村抱团、村企联动的发展方式，助力乡村振兴。"麻江蓝莓"获批国家地理标志保护产品，纳

入中欧地理标志协定互认产品清单，入选中国农业品牌公益宣展典型案例、全国"土特产"推介名单和 2023 年农业农村部品牌精品培育名单。麻江先后荣获全国农村一二三产业融合发展示范县、中国蓝莓产业科技创新十强县等 20 余个"国字号"名片。

打造"农文旅康"多彩特色联廊。 由宣威镇卡乌村牵头形成五村"农文旅康"多彩特色联廊，通过资源共享、优势互补的方式，依托药谷江村景区、乌羊麻养生养老园，推动康养旅游交流互融互促，打造了国家第一批森林康养基地、省级森林公园、省级大健康医药产业示范基地。认真践行"产业兴村·共富为民"的理念，举全县之力、聚全县之智，全力以赴筹备好第二届"科创中国"乡村振兴产业发展大会。

打造避暑夏养特色联廊。 以 309 省道沿线水城、兰山村等五村形成高山冷凉蔬菜及避暑夏养特色联廊，突出蔬菜商品化、经营主体化、产销一体化。2023年，全县蔬菜种植 10.84 万亩，产值 6.29 亿元。获粤港澳大湾区"菜篮子"生产基地认定 14 个。以泥河、牛皮草场连片形成万亩亚高原生态牧场，分片打造主题露营、山地自行车赛事、山地越野车邀请赛基地，着力形成黔中城市群避暑夏养目的地。

打造状元文化度假片区。 以夏同龢故居带动高枧及周边村形成状元文化"诗山联海"休闲度假片区，依托夏同龢状元文化产业园，充分挖掘夏同龢法政思想、耕读文化等，推动文化遗产、资源、要素转化为文化创意产品，催生传统国学文化研学和耕读文化体验等文旅深度融合新业态。深化与贵阳市南明区战略合作，共同打造"文武双全"状元文化，打造翰墨小镇文化品牌。2023 年，以夏同龢状元文化产业园为引爆点，全县实现旅游接待总人数 162.28 万人次，同比增长 18.93%，旅游综合收入 16.4 亿元，同比增长 30.06%。

（三）坚持强统筹与善治理相结合，以"三治融合"为导向造就善治乡村

提高乡村善治水平，让农村既充满活力又安定有序。

法治护村安民心。 学好用好"枫桥经验"，加强和创新基层社会治理模式，

通过现场庭审、警示教育片播放、法律下乡服务等方式，强化以案释法讲解真实案例，提高群众法律意识，让良法善治成为乡村建设的有力保障。全县获命名"全国民主法治示范社区"1个，"省级民主法治示范村（社区）"14个。获评全省新时代"枫桥经验"先进典型、贵州第一批新时代"枫桥式综治中心"各1个。

德治润村淳民风。 坚持把培育和践行社会主义核心价值观与传承中华美德相结合、与弘扬新时代精神相结合，紧扣"凝聚群众、引导群众、以文化人、成风化俗"目标，建成70个新时代文明实践站。大力选树身边"好人"典型，广泛开展道德模范、"最美家庭"等评选活动。全县创建全国文明村2个，省级文明乡（镇）4个，省级文明村9个；获评全国"最美家庭"2户，全省"最美家庭"3户，"贵州好人"1人。

自治管村激活力。 充分发挥红白理事会、道德评议会、村（居）民议事会、禁毒禁赌会群众自我管理组织作用，形成民主恳谈、村"两委"商议、党员审议、村民代表决议和乡村贤达人士评议的议事决策传统，探索出"自主提事、按需议事、民主评事、跟踪监事"的议事机制。全县70个村（社区）均实现村级阵地标准化建设，获评2022年全国示范性老年友好型社区1个，创建2023年度全省"百千万"为民便民安民服务提升工程行动模范社区1个、优秀村2个。

（四）坚持强信心与聚人心相结合，以"三大文化"为底蕴造就文明乡村

乡村不仅要塑形，更要铸魂，凝聚推动乡村振兴的强大精神动力。

繁荣民族文化。 打造苗族祭鼓节、瑶年等万人以上规模的传统民族文化节庆活动，麻江县瑶族文化博物馆获评"贵州省十佳非国有博物馆"。建成乌羊麻苗寨、复兴仫佬村等33个少数民族特色村寨。引导11家企业创建非遗工坊，设计开发苗绣、印染等非遗工艺文创产品1 000余款，年销售额超1 000万元，签订文创产品出口订单37万美元。麻江县拥有非遗名录国家级3项、省级11项；省级非遗扶贫就业工坊3家、省级非遗生产性保护示范基地2个。

弘扬历史文化。 充分挖掘明隆庆翰林宋儒、清乾隆进士艾茂、中国近代法政

开拓者兼清末状元夏同龢、中国现代物理学拓荒者周昌寿等先贤文化资源，加强研究阐释、推动成果转化，充分展示麻江悠久的历史文化。传承红色基因，挖掘和保护红色文化。全麻江县拥有革命遗址 16 处，发行《麻江县志》《麻江县传统村落志》等共 1.1 万余册。

培育生态文化。 坚持贯彻习近平生态文明思想，连续九年春节假期后上班第一天开展植树造林活动，奔赴"春天之约"。因地制宜探索"两山"理念的转化路径，乌卡坪蓝梦谷、马鞍山体育休闲公园犹如一颗颗璀璨的明珠镶嵌在麻江大地上。2022 年，麻江县乌卡坪生态蓝莓产业园获命名首批贵州省"绿水青山就是金山银山"实践创新基地。2022 年，麻江县森林覆盖率 66.45%，地表水和出境断面水质优良率、环境空气质量天数比例均达 100%。

（五）坚持强动能与提势能相结合，以"三措齐施"为重点造就富裕乡村

坚持把促进农民增收致富作为"三农"工作的出发点和落脚点，集聚促农增收新动能，连续两年巩固脱贫成果考核和东西部协作考核均获"好"等次。

多渠道增加农民收入。 聚焦产业促就业，千方百计增加农民经营性、工资性、财产性收入。充分发挥联农带农机制作用，把农民嵌入产业链中，让群众获得更多的经营性收入。麻江县农村居民人均可支配收入由 2012 年的 4 422 元增加到 2023 年的 13 713 元。

多元化引导力量参与。 深化东西部协作和中央单位定点帮扶，联络慈善企业家、公益组织等整合资源、奉献乡村，助推城乡融合发展迈出新步伐。2023 年，南京农业大学权威专家 30 余人（次）赴麻江调研指导产业发展，培训各类人才 400 余人。佛山市南海区与麻江共建农业产业园区 1 个，获批粤黔乡村振兴示范点 2 个。2021 年以来，共获东西部协作资金 2.1 亿元，实施项目 180 个，帮助销售农特产品 3.18 亿元。

多方式盘活低效资源。 采取巩固一批、提升一批、盘活一批、另起炉灶一批"四个一批"措施，通过完善设施、招强引优、优化用途、灵活重组、瘦身增效、强化服务"六条路径"运作盘活，让"沉睡资产"变成"增收活水"。2023 年，

麻江县累计盘活闲置低效项目资产 7 个，仅夏同龢状元文化产业园创新植入"围炉煮茶"、"百廿雲山"牡丹园等业态，开展研学活动 20 场次、文旅活动 10 场次。

（六）坚持强双基与铸品牌相结合，以"三种模式"为路径造就实力乡村

以"黔进先锋·贵在行动"为总载体，围绕基层基础"强双基"，探索强强联手、强弱带动、弱弱抱团的村级集体经济发展模式，稳步推动全麻江县 63 个村村级集体经济年收入全部突破 10 万元，其中，50 万元以上的村 20 个，占比 31.74%。

强强联手提速村级集体经济。依托麻江乡村振兴研究院，发挥高校智库和"千万工程·联创带富服务队"人才孵化作用，在谷硐镇、坝芒布依族乡采取"党建＋产业"发展驱动模式，建成面向粤港澳大湾区的高山冷凉蔬菜保供基地 2.2 万亩，所辖 9 个村 2023 年村级集体经济纯收益均突破 15 万元。

强弱带动提效村级集体经济。以贤昌镇高枧村、宣威镇卡乌村、龙山镇河坝村试点开展"景村"党建引领农文旅发展，推动 20 个经济强村通过产业扩面、延链补链等方式帮带 22 个经济薄弱村。全麻江县 20 个强村年经营性收入均超 50 万元，22 个弱村年经营性收入达 10 万元以上，实现村级集体经济扩面提效。

弱弱抱团提质村级集体经济。基于地域、人文、产业等相近特点，在杏山街道小堡、青山、靛冲三村建立"联村党委"，打破空间局限，深化资源重组，通过产业融合、资源整合、要素聚合，推动三村年集体年经济收入均超 10 万元。

三、以"六个突出"奋力续写新时代"千万工程"麻江篇章

2024 年中央一号文件对学习运用"千万工程"经验有力有效推进乡村全面振兴提出明确意见，为我们深化"千万工程"实践指明了前进方向、提供了根本遵循。要把推进乡村全面振兴作为新时代新征程"三农"工作的总抓手，以学习运用"千万工程"经验为引领，奋力续写新时代"千万工程"麻江篇章。

（一）突出环境优美，推动保护发展双赢

习近平总书记强调："绿水青山就是金山银山。"推动"千万工程"麻江实践，深入开展"护绿、扩绿、倡绿"三大行动，让生态要素变成生产要素、生态优势变成发展优势、生态财富变成经济财富，努力走出一条保护与发展互促共进、城市与乡村融合共生的新路子。

（二）突出风貌宜人，推动打造特色村落

乡村建设一定要注意乡土味道，保留乡村风貌，留得住青山绿水，记得住乡愁。推动"千万工程"麻江实践，要建立城乡一体风貌管控机制，推动新型基础设施建设向乡村延伸覆盖，以绣花功夫推进乡村"微改造、精提升"，打造各美其美、美美与共的特色村落。

（三）突出产业融合，推动乡村产业振兴

产业振兴是乡村振兴的重中之重。推动"千万工程"麻江实践，要完整、准确、全面贯彻新发展理念，做优做强高效生态农业，做新做大农文旅融合新业态。创新乡村经营理念和模式，做好"土特产"文章，打造"一县一业"，为乡村产业振兴注入澎湃动力。

（四）突出精神文明，推动乡村文化建设

乡村振兴，既要塑形，也要铸魂。推动"千万工程"麻江实践，要坚持物质文明与精神文明相协调，高水平构建乡村公共文化服务体系，全面提升乡村文化产品和服务供给水平。积极倡导移风易俗，着力培育文明乡风、良好家风、淳朴民风。

（五）突出社会和谐，推动加强基层治理

建设宜居宜业和美乡村，加强基层治理是基础和关键。推动"千万工程"麻江实践，要把治理有效作为重要内容，突出党建引领、共建共享、数字赋能，建

立健全自治、法治、德治相结合的乡村治理体系，让村民"有事好商量，众人的事情由众人商量"。

（六）突出生活富裕，推动农民收入增加

增加农民收入，是"三农"工作的中心任务。推动"千万工程"麻江实践，要把促农增收作为根本要求，千方百计拓宽农民增收致富渠道，积极鼓励劳动者通过辛勤劳动、合法经营、创新创业迈向幸福美好生活。

奋进新征程，建功新时代。站在新的历史起点上，麻江将始终坚持乡村振兴为农民而兴、乡村建设为农民而建，瞄准"农村基本具备现代生活条件"目标，持续打造"村美院净乡风好、业兴民富集体强"的美丽、兴旺、善治、文明、富裕、实力乡村，让新时代的麻江乡村"颜值"更靓、产业"路子"更宽、群众"口袋"更鼓，推进乡村全面振兴不断取得实质性进展、阶段性成果，不断实现人民群众对美好生活的向往。

第二节　麻江探索的突破与创新

麻江县在全国率先引入"千万工程·联创带富服务队"，实施"千万工程·联创共富"乡村治理人才培育计划，并取得了浙江花园村的多次支持，得到了社会各方的赋能，学习践行"千万工程"取得了一系列成果，麻江的探索主要形成了以下几方面的成果突破。

一、党建引领的突破

重视党的领导，主动采取行动。麻江县委书记唐光宏经常说的一句话是"国家有要求，省、州有部署，麻江有行动"，这是对党和国家及各级政府要求的贯彻落实，也是对自身定位和职能的切实把握。麻江扎实开展推动区域发展的系列工作，实施"千万工程·联创共富"乡村治理人才培育计划，都是对党和国家政策要求的积极行动。

创新组建联合党委、片区联合党组织。在麻江县推动区域发展过程中，积极

发挥基层党组织的战斗堡垒作用，尤其是联合党组织。比如，成立青山-小堡-殿冲联合党委，积极推进党建和组织创新；基于西部片区高山冷凉蔬菜产业，谷硐镇周边的五个村组建了联合党委，推动特色产业发展等。这些组织的成立，能够有效减少个体村庄"孤军奋战"的困难，形成连片的规模效益和发展合力。

优化党组织设置，根据产业发展、治理需求等建立特色党支部。 在具体实践中，兼顾党员的年龄、技能特长和乡村发展的需要，将党员划分为不同的小组，每个小组都有特定的功能和任务。在乡村振兴方面，通过组建功能型党小组，推选党员联户长，有效激活党员细胞，提升党员先锋模范作用。

推动数字化党建发展。 利用互联网技术，整合乡村"人、房、物、事、组织"等信息，统筹公共管理、公共服务和商业服务等资源，以建设智慧麻江综合信息服务平台为支撑，借助大数据等手段，提升麻江县乡村治理和小区管理现代化，促进公共服务和便民利民服务。通过实现智慧学习、打造智慧阵地、提供智慧化服务、建立智慧化党建人才队伍等方式，推动数字党建赋能乡村治理。

二、人才体系的突破

构建立体化的人才体系。 基于区域发展的实际需要，通过培育复合型人才、提升专业化人才、引入合成式人才，带出一支复合型、专业化、合成式的乡村振兴人才队伍。

共建区域人才交流平台。 与"千万工程·联创带富服务队"、南京农业大学等组织合作，建立乡村发展人才交流群，促进人才之间的经验分享与合作，定期组织人才交流会、研讨会等活动；与发达地区的乡村建立人才交流机制，派遣人才挂职锻炼，学习先进经验。

打造特色人才项目。 根据本地产业需求和发展方向，制定有针对性的人才培育计划。开展农业技能培训、手工艺培训、乡村旅游管理培训等，培养具备专业技能的人才。如蓝莓、蔬菜等特色产业人才选拔，乡土文化人才培育，电商人才专项培养等；开展相关人才评选活动，如"麻江县杰出人才""乡村创业之星"等，对优秀人才进行表彰和奖励，提高人才的荣誉感和归属感。

建立人才孵化基地。 优化整合南京农业大学、贵州大学、广东省佛山市南海区等帮扶资源，设立高校实践基地，吸引大学生来麻江县实习、调研，成立麻江乡村振兴研究院，依托"千万工程·联创共富服务综合体"，有效开展人才培养、成果转化、社会服务等工作。

三、乡村建设的突破

用乡村规划引领乡村建设。乡村建设要遵循城乡发展建设规律，做到先规划后建设。针对重点发展村庄和片区，分类编制村庄发展建议书和片区发展策划书，突出方案的可操作性，形成乡村建设项目清单。在规划方面，用好用活乡村本土资源，如果林、菜园等乡土空间，策划新产业，打造合理的乡村空间格局、产业结构、生产方式和生活方式，促进人与自然和谐共生。

用庭院经济优化村庄形态。一方面，通过发展庭院经济，使庭院变得整洁有序，提升村庄的整体美观度；另一方面，通过对村庄庭院的种植养殖区域进行总体规划和集中管理，使得村庄的整体布局和功能分区更加合理；最后，庭院经济的发展也能够促进村民之间的交流与合作，提升村民主动参与乡村建设的积极性。

民族民俗文化赋能乡村文态。通过保护和传承乡村传统文化，建设乡村博物馆、科普馆、文化礼堂等，为乡村增添了浓厚的文化底蕴和特色魅力，同时民族民俗文化还能增强村民的文化认同感和凝聚力。

四、乡村产业的突破

流域经济的打造。充分利用清水江流域的生态和人文特色，打造清水江流域"农文旅康"多彩特色联廊，加强流域内村庄的合作，共同打造流域经济品牌。布局特色农业种植区，如蓝莓和中草药种植等，形成规模化生产；挖掘流域内的历史文化、民俗文化等，将其融入旅游项目和农产品包装中，举办与流域文化相关的节庆活动，打造集生态农业、水上娱乐、民俗体验等于一体的综合发展区，同时带动了周边乡村特色农产品的销售和加工业的发展。

特色产业的村企共建。围绕蓝莓和酸汤等特色产业，通过村企之间实现资源共享、优势互补，推动村庄经济的快速发展，提升村民的生活水平，同时也为企业拓展了新的发展空间，实现互利共赢。如在光明村打造"蓝莓第一村"，共和村建设"酸汤第一村"，在政府支持下，企业为村庄提供部分资金，并利用自身的销售渠道和市场影响力，打开村庄特色产品市场，双方建立合理的利益共享机制，以"第一村"的品牌形象为企业和产业发展背书。

一二三产融合的推进。聚焦主导产业，以蓝莓产业为重点，推动农产品加工业和旅游业发展，打造全产业链，同时搭建蓝莓交易中心和蓝莓创意工坊等产业发展平台，引进汇源集团等国内产业化龙头企业，建设蓝梦谷等产业观光和体验景区。

优势产业片区化发展。以片区为单位，共同打造优势产业的区域品牌，如西部高山冷凉蔬菜五村联建、蓝莓特色产业发展联廊等，制定片区发展规划，明确各片区的主导产业、功能定位和发展目标，政府提供基础设施建设，同时在资源对接、人才集中培养、供应链协同等方面提供政策和资金支持。

五、乡村治理的突破

现代治理与传统文化结合。结合传统节日开展活动，在苗族、布依族等民族节日期间，举办相关宣传活动，如环保知识竞赛、法治宣传表演等。通过节日活动增强村民的凝聚力和归属感，促使村民共同参与乡村治理。发挥民间组织与能人作用。依托传统的村寨和能人群体，引导其成立人才协会等组织，调解纠纷、监督公共事务等，给予这些民间力量适当的支持，使其成为乡村治理的有益补充。

重视数字治理的推进。不断探索数字化、信息化的运用，一方面积极推进数字乡村建设，通过整合智能平台，提高基层治安防控能力和服务能力，同时也为乡村振兴提供了重要保障。另一方面借力"智慧花园—乡村治理应用软件"系统在麻江县的应用场景落地，推动大数据与社会治理、服务民生深度融合，着力以数字化服务赋能乡村振兴，促进农村基层治理和基层服务走向高效化、精细化、数字化。

区域服务体系的创新。与浙江花园村共建"千万工程·花园联创共富服务综合体"，用人才孵化中心、产业发展中心、商创促进中心、治理创新中心和社会服务中心等"五个中心"承载乡村发展服务，通过庄园、院子、小园"三类主体"运营，实现经济、社会、人才、生活"四个层面"的目标效果。

第三节　麻江探索的成果和启示

一、麻江探索的成果

（一）为学习运用"千万工程"提供了参考

麻江县于 2023 年 7 月初启动基于"千万工程·联创共富"乡村治理人才培育计划，对"千万工程"进行了较早的学习和运用，也为其他地方提供了参考和借鉴。在第三届乡村振兴人才论坛上，该计划入选"2023 乡村人才振兴优秀案例"。

2023 年 8 月 26 日，"国能乡村顶梁柱培训班"在中共中央党校（国家行政学院）南校区开班，该培训班由国家能源集团公益基金会与中国西部人才开发基金会共同主办，依托中央党校优质教学资源，为聂荣县、刚察县、曲麻莱县、布拖县等 9 个国家能源集团定点帮扶县量身定制的人才培养公益项目，旨在紧扣学习贯彻《关于有力有序有效推广浙江"千万工程"经验的指导意见》精神，帮助学员将学习到的理论知识、实践案例与自身工作更好地结合[1]。"千万工程·麻江探索"作为结构化研讨的典型案例，为其提供了理论和实践支撑。

课程邀请浙江省东阳市花园村联合党委副书记金光强、贵州省麻江县委书记唐光宏、中国国土经济学会副理事长沈泽江等专家，从不同角度诠释了"千万工程·麻江探索"的经验。

通过学习借鉴花园村和麻江县的典型案例，学员围绕产业振兴、基层治理、人才发展三个研讨方向，分组讨论各自在乡村振兴领域的已有经验、面临挑战及

---

[1]　本部分内容来自中国西部人才开发基金会微信公众号文章《学习"千万工程"，东西携手共富——国能乡村顶梁柱培训班开展结构化研讨教学活动》，2023 - 09 - 12。

对典型案例中汲取的思考。"千万工程"的花园经验和麻江经验，让学员学经验、得启示、找困难、答疑惑，开拓了思路、增强了认识、学到了方法。

(二) 为县域学习运用"千万工程"经验提供了实践样板

麻江县委、县政府高度重视学习"千万工程"经验，持续性地开展相关工作。采取"走出去""请进来"相结合的方式，做大社会帮扶资源与乡村振兴有效对接的平台，做优乡村振兴的麻江品牌，带动更多资源和要素投向乡村，实现以企带村、以村促企、双向联动、互利共赢；将用好"千万工程·花园联创共富服务综合体"作为推进乡村振兴工作的重要内容，积极承办"科创中国"乡村振兴产业发展大会，以此作为推动县域乡村产业提质的平台抓手；用好外部团队和人才队伍，充分利用中国西部人才开发基金会、中国国土经济学会、南京农业大学、北京超选智能科技研究院等"智囊团"，推动乡村人才共培、和美城乡共建。

麻江县基于"富共体"的乡村振兴探索与实践，从人才培养入手，整体策划村庄、片区和县域的发展，以清单化的方式落地实施项目，结合自身县域的特点和实际情况，探索出一条西部县域践行"千万工程"的特色路径，为其他县域学习运用"千万工程"经验提供了参考范本。

二、麻江探索的启示

(一) 坚持党的领导是推动乡村振兴的根本保证

办好农村的事情，实现乡村振兴，关键在党。抓党建引领，提升基层党组织治理能力尤为重要。在全面推进乡村振兴阶段，基层治理也面临新的问题，如村"两委"班子老龄化现象仍然存在，对新事物的接受较慢；村庄行政事务繁忙，治理作用缺位；村干部发展经济的能力和发挥的示范带动作用与乡村全面振兴的要求还存在差距。因此需要不断筑牢基层党组织，充分发挥党员干部的模范带头作用，吸收新兴力量加入基层治理。麻江在新型党组织建设、党员干部能力提升、智慧党建运用等方面还需进一步深化探索。

（二）坚持人才引领是推动乡村振兴的关键支撑

以"千万工程"推进乡村全面振兴，必须培养造就一支懂农业、爱农村、爱农民的"三农"工作队伍，为全面推进乡村振兴提供有力人才支撑。偏远地区的乡村发展尤其需要人才，区域发展离不开乡村能人。麻江县在开发和服务本土能人方面还有较大的提升空间，一方面要善于发现能人，还要适时支持能人，更要重视组织能人；另一方面要营造良好的创业环境，吸引各类人才参与乡村产业发展，靠产业吸引人才，靠人才发展产业。

（三）坚持多元力量参与是乡村振兴的重要基础

学习"千万工程"，实现乡村振兴在根本上是要靠全体村民的广泛参与，要充分调动村民的积极性，改变"等、靠、要"的思想。在麻江，可能存在村集体、村民对"千万工程"的理解不深和参与积极性不高的情况，影响实施效果。如何在后续服务中，通过机制设计，让更多的人参与到学习"千万工程"经验的实践中去，是下一步探索的方向。

（四）坚持久久为功是乡村振兴的本质规律

乡村振兴是一个系统工程，学习运用"千万工程"经验，也需要因地制宜、分类施策、循序渐进、久久为功，集中力量抓好办成一批群众可感可及的实事。麻江作为西部偏远县，处在巩固拓展脱贫攻坚成果同乡村振兴有效衔接的关键阶段，受制于财政等因素，在推进过程中，资源分配不够均衡，导致一些项目的推进速度缓慢，这需要不断与时俱进，创新工作方法和理念，更需要保持历史耐心，一步一个脚印，扎实推进下去。

（五）坚持培育内生动力是乡村振兴的必然选择

浙江"千万工程"将激发乡村发展的内生动力放在突出位置。麻江学习运用"千万工程"经验，立足区域优势，着力发展特色产业，以产业发展带动经济发展，解决农民群众就业难、增收难问题，激发了村庄发展活力，形成持久生命力；坚持生态优先，以庭院经济为抓手，以美丽乡村建设为目标，引导农民自主自觉投身乡村建设；发挥乡村能人的作用，通过让其参与文化建设，将传统的农耕文化、民俗风情、村规民约等与社会主义核心价值观等结合，激发内生动力，为乡村文化振兴提供强大活力和精神动力。

"千万工程" 的麻江探索,既是县域如何学习运用"千万工程"经验的积极实践,又为其他县域践行"千万工程"提供了创新路径和应用支撑。在总结麻江探索经验的基础上,服务队不断完善服务模式和内容,相继在三都水族自治县、婺源县等县域开展了"千万工程·联创共富"乡村治理人才培育计划,将麻江探索的成果推广到更多区域,并在推广过程中不断完善。本篇以服务队参与共建的贵州省三都水族自治县、江西省婺源县、福建省屏南县为例,分别介绍其做法、经验和启示。

『千万工程』的再实践

第九章

"千万工程"在三都

三都水族自治县隶属于贵州省黔南布依族苗族自治州，被誉为"凤凰羽毛一样美丽的地方"，是全国唯一的水族自治县，水族人口占全县总人口的67％，全国63％以上的水族人口聚居三都。水书习俗、水族端节、水族马尾绣、水族剪纸、水族曲艺"旭早"被列入国家级非物质文化遗产代表性项目名录。民国三十年（1941年），都江、三合两县合并，为三都县。1957年，建立三都水族自治县，隶属黔南布依族苗族自治州。三都世居的少数民族有水族、布依族、苗族、瑶族、侗族、彝族、壮族、回族、仡佬族、土家族、满族等，是一个少数民族聚居的地区。2021年8月，三都水族自治县被列入国家乡村振兴重点帮扶县名单。

第一节　三都乡村振兴的实践

三都水族自治县是160个国家乡村振兴重点帮扶县之一，巩固拓展脱贫攻坚成果任务重、难度大。立足新发展阶段，三都水族自治县聚焦国家支持贵州打造脱贫攻坚样板区的战略定位，紧盯"守底线、抓发展、促振兴"目标，坚持以高质量发展统揽全局，全力以赴推进巩固拓展脱贫攻坚成果同乡村振兴有效衔接各项任务落地落实。

一、三都自身的持续努力

干净整洁、美丽宜居，是广大人民群众对乡村最朴素的向往和追求。一条路、一面墙、一间屋……这些看似平常的基础设施，却在三都水族自治县悄然发生着变化。

农村实现"高颜值"，并非浅止于环境优美、风景秀丽，而是一场从环境到生产，再到生活、生态的深层次变革。三都水族自治县深入推进农村精神文明建设，坚持把握"传播新思想，引领新风尚"目标，以新时代文明实践工作为抓手，按照"群众在哪里文明实践阵地就延伸到哪里"的工作思路，不仅注重实现生态环境优美、村容村貌整洁、基础设施完善、特色风貌彰显，还要推动村民生活富裕、公共服务健全、特色产业发展、乡风文明质朴。

同时，持续推进乡村治理五年行动，进一步整合联户长、村民小组长等力量，不断健全完善由镇党委统筹指导，村党组织具体负责，村委会、"组管委"、"寨管委"三方联动的议事协商机制；印发《三都水族自治县乡村治理积分制实施方案（试行）》，在全县105个村（社区）推广运用积分制做法，将积分制做法有效运用到农村人居环境整治、移风易俗、孝老爱幼等事务中；印发《三都水族自治县深入推进移风易俗树立文明新风实施方案》《三都水族自治县婚丧移风易俗倡导性标准》等文件，成功创建105个村（社区）新时代文明实践站、100个新时代文明实践点，发挥党员干部带头作用，宣传树立文明新风，自觉抵制滥办酒席、人情攀比、厚葬薄养、铺张浪费等陈规陋习；探索并推广"组管委""寨管委"等系列基层自治模式，有效调解矛盾纠纷、强化村寨事务治理。全县成立调解组织128个，成功调解各类矛盾纠纷2 500余件①，大大提升了基层治理水平。

二、东西部协作的有效帮扶

从1996年东西部扶贫协作开始，广东与贵州就结下不解之缘。2021年，中央重新调整新一轮东西部结对帮扶关系，决定广东继续帮扶贵州。三都也在东西部协作帮扶中稳步发展。

①【乡村行 看振兴】沃野风华，振兴如歌——三都水族自治县全力以赴推进巩固拓展脱贫攻坚成果同乡村振兴有效衔接 . https://kjt. guizhou. gov. cn/zwgk/kifpzz/wztpgjdyx/202401/t20240120 _83583842. html.

自结成东西部协作关系以来，广州市黄埔区与三都、独山、长顺聚焦产业合作、消费协作、人才交流、劳务协作、社会帮扶等领域，共同谱写动人的"山海情谊"。一段东西部协作"双城记"，是时代的注脚，折射出中国式现代化的壮阔进程。

做好"土特产"文章，在县城中心区域建设了乡村振兴馆，三都酸、九仟酒、水晶葡萄酒、腊肉等当地特色农副产品蝶变成精致的商品，广州市黄埔区借助东西部协作契机，通过"线上＋线下"消费帮扶机制，为三都的农特产品拓宽销售渠道，帮助农户增加收入。

同时，推动三都几十家企业数百个品类产品通过"832"平台①认定，多家企业获得粤港澳大湾区菜篮子基地认证。支持"三都黄埔技工班"毕业生创立电商公司，经营农特产品销售。稳控选品、采收、包装、运输等环节，"一条龙"式把"山珍"送进大湾区，真正拓宽销售渠道，解决种植户的销路，实现"黔货出山""山珍入湾"②。

三、当地社会组织的积极对接

近年来，三都各类社会组织积极构建大发展格局，以乡情亲情为纽带，搭建镇村两级交流平台，充分发挥乡村能人在产业发展、基层治理、社会公益等方面独特优势，同心聚力谱写乡村振兴新篇章③。

一是发挥资源优势，助力产业兴旺。充分发挥乡村能人路子多、信息灵、人脉广的优势，通过邀能人、聊乡情、看变化、谋发展，引导乡村能人在宣传家乡、招商引资、招才引智等方面贡献力量。以"乡情"为纽带，主动邀请返乡创业能人及意向合作企业到三都投资考察。

二是发挥资金优势，助力公益事业。乡村能人在乡村振兴、疫情防控、捐资助学等方面，积极献计出力、带头带动、捐资捐物，助力公益事业，为乡村振兴

---

① "832"平台是指脱贫地区农副产品网络销售平台。
② 推进东西部协作发展，开创乡村振兴新局面. 南方日报，http：//www. pprd. org. cn/zxzx/qygc/content/post_1147067. html.
③ 三都县中和镇：发挥新乡贤独特优势 谱写乡村振兴新篇章. 中共黔南州委统战部网站，https：//www. qntzb. cn/contents/16295. html.

注入新动能。例如，在 2022 年"基层统战重教兴学"活动中，在乡村贤达人士大力支持下，三都中和镇共筹措资金近 36 万元，受益学生达 327 人。

三是发挥资历优势，参与社会治理。注重发挥乡村能人掌握政策、熟悉乡情、联系广泛的优势，以开放的思维和开阔的视野助力乡村建设，并利用其密切联系群众的优势化解矛盾纠纷，引导能人做基层治理"调解员"。其中，马尾绣非遗传承人韦应丽带领绣娘成立了三都首个"绣娘调解室"，绣娘平时聚集在一起绣马尾绣时交流沟通，做到早发现、早沟通、早调解，将矛盾化解在摇篮状态，真正做到"小事不出村、大事不出镇、矛盾不上交"，推动乡风文明建设迈上新台阶。

四是发挥媒介优势，助力群众务工就业。充分发挥乡村能人有文化、阅历深等优势，积极引导广大乡村能人提供就业信息，带动剩余劳动力实现务工就业，积极解决老百姓的就业难问题，让更多村民一起增收致富。2023 年"春风行动"返岗就业直通车有组织劳务输出行动中，乡村能人积极向群众宣传就业好政策，引导当地人员外出务工就业 92 人。

四、基金会公益项目的助力

2024 年 4 月，中国西部人才开发基金会"筑梦工程"专项基金代表到三都水族自治县实地调研。对三都的水族文化、特色产业等进行了全面了解，并就共同实施"千万工程·联创共富"乡村治理人才培育计划达成共识。

2023 年 9 月 10 日，三都举行"千万工程·联创共富"乡村治理人才培育计划启动仪式。中国西部人才开发基金会理事长、中央党校（国家行政学院）教授丁文锋，浙江航民集团副总经理高天相，黔南布依族苗族自治州委组织部常务副部长罗红梅，三都水族自治县委书记曾薇等参加启动仪式。

该项目由中国西部人才开发基金会"筑梦工程"专项基金、浙江航民村、山东陵阳街村与三都水族自治县共同发起，旨在通过三都"千万工程·联创共富"模式的创新与探索，进一步提升三都乡村治理人才的能力素质与治理水平，助力三都乡村全面振兴。

三都水族自治县委书记曾薇在致辞中对中国西部人才开发基金会的统筹指

导，对浙江航民村、山东陵阳街村等单位的大力支持表示感谢，并指出，三都将扎实推进乡村治理人才培育计划，努力在乡村振兴中展现三都的新担当和新作为。同时，三都将持续夯实基层战斗堡垒，实施村党组织书记"源头培养"工程，开展乡村振兴"擂台比武"，培养更多懂农村、善经营的优秀人才进入村级党组织，以增强村党组织的领导力。

在与会人员的见证之下，"千万工程·联创带富服务队"的三都调研正式启动。

在随后进行的乡村治理人才主题报告会中，丁文锋结合习近平总书记关于中国式现代化重要论述，紧扣"千万工程"经验，从"中国式现代化进程中的乡村振兴战略""人才振兴在乡村振兴中的战略地位""践行'千万工程'，创新人才培养"三个方面，为三都县镇村党组织书记和相关干部授课。

培训活动结束后，服务队对三都此次项目所涉 4 镇 26 个村进行深入走访调研和现场指导，围绕镇、村发展规划、产业发展中面临的新情况新问题，与镇、村干部开展座谈交流，最终形成了 12 份村庄发展建议书、5 份专题策划书和 1 份县级整体实施方案。

第二节　三都践行"千万工程"的突破

一、少数民族的探索和示范

三都深入学习贯彻习近平总书记关于推进乡村振兴的重要讲话精神，切实把握运用"千万工程"经验的精髓要义，在实践中坚持党建引领，践行"千万工程"，加快建设宜居宜业和美乡村，全力推进乡村振兴发展开新局、展新颜。

三都结合自身情况，认真贯彻落实中央、省、州关于实现巩固拓展脱贫攻坚成果同乡村振兴有效衔接相关部署，认清三都所面临的形势，坚决扛起政治责任，紧盯工作重点和难点，按照"我亲自"和全面高质量、深入、从严、务实的要求，保持再出发的心态，常态化抓好排查整改，把问题找准，把原因分析到位，把方法路径明晰清楚，细化工作清单，压实工作责任，一步一个脚印、脚踏实地抓好产业发展、防返贫监测、易地扶贫搬迁群众后扶、"3＋1"保障等各项工作，以高质量发展巩固拓展脱贫攻坚成果。

三都是全国唯一的水族自治县，可在少数民族治理创新方面先行先试。服务队建议三都水族自治县立足自身、服务全国，积极探索具有普适性的方法和路径，发展自身的同时也在全国少数民族地区学习运用"千万工程"、推动区域乡村振兴过程中发挥示范和带动作用。

二、基层治理的创新与拓展

近年来，为进一步做好新形势下的基层治理工作，针对多网并存、多头调度、多方督查、各自为政、职责不清等系列问题，三都全域推进基层党建、乡村振兴、社会治理、安全生产、民生保障的"五网合一、一网统管"改革，探索一网统管破壁垒、一张清单明职责、一表填报减负担、一次调度增效能、一队督查促实效、一套考评比实绩的"七个一"工作措施，推动基层治理改革，破解难题、减轻负担、增强效能。

经过三都水族自治县委、县政府及各级干部群众的共同努力，已成功创建县级文明乡镇 6 个，县级文明村 81 个、文明家庭 52 个，推动群众从"要我治理"到"我要治理"的积极转变。三都的基层治理具有民族特色，形成了明显成果，值得深入总结和推广。鉴于此，服务队在专题策划中提出了治理提升"六个一"建议。

【策划精选】

三都治理提升"六个一"建议

一是打造一个基地，让三都成为治理领域社会组织、高等院校、专家学者的研学和实践基地，提升三都治理的势能。

二是开展一次深入调研，即按照县镇村等分类进行重点调研，为治理措施优化提供支撑和依据。

三是研发一套程序平台，共同研发智慧治理运营小程序，让数字党建、阳光村务、智慧治理、幸福民生等可以更加便捷高效地实现。

四是办好一场活动，通过组织少数民族相关县域召开专题研讨会，形成共同推动治理创新的格局。

五是研发一套课程，通过特色课程、相关主题活动等促进与各方的交流和共建。

六是出版一种图书，通过"专题图书＋常态化通讯"等方式积累和推广实践成果，实现少数民族乡村治理创新示范县的建设目标。

通过实施以上举措，推动三都基层治理更具特色化、品牌化和价值化，打造少数民族乡村治理创新示范县，力争实现以下三个方面预期效果。

一是为三都基层治理创新汇聚各方资源与能量，让三都的治理经验走出道路自信、制度自信，能够在理论与实践中不断优化。

二是让三都在少数民族治理创新方面走在前面，并通过组织联动、平台支撑、活动交互、人才培训、成果输出、合作共建等方式，形成治理方面的体系化内容，为少数民族地区治理创新提供示范样板。

三是基于乡村治理人才培育计划，与中国西部人才开发基金会等社会组织持续联动，共同打造基于治理创新促进乡村建设和产业发展的区域发展模式，为乡村振兴和共同富裕作出积极贡献。

三、水族文化的融创与升级

中华民族文化源远流长，生生不息，水族文化是中华文化的五十六分之一，水书、水语、水医、水节等传承千年，仍然文化氛围浓郁。三都作为水族的最大聚居地，有 25 万水族儿女，占全国水族人口 63％，水族文化无疑是三都整体的文化底色，在保留的基础之上，如何将水族文化推广至全国，从而带动区域发展，是当前的主要难点。

经过调研和策划，服务队建议三都以水族文化为核心，提炼"远古水族，灵绣三都"的文化形象，与消费者建立情感联系，以短视频、直播为切入口，以流量、渠道为基础，对外做文化推广，构建文化活化和农业产业升级的全方位发展体系。具体思路如下。

【策划精选】

三都水族文化融创发展建议

1. 文化升维。深入挖掘水族文化，将"好客"文化作为水族文化与消费者之间的情感联结，作为水族文化的外在显现，以"玩水去荔波、做客来三都"的口号，留住区域客人。

2. 传播赋能。深挖水书、水历、马尾绣、赛马、端节等水族文化，与三都农副产品产地优势相结合，突出"好客"主题，利用直播与短视频等渠道，从而将旅游客群引入三都，打开农副产品销售C端渠道。

3. 产业延伸。推动非物质文化遗产产业化。利用直播与短视频等渠道，与市场接轨，倒逼马尾绣、水书等非物质文化遗产产业化，打造消费者更易接受的文化创意产品，带动群众增收。

4. 品牌联动。梳理三都优质农产品，初步建立品牌，利用直播与短视频等方式，实现品牌的打造，促进村集体经济发展和农民增收致富。

总之，充分挖掘和利用当地的自然资源、民族文化资源和旅游资源，通过政策引导、建立市场机制，探索适合民族地区的产业发展模式，在保护和传承民族文化的同时，鼓励民族文化创新，将水族文化与现代产业相结合，提升水族文化产业的内涵和价值，形成产业链、产业集群和产业生态，提高产业附加值和竞争力，实现一二三产业的有机融合，促进经济社会实现全面高质量发展。

四、人力资源的引入与输出

乡村振兴和区域发展需要人才，如何引进人才、培育人才、留住人才、用好人才，是经济社会发展的关键。三都是典型的劳务输出县，务工收入是群众稳定增收的重要渠道之一。为留住人才，三都采取了一系列创新举措，取得了显著效果。

一是创新人才工作方法。聚焦产业发展需求，实施"人才强县"战略，不断深化人才工作体制机制改革，出台《三都水族自治县人才强县二十条措施》，以"跳出人才抓产业"的视野，构建"产才融合"的发展格局，探索形成乡村人才振兴"四个三"工作法，为人才"引、育、留、用"做出了积极探索。

【路径参考】

三都乡村人才振兴"四个三"工作法

1. 引聚"三支队伍"，夯实产业发展基础。包括引进青年人才队伍，引回在外能人队伍，引入企业人才团队。

2. 培育"三类人才"，厚植产业提质动能。包括培育经营管理型人才队伍，培育应用技术型人才队伍，培育公共服务型人才队伍。

3. 用好"三股力量"，赋能产业高效发展。包括用好乡土人才引领基层发展，用好农业专家服务产业发展，用好社会人士助力基层发展。

4. 强化"三种保障"，构建尊才兴业环境。包括强化人才引进服务保障，强化人才联系服务保障，强化人才政策激励保障。

二是搭建人才交流平台。通过建立校企合作基地等平台，引进和培养了一批紧缺型、实用型人才，为地方经济转型和产业升级提供智力支撑。同时，加强与发达地区的交流合作，有序引导本地人才向东部沿海等地区流动，拓宽了人才的成长空间，同时也为输入地输送了大量高素质劳动力。这些做法有效提升了三都的人才服务水平，促进了人才资源的优化配置，为乡村振兴和经济社会发展注入了强大动力。

三是构建人才服务体系。一方面，联动相关主体，提供包括政策咨询、创业指导、就业推荐等一站式服务，优化人才发展环境，增强人才的归属感和满意度。注重职业技能培训，针对农民工、退役军人、贫困家庭劳动力等重点群体，开展订单式、定向式培训，提高了他们的就业竞争力，实现了从"输血"到"造血"的转变。另一方面，持续健全党建引领全过程务工就业服务管理体系，不断强化在外务工流动党员教育管理，提高务工就业组织化输出水平，拓宽招商引智渠道。

综上所述，三都基于少数民族的特色，实施基层治理的创新，开展水族文化的融创，构建人才发展的生态，并以此为支撑，在乡村建设、基层治理和产业发展等方面都取得了系列成果，也为后续发展奠定了基础。

第三节　三都探索的经验与启示

一、党的领导定方向

三都始终坚持党的领导，积极响应党和国家关于脱贫攻坚、乡村振兴的号召，取得了一些可借鉴的经验。首先，三都强化政治引领，建立健全党委领导下的工作机制，确保党的路线方针政策在基层得到有效落实。通过定期召开党委会、党员大会，及时传达上级精神，明确发展方向，统一思想认识，增强了党组织的凝聚力和战斗力。其次，三都注重党建与中心工作的深度融合，将党建工作与脱贫攻坚、乡村振兴等重大任务紧密结合，充分发挥基层党组织的战斗堡垒作用和党员的先锋模范作用，确保了各项工作的顺利推进。再次，三都加强干部队伍建设，通过开展主题党日、教育培训等活动，提升党员干部的政治素养和业务能力，选拔培养了一批懂农业、爱农村、爱农民的优秀干部，为乡村振兴提供了坚强的组织保障。最后，三都坚持民主集中制原则，建立健全决策机制，广泛听取群众意见，充分调动社会各界的积极性，形成了共谋发展、共建家园的良好局面。

三都的经验启示我们，坚持党的领导是推动地方经济社会发展的重要保证，只有把党的全面领导贯穿于各项工作的全过程，才能确保正确的发展方向，凝聚起推动发展的强大合力。

二、因地制宜做特色

三都立足本地资源优势，因地制宜发展特色产业，积累了宝贵经验。首先，三都精准定位，依托山地生态优势，发展钩藤种植、蜜蜂养殖、黑牛养殖等特色农业，拓宽了农民增收渠道，实现了"一村一品"。其次，三都强化合作模式，通过供销合作社与多方联动，推进了"三社"（供销合作社、村股份经济合作社、农民专业合作社）融合发展，构建了从生产到销售的完整产业链，增强了农民专业合作社的市场竞争力。再次，三都注重科技创新，如在食用菌产业发展中，应用现代化种植技术，实现了规模化、标准化生产，提高了产品质量和效益。此外，三都还充分发挥文化优势，发展旅游业和文化产业，促进了产业多元化。

三都的经验启示我们，发展应立足地方特色，通过产业融合、科技创新、市场导向等策略，可以有效激活农村经济，推动乡村振兴。

三、文化驱动聚能量

三都充分挖掘和利用丰富的民族文化资源，以文化为驱动，凝聚发展能量，走出了一条特色发展之路。首先，三都将民族文化的保护与传承作为重要抓手，通过设立非物质文化遗产传习所，开展民族歌舞、手工艺等培训，不仅保存了珍贵的文化遗产，还培养了一大批文化传承人。其次，三都巧妙地将民族文化融入旅游产业，打造了水族马尾绣、端节等特色文化旅游品牌，吸引了大量游客，提升了地方知名度，促进了经济发展。再次，三都注重文化与产业的深度融合，如在农产品包装设计中融入民族元素，提升了产品附加值，拓宽了销售渠道。最后，三都通过举办各类文化节庆活动，增强了民族自豪感和社区凝聚力，营造了和谐的社会氛围。

三都的经验启示我们，文化不仅是历史的记忆，更是发展的动力，通过文化驱动，可以激发地方发展潜力，促进地方经济社会的全面发展。

四、转型升级拓空间

三都在转型升级、拓展发展空间方面，展现出了创新与智慧。首先，坚持绿色发展理念，发展绿色产业，结合本地特色打造"生态经济""节日经济""赛事经济"，通过文旅康养活动拉动消费。其次，聚焦产业结构调整，从单一的农业经济转向农文旅融合发展的多元化经济，通过发展特色农业、文化旅游业，不仅提升了传统产业的附加值，还培育了新的经济增长点。再次，注重科技与产业的深度融合，引入现代农业技术，提升农业生产的现代化水平，同时，通过"互联网＋"、大数据等现代信息技术，推动传统产业升级改造，提高了产业的竞争力。最后，三都加强基础设施建设，改善交通、通信等条件，为人才引进和产业发展创造了良好环境，同时，优化营商环境，吸引外来投资，扩大对外开放，为经济发展注入了新动力。

三都的经验启示我们，转型升级是拓展发展空间的关键，通过产业结构调整、科技创新、人才支撑和基础设施建设，可以有效激活地方经济，实现高质量发展。

五、社会共治出活力

三都在基层治理创新方面，探索出一套行之有效的模式，全面激发了社会活力。首先，积极总结"一中心一张网十联户"的经验，对基层网格进行改革和重塑，形成了基层党建、乡村振兴、社会治理、安全生产、民生保障的"五网合一、一网统管"，提高了治理效率和服务水平。其次，充分用好自治县"半个立法权"优势，积极找寻一条法治、自治、德治"三治结合"的治理新路，成功探索并创造了"组管委""寨管委"等一系列基层自治模式，高硐村、怎雷村等一大批村庄被评为省级村规民约示范村。再次，倡导多元共治，引入社会组织、企业、志愿者等社会力量，共同参与到水族文化保护、乡村治理和经济发展中来，通过开展公益项目、志愿服务等活动，解决民生问题，提升公共服务水平，构建了共享共治的社会治理新格局。最后，运用现代科技手段，如大数据、云计算等，建立智能化的社会治理平台，推进智慧社区建设等，提高了治理效率和精准度，同时也为群众提供了便捷高效的服务，提升了群众的满意度和幸福感。

　　总之，通过系列探索和实践，三都水族自治县不仅在生态文明和物质文明建设上取得了显著成效，也在精神文明和社会治理方面积累了宝贵经验，为其他地区尤其是少数民族地区学习运用"千万工程"经验，全面推动乡村振兴提供了可参考的经验。

第十章

"千万工程"在婺源

婺源县位于江西省东北部，与皖、浙两省交界，土地面积 2 967 平方千米，辖 16 个乡（镇）、1 个街道、1 个工业园区、212 个村（居）委会，人口 37 万。因生态环境优美和文化底蕴深厚，被誉为"中国最美的乡村"。

婺源，人杰地灵。自古享有"书乡"美誉，自唐至清，共出进士 552 人。历史遗迹遍布乡野，有中国传统村落 28 个、中国历史文化名村 8 个、古建筑 4 100 余幢，是徽派建筑大观园。徽剧、傩舞、徽州"三雕"（木雕、砖雕、石雕）以及歙砚制作技艺、婺源绿茶制作技艺、甲路纸伞制作技艺等被列为国家非物质文化遗产。

婺源，山清水秀。森林覆盖率高达 82.64%，是首批"中国天然氧吧"，被评为国家生态文明建设示范县、国家级生态县、国家重点生态功能区、国家有机食品生产基地建设示范县。良好的自然环境孕育了婺源绿茶、荷包红鱼、龙尾歙砚、婺源皇菊等众多知名特产。

婺源，四季皆景。有国家 AAAAA 级旅游景区 1 个、AAAA 级景区 14 个，是目前全国 AAAA 级以上景区最多的县。先后荣获中国旅游强县、全国旅游标准化示范县、国家乡村旅游度假实验区、中国优秀国际乡村旅游目的地、首批国家全域旅游示范区等 50 张国家级名片。①

---

① 材料引自婺源县人民政府网站．http：//www.jxwy.gov.cn。

第一节　婺源乡村振兴的实践

婺源县长期以来坚持走生态优先、绿色发展之路，坚持"以文塑旅、以旅彰文、文旅融合"，始终立足发展全域旅游，推动乡村振兴，将全域乡村建设成一个开放共享的大景区，走出了乡村振兴的"婺源模式"。

一、乡村振兴的婺源经验

（一）一张蓝图绘到底

多年来，婺源县委、县政府依托"中国最美乡村"品牌，坚持走"绿水青山就是金山银山"的发展之路不动摇，一张蓝图绘到底，一任接着一任干，把生态文明建设融入经济建设、政治建设、文化建设、社会建设的各方面和全过程，把"绿水青山就是金山银山"理念落在实处，干出实效，打造出"美丽中国"婺源特色的样板，有力推动了婺源经济社会高质量绿色发展。

从 2009 年起，婺源规划将全县所有景区统筹于"中国最美乡村——婺源"这一整体品牌下，一体营销、合作推介，有效增强了品牌影响力。2017 年婺源开始全域旅游规划，2019 年，《婺源国家乡村旅游度假实验区发展纲要（2019—2023 年)》发布，确认了婺源县乡村旅游空间体系、产业体系、产品体系、运营体系、品牌体系、标准体系、营销体系、工程设施体系和配套服务体系发展九大任务。2021 年，婺源县将"推动旅游提质升级，打造中国最美乡村新版本"纳入《婺源县国民经济和社会发展第十四个五年规划和二〇三五年远景目标纲要》，并居于全文重要位置。

（二）坚持生态优先、绿色发展

绿色生态环境禀赋，是大自然对婺源的先天馈赠，更是婺源坚持不懈地进行生态空间、生产空间、生活空间绿色发展、循环发展、低碳发展的结果。

绿色是婺源的底色。婺源坚持"杀猪封山""生子植树""封河禁渔"等传统生态文明意识。新时期,婺源在全国率先成立 193 个自然保护小区。从 2009 年开始,对全县 10.87 万公顷天然阔叶林实施长期禁伐,提升森林蓄积量,全县森林覆盖率高达 82.64%。全面落实"河长制""林长制",收回山塘水库承包经营权并禁止化肥养鱼,全县主要河流水质常年保持在一级。

婺源按照全域是国家 AAA 级旅游景区的标准,深入开展洁净工程,突出抓好农村垃圾和生活污水处理,对违法建设、违法用地、广告标牌、"牛皮癣""蓝皮棚"等问题进行集中整治;在农村道路硬化上,全面推进"四好农村路"建设,积极创建省级"四好农村路"示范县。

近年来,婺源聘请国内顶尖设计团队编制了《婺源县乡村振兴规划 2018—2020》《婺源县全域绿色有机产业发展规划(2021—2030)》《婺源县有机茶产业发展规划》《江西婺源皇菊产业园规划》等,坚持以生态为先导、以规划为引领,根据婺源县的自然、社会、经济、文化条件和农业特色,扬长避短,有重点、有步骤地发展绿色有机产业;做到全面规划、重点突出,以茶叶、油菜、皇菊等特色优势产业作为婺源县绿色有机产品开发的先导与示范,以点带面推动婺源县各乡镇绿色有机产品产业的纵深发展,最后形成全域绿色有机农业发展新格局。

(三)走农文旅融合发展道路

婺源把全域作为一个休闲农业大观园进行精心打造,实现了休闲农业和乡村旅游融合发展。婺源"油菜花经济"一枝独秀。同时,发展皇菊种植面积近 3 000 亩,形成了"春赏油菜、秋观皇菊"的喜人局面。婺源还以茶园采制体验、山野游览健身、登山观光眺望为主题,规划建设生态茶园观光休闲旅游区,丰富现代农业内涵,促进茶旅融合发展,先后投资 8 亿元培育金山茶叶观光园、江岭梯田花海、甲路民俗风情园、松风翠现代农业休闲公园、篁岭民俗文化影视村等一批集生产、休闲、体验于一体的农业观光园、特色农庄,使之成为都市人的"新宠"。

二、婺源乡村发展的问题

（一）发展不均衡，淡旺季差别巨大

婺源县发展旅游业以来，一直靠两大项目吸引游客：古村落和油菜花海。特别是婺源油菜花，在全国有广泛的知名度和影响力，这也导致婺源县旅游的淡旺季不平衡、游客量相差巨大。春季油菜花观赏季人多高负载，新开发的赏秋也逐渐成为新旅游热点，冬夏客流量较少。

此外，婺源县旅游发展呈现出东、西部发展不均衡的问题。东线相对较成熟，西线相对滞后，景区景点间的交通不畅等问题也比较显著。但婺源西线乡村文旅产业有很大的发展空间和潜力。

（二）同质化严重，创新意识欠缺

婺源县虽然形成了东、西、北三条精品旅游路线，但景观差异不明显，风光景色大同小异，没有形成各景点的独特风格，从乡村振兴的视角看，没有发挥出乡村的特色和优势，也没有形成具有特色的区域乡村旅游发展集群，同时旅游景点游玩项目较少，导致游客参与性、互动性低。婺源主要是以自然观光为主，乡村旅游模式固化，旅游开发缺乏创新意识，游客体验不够丰富，旅游产业品牌亟须升级。

（三）农文旅融合的广度和深度不够

农文旅融合是在农业、文化、旅游三者有效结合的基础上，深度开发乡村农业旅游新模式。婺源有丰富的旅游资源，特色农业也具有相对优势，但农文旅融合表现方式相对粗放，旅游产品与农业的有效联动不足，农业生态园、特色采摘园、休闲农场等形式较为单一。

（四）村集体经济发展不平衡，总体收入偏低

旅游是富民产业，但如何发展集体产业，带动村民共同富裕，婺源还有很多

值得提升的地方。县域村庄主要靠旅游业带来的承包经营、租赁经营和股份合作等方式发展经济，缺乏可持续性的产业项目，村干部带动经济发展的思路不开阔，发展动力偏低，部分村庄还存在"等、靠、要"的思想。

三、"千万工程·联创共富"乡村治理人才培育计划落地婺源

在深入分析婺源乡村发展现状和问题的基础上，服务队在总结麻江县和三都水族自治县开展"千万工程"乡村治理人才培育计划经验的基础上，针对婺源做了项目优化。一方面，在区域上，选择婺源旅游发展相对滞后的三个西部连片镇（赋春镇、许村镇和镇头镇）作为服务对象，争取做出实效；另一方面，在项目启动前，对所选区域进行深入调研和专题授课，调动基层干部的积极性。2023 年 8 月，服务队顾问、中国国土经济学会副理事长沈泽江深入服务区域特别是许村镇 14 个村（社区）考察调研，访民情，看项目，察村情，详细了解各村（社区）的发展情况和规划。沈泽江同时在许村镇乡村振兴专题培训班上就"千万工程"进行了授课，深入讲解了浙江"花园经验"，结合许村镇实际，提出发展方向，让地方干部对浙江"千万工程"经验有了更加深刻的认识和体会。

2023 年 12 月 16 日，婺源县"千万工程·联创带富"乡村治理人才培育计划启动仪式在许村镇汾水村新时代文明实践站举行，许村镇、赋春镇、镇头镇领导班子、各村（社区）党组织书记和 10 个特色村（社区）代表共 40 余人参加。

启动仪式上，婺源县委常委、组织部部长吕来清出席仪式并讲话。他表示，乡村治理是一项长期而艰巨的任务，需要持之以恒、久久为功，参训人员要以此次活动为契机，深入学习贯彻习近平总书记考察江西重要讲话精神，发挥自己的专业优势，相互学习、相互借鉴、共同进步，更好地掌握乡村治理的理论和实践知识，不断提高乡村治理的能力和水平，为推动婺源经济社会高质量发展作出更大贡献。

在与会人员的见证之下，"千万工程·联创带富服务队"婺源调研正式启动。

启动仪式结束后，中央党校（国家行政学院）社会学与生态文明教研部副教

授刘忱作题为"新时代文明实践的理论与实践"报告,从农村精神文明的内容和主题、农村精神文明建设面临的困境与机遇,结合新时代文明实践活动的组织、实施进行授课。

下午,中国旅游景区协会专家委员会专家、中共武胜县委原书记毛加庆向参训人员阐述了如何用新经济思维、现代产业逻辑,推动休闲农业与乡村旅游高质量发展;安徽省安庆市岳西县毛畈村党支部书记姚有志则讲述了自己返乡带领村民脱贫致富的故事,事例生动有趣,引得课堂笑声不断。

随后,服务队对婺源 10 个村进行深入走访调研和现场指导,围绕镇、村发展规划、产业发展中面临的新情况新问题,与镇、村干部开展座谈交流,最终形成每村一份发展建议书、每镇(片区)一份发展策划书。

第二节　婺源践行"千万工程"的突破

一、全面推进人居环境整治

围绕彰显乡村风貌,突出乡土特征、文化特质、地域特点,全面打响城乡人居环境整治攻坚战,深入推进美丽集镇建设和"五化"行动(彩化森林、景化通道、花化乡村、果化庭院、美化全域行动)。

实施农村人居环境整治提升五年行动,全力推进垃圾、厕所、污水三大治理工程。通过农村人居环境整治、文化生态特色村建设、乡村振兴示范区建设,改变全县农村环境面貌,建设婺源品位村庄。建立完善全域村庄环境长效管护机制。从婺源全县选择 100 个左右具有交通优势、文化特色、丰富资源的村来打造婺源景观村、特色村、田园村。每个村庄投入 300 万元左右,根据村庄资源禀赋特色,在提升村容村貌,完成基础设施建设的基础上,打造一批婺源特色的不收门票的景观村、特色小镇。

认真落实"河长制""林长制",注重保护和治理的系统性、整体性、协同性,对饶河源国家湿地公园的生态保育区(核心区)实行严格的保护措施,以"湿地银行"形式反哺湿地保护;启动江西省首个县级上下游生态补偿试点工作，不断健全生态补偿机制；将婺源全县 10.98 万公顷山林全部纳入公益林生态补偿范围，实施低产低效林改造提升和彩色森林项目建设，发展各类林业专业合作社 197 家。

二、新时代文明实践站的创新探索

婺源全县学习宣传贯彻习近平总书记考察江西重要讲话精神，切实把握运用"千万工程"经验的精髓要义，以新时代文明实践探索推动基层治理质效提升，争做示范引领典型，积极打造美丽中国样板县、乡村振兴样板县、幸福生活样板县，努力在中国式现代化的县域实践中做好特色、走在前列。

依托新时代文明实践中心（所、站）建设，婺源通过示范带动、活动宣传等方式，以道德评议的力量，有力地推进了移风易俗乡风文明建设。据了解，婺源目前建成县级新时代文明实践中心 1 个，乡镇（街道）新时代文明实践所 17 个，村（社区）新时代文明实践站 205 个，延伸设立新时代文明实践站点 58 个，配备文明实践员 230 名，实现了中心（所、站）基层全覆盖，以文化人，成风化俗，推动乡村经济和乡风文明协同发展。

婺源新时代文明实践站建设形成了阵地管理、人员管理、活动管理三个工作模块，在理论政策宣讲、文化文艺服务、卫生环保、科学普及、扶贫帮困、医疗健身、法律服务、助学支教等 8 个领域开展了活动，取得了一定的成绩。

三、专业化的人才队伍建设

围绕打造"乡村振兴人才高地"目标要求，坚持以产聚才、以才兴产，精心创设人才助力乡村振兴的"婺源模式"，有效推动人才集聚与产业发展同频共振、同向发力。

一是大力实施非遗人才振兴工程。持续完善四级非遗传承体系建设，全面启动非物质文化遗产项目及传承人普查工作，围绕婺源徽剧、傩舞、三雕、歙砚制作技艺、绿茶制作技艺、纸伞制作技艺、茶艺等各类非物质文化遗产，对各类非遗人才进行科学分类、建档，动态建立非遗人才的数据库，全面掌握县内各类非物质文化遗产项目传承状况及传承人生存状况；在全面普查的基础上，进一步加强顶层设计，研究制定一系列工作制度，推动非遗保护与传承人才的培养工作步入常态化、规范化轨道；大力宣传非遗人才奋斗事迹，将一大批政治素质过硬、社会影响力较大、德艺双馨的非遗人才推荐、充实进各级"两代表一委员"队伍中，提升非遗人才社会地位与荣誉感。

以非遗人才队伍建设为突破口，整合乡土人才队伍，通过探索乡土人才评鉴标准，实施乡土人才素质提升、"技兴乡村"专项行动、"青年人才储备计划""一村一名大学生"等人才培育工程，建立相应奖励机制，以政策红利创造人才集聚高地。

二是大力引进外来人才。旅游产业是婺源县的支柱产业，得天独厚的生态人文资源吸引了大量外来人才前来投资兴业。婺源县结合文旅融合态势，出台民宿产业扶持办法，安排2 000万财政专项资金重点扶持乡村民宿建设，通过实施网上定向招租、农村住房抵押贷款试点、"民宿贷"业务等，降低融资成本，对新设立的中小型企业化民宿实行税收优惠，提供政策、资金双向扶持。同时在江西省率先推行民宿规范管理工作，为民宿颁发"特种行业许可证"，促使民宿步入了"身份证"认定时代。

三是大力推进产业链人才链深度融合。积极打造人才创业孵化链，设立53个非遗传承基地，7个文化生态保护实验小区，为人才创作研究、展览展示、营销策划提供帮助。大力构建"项目推介＋创业导师＋专家咨询＋资源共享＋跟踪服务"五级孵化培育体系，为人才创业提供项目评估、指导、服务及政策咨询等一站式服务。积极申报文化产业项目、争取文化企业优惠政策，助推县域经济高质量发展。

四、特色产业推动文旅融合

作为全国唯一一个以县为单位命名的国家AAA级旅游景区和全国第一个"国家乡村旅游度假试验区"，婺源县大力打造以"赏花经济"为特色的"农业＋旅游"融合新业态，逐步形成"农旅结合、以农促旅、以旅兴农"的产业格局，探索出一条把美丽风光变为"美丽经济"的新路径，带动群众增收致富，助推乡村振兴。

油菜花经济是婺源最具代表性的产业，每年油菜种植面积保持在 12 万亩左右，着重以农旅融合模式，实现年均综合产值逾 30 亿元。皇菊产业是婺源特色产业的后起之秀，已实现种植、生产、加工、销售全产业链一体化发展。婺源县现有皇菊种植面积超 3 000 亩，皇菊产品年销售产值达 1.2 亿元。每年 10 月是皇菊采摘的时节，婺源皇菊茶文化节等文旅活动也吸引了越来越多的游客来婺源品茶、赏花，带动了秋季旅游的兴旺。

茶叶经济在婺源特色产业中占据重要位置。婺源绿茶是国家地理标志保护产品，全县现有茶园面积 20.5 万亩，其中绿色食品原料基地 11 万余亩，按有机方式管理茶园 7 万余亩，有机茶园认证面积达 4 万余亩，茶产业综合产值超 45 亿元。为茶叶发展提供政策支撑，先后编制完成了《婺源县全域绿色有机产业发展规划（2021—2030 年）》《婺源现代农业示范园（婺源绿茶产业园）规划》，制定出台了《关于加快推进茶产业高质量发展的实施意见》《茶产业高质量发展奖补办法》等一系列政策文件，围绕打造"百亿级茶产业"目标，实施良种选育繁育、茶园功能提升、全产业链集群等十大工程，每年安排奖补资金 1 000 万元，为茶产业高质量发展提供了有力的政策资金保障。

作为"千年茶乡"，婺源孕育出了底蕴厚重而璀璨的茶文化，其静态遗存和活态传承，现已成为宝贵的旅游资源，也成为婺源文化浓墨重彩的一部分，婺源绿茶制作技艺被列为国家级非物质文化遗产，婺源茶艺被列为省级非物质文化遗产。作为"文公阙里"，婺源儒学盛行，文风鼎盛，程朱理学与名茶的结合，形成了风格独特、内涵丰富、形式多样的茶艺、茶俗、茶礼、茶诗、茶联、茶歌，打造了茶路、茶亭、茶商宅院等，茶文化已经根植到了婺源人民的日常生活当中。婺源先后打造了众多有机茶生态观光园、茶文化研究中心和婺源县国际茶旅村等一批特色鲜明的茶业旅游精品点，同时规划设计出金牌茶旅游线路，把茶旅游精品点串起来，辐射沿线茶叶资源，把"千年茶乡"概念深度融入"中国最美乡村"大品牌当中，打响"千年茶乡"品牌。

以绿茶现代农业示范园为平台支撑，婺源积极培育茶叶龙头企业，目前全县注册茶叶生产、加工、营销企业 400 余家，精制加工厂 26 家，其中规模以上

（年产值 2 000 万元以上）茶叶企业 29 家，获 SC 认证企业 20 余家，省级龙头企业 8 家，市级龙头企业 10 家，年产值过亿元企业 3 家，综合开发涉及绿茶、红茶、黑茶、白茶、黄茶、青茶、花茶等多茶类，创新研发茶饮料、茶酒、抹茶、儿茶素提取物等产品，产业链条进一步延伸。

第三节　婺源探索的经验与启示

一、婺源探索的典型实践

联创带富服务队基于对婺源整体乡村发展的优劣势分析和对乡镇的深入调研，确定从三个方面进行典型突破和示范带动，打造婺源农文旅融合和乡村振兴的西线样板。

（一）新时代文明实践站的创新探索

服务队在深入调研后认为，婺源县的新时代文明实践站体系虽然成绩卓著，但也存在建设与服务水平参差不齐、资源整合与利用效率不高、创新发展与运营管理不足等问题，按照全县范围内全面系统建设新时代文明实践站的战略构想，建议打造全国首个站点全覆盖、功能系统化、建设标准化、运营规范化、作用示范化的新时代文明实践示范县。

在具体实施上，提出"一个总要求、一个总方针、一条总路线"，以乡村振兴战略为引领，以文明村庄建设为依托，以优秀传统文化传承为核心，以现代科技手段为支撑，全面推进新时代文明实践站的建设。

一是结合村情，精准定位。赋予各村的新时代文明实践站不同的主题功能定位，如文化传承主题功能实践站、道德教育主题功能实践站、科技普及主题功能实践站、健康促进主题功能实践站、产业发展主题功能实践站等。

二是内挖外引，整合资源。首先，建立资源整合平台，将人、财、物等各类资源进行全面的调查了解，充分利用现有的场所资源，如村级活动中心、学校、祠堂等，进行功能整合与提升，建立台账，并统一管理、调度和使用。让各种资源能够在平台上自由流通、共享，提高资源的利用效率，促进村内部的交流与协作，节约成本，实现资源的最大化利用。其次，加强人才队伍建设，建立完善的培训体系，提高实践站工作人员的业务能力和服务意识。通过培训新农人、新村民等有志于乡村发展的年轻人，打造复合型乡村治理人才梯队。再次，汇聚各方力量实施共建，与高校、企业等开展合作，引入先进理念与技术，吸引更多的社会力量参与进来，形成政府、社会、村民共同参与的良好格局。

三是规范管控，创新机制。首先，设立完善的组织体系框架，成立由村委会、村民代表、志愿者等组成的新时代文明实践工作委员会，负责制定工作计划、组织实施和监督考核，积极吸纳专业人才加入工作委员会，提高文明实践活动的专业性和实效性。其次，构建系统的实践活动方案。结合各村庄实际情况和村民需求，制定有针对性的活动方案，注重活动的互动性、参与性、实效性和长效性。根据村民年龄、需求，策划系统性实践活动计划、专题实践活动方案等，全年度、整季度地计划和实施多样化文明实践活动。再次，创立持续的资金取用方案。在争取政策资金的同时，寻求政府、企业和社会各界的支持，探索项目化运作方式。最后，制定科学的考核评估机制。

四是多维发力，创新发展。加强科技赋能，积极探索智能化服务模式，通过建立数字化平台，实现信息的快速传递和资源的共享，同时对群众的需求进行智能分析和预测，提供更加精准、个性化的服务；创新全民参与。通过举办各类文明实践活动，如村庄发展议事日、特色文艺演出、农业科技普及等，激发村民参与热情。建立各类型和规模的志愿者组织、村民议事会等组织，让居民能够自由表达意见和建议。针对性地开展扶贫帮困、健康义诊、法律援助等活动。发挥本地深厚历史文化衍生出的乡约、村规、家训的作用，完善奖惩机制；跨界拓展合作，与旅游机构、教育机构等合作，为文明实践活动的可持续发展注入活力。

【策划精选】

婺源县许村镇汾水村发展建议书（节选）

问题提出

汾水村自北宋初建村以来，吕氏优秀文化传统得到完好传承，千年古村名人众多，乡风文明，《吕氏乡约》已演变为全村深入人心的家规家训。下汾水村（汾水村的一个自然村）新时代文明实践站在党组织活动、政策宣传、村民联动、民间活动、对外联动等方面发挥了重要载体作用，成为全村基层治理的龙头抓手，但缺乏体系化、标准化的运营管理方法，在实际工作场景中，缺少一套完整的功能运作体系。

总体思路

以新时代文明实践引领乡村振兴，围绕汾水村新时代文明实践活动，全方位构建新时代文明实践的模式、发展支撑和系统服务，形成新时代文明实践站、实践基地、实践自然场景的立体空间系统，联动相关部门、专家智库、社会组织等，共同打造新时代文明实践的示范样板，并以项目清单方式来落实，以项目建设推进乡村全面振兴。

项目设计

一、建设全国示范性新时代文明实践站

1. 提升实践站硬、软件建设标准。全国示范性新时代文明实践站需要一定承载规模和一定水平的硬、软件及服务配套，用于开展村内大型实践活动，同时能联动外界，举办全国性专题化新时代文明实践活动。

（详情略）

2. 提升实践站常态化运营管理水平。全国示范性新时代文明实践站需要具备高水准运营能力，充分发挥传播先进文化、弘扬主流价值的作用，发挥汇聚优质资源、促进乡村发展的功能，有效提升其运营管理效率和服务品质。

（详情略）

二、建设全国示范性新时代文明实践基地

以中国新时代文明实践示范村形象为窗口，建设涵盖新时代文明实践研究、交流、培训、展示、服务、创新等多功能于一体的新时代文明实践基地。这是一项系统工程，旨在打造一个能够适应新时代要求、满足多元功能需求的高质量平台。主要包括：

1. 规划建设新时代文明实践的研究中心、智库。

（详情略）

2. 打造新时代文明实践展览馆。

（详情略）

3. 建设新时代文明实践培训和交流中心。

一是利用上汾水村（汾水村的一个自然村）古建筑，规划理论讲堂、成果展示区、培训教室、交流空间等功能区，确保培训、交流相关活动顺利开展。二是汇聚基层力量集中学习新时代文明实践经验，邀请相关院校的专家、学者和新时代文明实践模范志愿者到此，就新时代文明实践的创建、运营管理等进行授课；三是汇聚全国县镇村新时代文明实践中心、所、站的人员进行交流，推广优秀经验，丰富研究和实践成果；四是定期举办研讨会、讲座、论坛等多种形式的活动，使培训及交流中心成为传播新思想、分享新经验、弘扬正能量的重要平台。

4. 打造文明实践智慧载体项目。

规划建设新时代文明实践云平台，通过科技赋能，创建简易 App 或数字化小程序，便捷使用，最大化实践站末端价值，首创和首用汾水村作为实验示范村，提高新时代文明实践的工作效率，打造生成式人工智能在乡村振兴领域的文明实践示范和数字化场景运用。

5. 完善新时代文明实践基地服务配套。

（1）利用上汾水村古建筑，在保留原有风貌的基础上，对其进行适应现代生活需求的功能性改造，并作为新时代文明实践基地的一部分，为研究、培训交流提供良好配套条件。

（2）在古建筑保护和利用基础上，依据实践基地人流客流规模，渐次导入地方特色餐饮等；同时，配套相应商业服务设施、便利店和中小规模超市，除满足日常商业服务功能外，兼售地域特色文创等产品。

（二）赋春田园谷的整体策划设计

赋春镇五个村——严田村、甲路村、冲田村、新田村、游汀村，每个村相距3千米左右，由公路和河流联结，形成了一个20千米左右的乡村田园旅游经济带。这5个村庄自然资源丰富，文化底蕴足，在旅游、文化等方面均具备发展潜力。

这五个村虽然具有一定的产业基础，但也存在村庄产业结构单一、特色品牌待加强、传统文化激活不够、集体经济发展缺乏持续性等问题，服务队本着组团强化联动、高效盘活分散资源，以产业和项目为媒，赋能片区共同发展，深化多元文化筑基、打造区域振兴品牌的目的，提出赋春镇严田等五村以"绿色经济"理念为核心，基于建设乡村旅游休闲度假区的赋春田园谷主题项目，打造五村宜居宜业现代和美乡村共富发展带。

围绕学习运用浙江"千万工程"经验，践行"两山"理念在赋春的实践，从形态、文态、业态三方面整体思考，五村协同，整合资源，建议以严田村为核心区，以其他四村为特色区，积极推行"七共"发展策略，即组织共建、乡愁共忆、产业共生、人才共育、生态共融、品牌共创、成果共享。

组织共建蓄活力。通过村党组织联建、运营主体共建和社会组织联动等方式，实施有效的组织创新和合作机制创新，实现五村资源共享，优势互补。

乡愁共忆生动力。通过打造严田朱子文化组团、甲路民俗文化组团、冲田彦槐文化组团、新田名人文化组团和游汀双贤文化组团，以及集五村文化于一体的赋春水口文化组团，共同创造出一系列独特的文化活动、艺术作品或商业模式，从而推动赋春田园谷五村区域经济的发展和文化的传承。

产业共生有潜力。围绕赋春田园谷五村资源禀赋，做好农文旅融合发展规划，策划打造赋春田园谷特色庭院、赋春田园谷生态家庭农场、赋春田园谷乡村庄园、赋春田园谷田园公园，夯实传统农业基础，发挥特色资源优势，融入全域旅游大战略。

人才共育修内力。一是挖掘村庄能人，培养为专业化人才。设立"赋春田园谷新能人计划"，通过综合培训、技术赋能、交流互动等方法，为专业技能型、生产经营型、社会服务型的乡村人才强化提质，引导其带民致富，做大做强村庄产业，实现乡村经济与社会的多元发展。二是引入各领域专家，联动汇聚为合成式人才。联动各领域机构和专家，为内外人才交流、项目对接提供平台。根据发展需要，引入专业设计师、科技人才、农业职业经理人、互联网营销人才、乡村投资者等，形成服务乡村发展的多元合成式人才队伍。三是班子队伍自我提升，成长为复合型人才。通过线上线下等多种培训形式，引导镇、村干部带头学习，培养其综合服务能力。

生态共融保马力。以发展生态农业、有机农业、特色农业等绿色农业为基础，大力发展生态旅游，推行绿色乡村建设。

品牌共创有竞争力。整理赋春田园谷特色产品，建立名录，打造区域统一品牌形象，构建完善的区域品牌推广体系，打造赋春田园谷区域公用品牌。

成果共享分大利。创新方法，多维支撑，促进村民增收。调节好资源性收入，利用好政策性收入，保障好生产性收入，促进好经营性收入；联动开展共创赋春田园谷特色产业园。基于安徽小岗村的发展经验，围绕学习"千万工程"经验，由服务队对接安徽小岗村，并提供综合性服务，促使赋春田园谷五村与小岗村开展乡村特色产业友好合作，助力赋春田园谷五村乡村振兴，推进五村宜居宜业和美乡村建设。创新设立村级资产管理委员会。健全村集体资产管理制度，建立完善资产保值增值机制，系统防范集体资产经营亏损、监管缺失等问题，确保集体资产安全、规范、增值保值。

在推动赋春田园谷项目策划过程中，基于婺源地区丰富的水口林资源（水口林包括古树、溪流、山泉等自然景观和古建筑、古村落等人文景观）和浓厚的水口文化，服务队策划将赋春水口林文化公园作为田园谷建设的核心载体。通过挖掘和传承水口文化，编制完善婺源水口林公园建设标准，策划设计水口林特色主题公园、水口林文化综合公园、水口文化展示馆、中国农村博物院自然馆等，逐步推动婺源水口林文化公园申报世界文化遗产。

（三）三产融合家庭生态农场的样板打造

生态农场是依据生态学原理，遵循整体、协调、循环、再生、多样原则，通过整体设计和合理建设，获得最大可持续产量，同时实现资源匹配、环境友好、食品安全的农业生产经营主体。针对婺源地区山多地少、分散经营的特点，服务队根据各村资源禀赋，策划了一批三产融合的家庭生态农场，突出主题化设计、特色化种植、生态化管理和市场化运营，在保证粮食产量可持续增长的前提下，又能保护乡村生态环境，同时推动农文旅融合发展。

以甲路村为例，服务队建议整合抛荒耕地，以甲路共富农场为平台，专注特色有机农业发展，建设集有机农产品种植、养殖、加工、销售、休闲观光为一体的现代农业片区。统筹村庄区域，在甲路溪沿岸，打造花卉休闲农场，设计四季花圃、花房文创和花房民宿，以创意农业、自然环保为特色，增加村庄沿路沿河整体空间布局的观赏性。以花卉培育及盆栽种植为基础，打造四季主题花卉园，融入沿街商业，逐步发展成为观赏休闲的特色旅游点。为冷水坑自然村打造特色种植养殖农场，在沿公路侧的抛荒农田种植有机水稻，完善已有的几处养鱼水面设施，发展冷水坑特色有机种植养殖。基于三门江自然村170亩高标准农田，种植有机水稻，结合婺源农耕文化，引入农耕研学项目，打造三门江有机水稻种植标准农场。在梅源自然村，以知青文化为基底，结合已有黑山羊养殖，建设梅源知青生态养殖农场，融有机稻种植、特色黑山羊养殖和知青果园为一体。

同时，构建基于村庄特色产业专业合作社的甲路有机农场运营体系。针对休闲农业与乡村旅游业打造田园综合体，以项目建设带动农业多种功能拓展，探索积累农业多种功能建设经验。和高校、专业机构及对口企业开展全面合作，在农业种植技术、市场先行探索等方面引领示范。

二、婺源探索的启示

(一) 因地制宜，分类施策

婺源县虽然知名度和影响力大，农文旅产业起步早，发展也卓有成效，但区域特色不明显、产业发展不平衡等问题依然客观存在，服务队在服务对象选择上侧重后发区域，在具体策划中，坚持深挖特色，规划先行，围绕乡村治理、乡村建设和乡村产业等层面，结合村庄发展水平，力求做到有统筹、有重点、有专项，注重婺源文化特色，体现婺源乡村特点，构建了以乡镇为基础又突破了区域壁垒的发展规划体系。

(二) 党建引领，群众主体

充分发挥镇、村基层党组织的战斗堡垒作用和党员的先锋模范作用，通过专题培训和场景研讨，力求充分发挥党员干部的带头作用，把农村人居环境整治放在突出位置，纳入党政干部考核内容。在具体推进过程中，从农民群众角度思考问题，激发农村群众的主体意识，通过各种程序设计和数字辅助手段，广泛动员农民群众参与村级公共事务。

(三) 各有侧重，循序渐进

学习运用"千万工程"经验，根本目标在于推进宜居宜业和美乡村建设。根本目标的实现不是一蹴而就的，围绕这个根本目标，在婺源县村庄发展建议中，根据村庄和片区的情况，在乡村治理、乡村产业和乡村建设层面，各有侧重，循序渐进，比如在汾水村，突出以新时代文明实践为抓手，争创全省乃至全国示范。严田村基础条件较好，侧重从农文旅深度融合推进乡村全面提档升级。这样既让老百姓实实在在感受到"千万工程"探索带来的变化，也在乡村全面振兴的道路上做到扎实稳步推进。

（四）政府主导，社会参与

推进乡村全面振兴，在基本保障方面，如制度供给、人才支撑、投入保障、政策引领等方面必须发挥政府部门的主导作用，明确了政府的主导地位，才能界定政府的角色和功能。学习运用"千万工程"经验推进乡村振兴，单单依靠政府又是远远不够的，需要村民、企业、社会等各方面的力量，协同共进、形成合力，特别是在项目设计的过程中，要调动社会资本的积极性，在婺源探索中，通过建立强村公司、打造"共富片区"等方式，让市场力量参与进来，运营前置，保障了乡村发展的持续性，让社会真正成为乡村振兴的核心力量。

第十一章

"千万工程"在屏南

屏南县位于福建省东北部，1734 年（清雍正十二年）建县，县域面积 1 487平方千米，辖 5 镇 6 乡，152 个行政村、8 个社区，总人口 20.53 万人，是全国农村改革试验区、传统村落文化创意产业发展示范县、中国民间文化艺术之乡、全国传统村落集中连片保护利用示范县、第七批国家生态文明建设示范区、全国民间药膳示范县等。

近年来，屏南县全力推进高山农业、绿色工业、文旅康养"三个一流"产业发展，2022 年全县地区生产总值为 125.89 亿元，增速位居福建省第一，经济社会发展呈现稳中向好的良好态势。2023 年屏南县乡村振兴的探索和实践得到福建省领导批示肯定，福建省乡村振兴工作机制创新现场推进会、福建省"美丽庭院"创建推进活动在屏南召开。在福建省深入学习"千万工程"经验、建设福建美丽乡村现场推进会上，屏南县作为六个典型县之一作交流发言。

第一节　屏南乡村振兴的实践

1988 年 6 月，习近平同志来到福建沿海欠发达的宁德地区担任地委书记。当时该地区 9 个县中有 6 个是贫困县，经济总量排名全省最末。正是在这样一个穷地方，习近平同志开启了带领闽东人民摆脱贫困、精准扶贫的致富工作之路，形成了"四下基层""滴水穿石"和"弱鸟先飞"的工作方法，形成了习近平同志在福建宁德工作时期的实践理念，也为屏南县发展提供了路线指导。

屏南县敢试敢飞，创新创造，用新理念、新政策引进优秀人才，引领乡村文创产业发展，形成"党委政府＋艺术家＋古村落＋村民＋互联网"的文创推进乡村振兴的屏南路径，把日渐空心化的乡村建设成为美丽家园，目前已有龙潭、四坪、漈下、厦地等10多个文创村落，初步形成三条文创带，呈现"人来、村活、业兴、文盛"之态势。2017年，屏南县被评为中国传统村落文化创意产业发展示范县；2019年，屏南县入选住建部"全国开展美好环境与幸福生活共同缔造活动"试点县名单；2023年，屏南县入选财政部、住建部"传统村落集中连片保护利用示范"名单。

一、党建引领，偏远乡村由"流人"变"留人"

作为山区县，屏南的乡村长期以来缺乏产业支撑，就业机会少，大量人口外出经商、务工，农村大多只剩下老人和部分中年人。据统计，2015年文创项目启动之初，屏南有近八成农村人口外出，比如龙潭村，有国家非遗四平戏和红粬黄酒酿造技艺，但也"人去楼空"，原本有1 400多人，仅余180多人留守。面对这种困境，屏南县把如何"振人"作为乡村振兴的突破口，以文创为抓手，把人"引进来、留下来"，让沉寂已久的乡村重现生机。

创新机制，引进"高人"。 屏南县在出台人才系列优惠政策的同时，对高端文创人才及团队实行县领导专人挂钩联系、"一事一议、一人一策"、赋予乡村建设中一定的话语权和主导权等"特殊待遇"，成功引进林正碌团队、程美信团队、复旦大学张勇教授团队、中国美术学院陈子劲教授团队、台湾见学馆团队等一批专家团队20多人。2020年，由著名"三农"专家温铁军担任院长的屏南乡村振兴研究院落户四坪村，在生态农业、"粮食安全屏南行动"、"屏南800"公共生态品牌、大食物观等方面创新创造，在乡村振兴中发挥了独特作用。

创新平台，引来"新人"。 在修缮古民居、整治农村人居环境、改善村级医疗站点、复办村级小学的同时，屏南县在福建省率先为外来人口发放居住证，并视情况发放"荣誉村民"证书，选举"新村民"为"村干部"等，增强新村民归属感和幸福感，吸引了大批有思想、有活力、有创造力的新村民定居。仅龙潭村长期居住的来自香港、江西、浙江、湖北、广东、江苏、上海、福州等"新村民"就达 100 多人，其中不乏香港导演招振强、财经作家吴阿仑、上市企业法律顾问梅宏等知名人士以及年轻有为的创业者，在自媒体时代，各自成为一个网红 IP，通过 IP 输出自己的创意，吸引了更多的人流、资金、项目等流向乡村，产生了叠加与裂变效应。回归的老村民特别是在外成长的第二代，回乡与外来的新村民一道发展新兴产业，形成新业态，共同打造了一个繁荣新乡村。

创造条件，引回"亲人"。创新返乡创业奖补政策，取得了良好效果。例如漈下村对产生带动效应的个人或企业，给予 5 000 元至 30 000 元的补助，并给予一定的租金补贴或税费减免，吸引了首批创业带头人入驻，促进了该村农业、民宿等发展。推出"古屋贷""文创贷""青年创业贷"等贷款优惠，同时让返乡创业者与外来客商享受无差别待遇，吸引了大量外出经商、务工人员回乡创业，仅龙潭村就回流村民 300 多人。

二、创新模式，闲置资源由"沉睡"变"苏醒"

在没有现成经验可供学习借鉴的情况下，屏南县探索创新，在古村落保护发展，特别是废弃的老屋修缮利用方面，建立了一套务实管用的运作模式，有效激活了农村闲置资源，使"破木屋"变成了"黄金屋"。

创新老屋流转机制。改变过去农村资源流转自发、无序、混乱状态，创新建立中介式流转机制，全面推行"老屋认租 15 年"模式，即由村委会建立中介平台，从祖居户中流转旧民居，再按一定标准租赁给"新村民"使用 15 年。这种模式既有效避免流转中出现哄抬租金、权益纠纷等无序现象，也解决了传统村落古建筑"保"与"用"的难题。

创新古村修缮机制。注重活化利用古村落，建立"'新村民'出资、驻创艺术家团队设计、村委会代为建设"的运作模式，按照"修旧如故""一屋一特色"的新生活方式修缮理念，采用原生态、低碳环保的传统技艺，打造古朴典雅与现代审美相结合的优质空间，让传统村落不失乡愁古韵而又简约清新，以较低的成本实现技艺传承、老屋保护、就业增收、舒适宜居"四赢"局面。截至2024年6月，屏南县累计完成老屋修缮改造近400栋，其中发展民宿、农家乐、艺术空间等260多家。

创新乡村治理机制。破除过去项目建设审批流程繁杂、监管困难的弊端，试行"工料法"计算工程成本的管理模式，允许村委会自行购料、聘请工匠、组织施工，实行材料入仓、出仓，用料、用工、施工等全程监督，从而简化流程、节约费用，在建设过程中，注重古法营造、传统建筑技艺的传承，组建了地方特色古建筑修缮队伍，发挥传统工匠带班引领作用，积极培育能工巧匠，让传统技艺和文化薪火相传。2015年以来屏南已培训认定农村工匠300多人。"工料法"被审计署肯定为"典型经验做法"，温铁军教授团队的调研报告《屏南"工料法"实践与以人民为中心的治理体系完善》得到国家层面的重视，被写入福建省委、省政府《关于坚持农村优先发展做好"三农"工作的实施意见》中。"文创推进乡村振兴"机制创新项目在宁德市2018年度绩效考评中位列第一名，列入中共福建省委全面深化改革委员会办公室第二批全省改革典型加以推广，并作为典型经验上报中央全面深化改革委员会办公室。

三、连片成带，产业发展由"单体"变"联动"

屏南县文创产业发展改变了过去单一低效的生产方式，促进了产业融合，形成串点连片产业联动的新发展态势。

推行片区党委，创新抱团发展路径。坚持优化组织设置，打破行政壁垒，将地域相近、产业发展关联度高的3~4个村联合起来，成立片区党委，以传统村落为中心，通过组织融合，形成党建集群效应，推动乡村产业提升、资源整合、治理联动，实现乡村抱团发展。片区党委发挥着承上启下、牵头抓总作用。据了解，屏南县现已成立19个片区党委，覆盖66个村，谋划实施产业项目和基础设施项目119个，总投资近3.27亿元。同时，建设寿山—双溪、屏城—路下—长桥、甘棠—熙岭—代溪3条示范带，形成连片联动发展格局。

推进互融共促，打造辐射带动格局。充分挖掘屏南县域不同传统村落的特色优势，通过"乡村文创＋文旅路径"相结合的发展模式，强化区域关联、产业互融，将各具特色的古村落"串点、连片、成带"。东南带——以龙潭片区为核心，漈下、北墘为两翼的文创产业带；西南带——以厦地、前汾溪为核心，向里汾溪村及路下乡、长桥镇、仙山牧场延伸的红色研学带；东北带——以双溪为龙头，前洋、寿山为重点，向周边拓展的亲水生态旅游带。三条村落带已培育有1个全国乡村旅游重点村（龙潭村），1个福建四星级乡村旅游休闲集镇（双溪镇），4个福建金牌旅游村（龙潭村、北墘村、寿山村、棠口村），14个市级金牌旅游村。

推动走向全国，形成示范引领效应。2023年屏南县被列为传统村落集中连片保护利用示范县，传统村落集中连片保护利用的相关做法被住建部列为传统村落保护利用（第一批）可复制经验向全国推广；"文创留住乡愁赋能传统村落振兴"入选中宣部创新案例，《古村落的"化蝶新生"——福建省宁德市屏南县古村落保护活化利用路径探究》在福建省委宣传部大调研专刊上刊登。

综上所述，屏南县通过创新发展理念、引进人才、党委政府引导以及推广经验等措施，成功地将文化创意与旅游产业相结合，为乡村振兴提供了新的发展路径。

第二节　屏南践行"千万工程"的突破

近年来，屏南县积极贯彻新发展理念，以古村落为平台，形成文创、休闲、康养等旅游产品，不断丰富文旅业态，走出了一条高质量发展的特色乡村振兴之路。2024年中央一号文件《中共中央 国务院关于学习运用"千村示范、万村整治"工程经验有力有效推进乡村全面振兴的意见》发布后，屏南县高度重视，积极加强研究和实践，与中国西部人才开发基金会对接，引入"千万工程·联创共富"乡村治理人才培育计划，开展了系列培训和调研，实施了一系列创新举措，形成了更多的特色和成果。

一、加强全域联动，打造场景化特色研学品牌

（一）提升仙山学习馆，丰富研学新内涵

1989年8月底，时任宁德地委书记的习近平同志率地委、行署班子成员和各县（市）委书记，专门在仙山牧场举办为期一周的地委学习中心组读书班，就闽东事业的发展开展了大讨论。在学习会上，习近平同志强调，各级领导干部要以求实、求真、求深的精神，抓好思想理论建设，带头学好、用好马列主义，真正掌握理论武器。这也给了仙山学习馆最初的精神引领和能量。

仙山学习馆是一个集中展示马克思主义学习型政党建设为主题的现场教学基地，分设守正厅、启新厅和笃行厅三个部分。通过现场教学，重温当年习近平同志在仙山组织开办宁德地委学习中心组读书班的点点滴滴，实地感受读书班的精神内涵和时代意义，引导党员干部加深对建设学习型政党的理解把握，推动习近平新时代中国特色社会主义思想学习往深里走、往实里走、往心里走。

推进学习型党组织建设，意义非常重大，旨在全党大力营造和形成重视学习、崇尚学习、坚持学习的浓厚氛围，使党员的学习能力不断提升、知识素养不断提高、先锋模范作用充分发挥，使党组织的创造力、凝聚力、战斗力不断增强。

鉴于此，屏南县高度重视这一培训资源的开发和利用，在服务队的支持下，围绕着学习型党组织、学习型社会做专题课程研发，基于已有的内容支撑，延伸设计了各界人士学什么、怎么学的系列课程，尤其是新时期各级党组织、党员学什么、怎么学，国央企领导干部职工学什么、怎么学，民营经济人才学什么、怎么学，社会各领域人士学什么、怎么学等不同专题，专门就学习内容和学习方法邀请相关专家、实践者进行讲解、指导，为推动学习型党组织和学习型社会建设作出积极贡献，也使得原本的学习精神和内容有了新的提升和拓展。

在此基础上，一方面做"新时代学习型党组织建设论坛"等专题交流活动，

另一方面使之延伸成为屏南各研学路线之第一课，既加强了党的建设，又促进了各类研学活动认知和方法的提升。

（二）遴选特色项目点，串联研学新路线

围绕传统村落保护与开发、电商直播、文艺乡村等专题，遴选屏南已有较好基础的项目点做拓展，提升赋能，使之具备成为研学点的条件，如"千万工程"屏南高级研修班、屏南县传统村落保护与开发专题研修班等。基于已有的基础，通过整合这些资源，助力屏南县打造具有特色的研学线路。

【策划精选】

屏南县特色研学线路设计建议

廊桥文化研学线路：涉及屏南县的古桥建筑和相关的历史文化，旨在让学生在实地考察中了解桥梁建筑的艺术以及历史背景。

红色文化研学线路：红色文化是中国共产党领导中国人民进行革命斗争的历史见证，该研学线路旨在传承革命精神，增强学员的爱国情感。

戏曲文化研学线路：通过接触学习地方戏曲艺术，体验传统文化魅力，进一步涵养文化自信。

乡村文创产业研学线路：屏南县依托各村的优势资源和乡村文创产业发展基础，将研学教育实践与生态文旅、绿色休闲等特色产业有机结合，走出了"农文旅"融合发展新路子，为进一步研究乡村产业振兴提供有益借鉴。

总的来说，屏南县的研学线路结合了自然美景和传统文化，可以为包括学生在内的社会各界人士提供多样化的学习和体验机会，也可以在不断丰富和提升中，为当地的文化旅游发展带来新的活力。

（三）创建多个实践地，支撑研学新场景

屏南围绕党的建设、乡村建设、乡村产业、乡村治理等不同角度，选择具有特色的地方设立实践基地，配套相关学习设施和设备，支撑各类特色研学活动。例如，位于前汾溪村的社会美育综合实践基地是一个集艺术教育、研学旅行、康养团建于一体的综合性研学基地。前汾溪村景观优美，为学生提供了一个接触自然、体验生活的绝佳场所。

屏南县依托屏城乡古村落的人文底蕴，谋划和打造一系列新的研学营地，旨在将屏城乡打造成屏南县的研学旅游集散中心。这些研学营地不仅能够提供传统的文化学习，还提供当地特色药膳美食体验。

二、践行"两个结合"，走出传统村落新路子

党的二十大报告指出，坚持和发展马克思主义，必须同中国具体实际相结合；坚持和发展马克思主义，必须同中华优秀传统文化相结合。这"两个结合"实际运用到屏南县，又是另一番景象。

2015年，艺术家林正碌将"人人都是艺术家"的理念带到了屏南县双溪镇，在这里创办了双溪安泰艺术城，带领团队为周边村民免费提供油画教学。他认为，油画培训不教任何技法，鼓励农民释放天性，大胆自信地独立创造。

89岁的高奶奶、身高不到1.2米的沈明辉、经营食杂店的黄余清、开餐馆的陈孝坚、开民宿的陈孝高夫妇……这些绘画几乎零基础的老人、残障人士、农民等，在"人人都是艺术家"公益教学的带动下，纷纷拿起画笔，成为"农民画家"。

"乡村的价值就在那，看得懂的人自然懂，看不懂的人只想着把它移走。"这是林正碌聊到乡村时最喜欢的比喻。

此外，屏南还通过整合专家学者、文创人才、乡村振兴特聘指导员等人才，策划生成"影像共创""潮农共创""杂志共创"系列活动，发起"村歌计划"，带动村民共创《云四坪》《梦墘头》系列村歌作品，解锁发展新路径，耕耘乡村新业态，编织农人新故事，乡村传统文化逐步焕发新活力。

周芬芳是屏南县政协原主席，屏南乡村振兴研究院副院长，中国古村落守护

人、福建省传统村落保护大使、西南大学中国乡村建设学院特邀研究员。她组织领导屏南文化遗产保护研究 20 多年，主编出版《乡土屏南》等著作 20 多部，曾担任屏南县传统村落文化创意产业项目指挥部第一副总指挥长等职务，带领团队积极配合政府引进国内外艺术家驻村，成功打造屏南文创品牌，推动龙潭等传统村落活态保护和文创扶贫、文创旅游、乡村振兴。

中华优秀传统文化是建设中国特色社会主义先进文化不可缺少的基础和起点。努力做好中华优秀传统文化的收集、整理、挖掘、梳理、总结，去伪存真、去粗取精，弘扬精华，创新发展。屏南县传统村落的保护与发展正是体现了这一点。

三、创新人才服务，变空间经济为主体经济

随着大批新村民入驻，屏南县委组织部门和相关机构，为了更好地服务这些新村民，采取了一系列措施。

在屏南县"新村民"和"老村民"同步发展过程中，尤其是随着一系列新业态的出现，屏南县坚持党管人才，打造人才众想智汇服务驿站、人才交流服务基地、人才驿站等，组建服务保障人才工作专业化队伍，不断提升服务人才的水平，努力营造聚才、育才、爱才、惜才的浓厚氛围，使得屏南多个村成为新农人、新项目、新模式的孵化器。

做好人才服务工作，需要纵向链条延伸、横向区域拓展以及跨界融合。其中纵向链条延伸的支撑是人才链、创新链、产业链、供应链、资金链等，不断开辟新赛道，塑造新优势，培育新动能，产生新效益；横向区域拓展包括对外服务输出，如基于平台支撑的传统村落发展服务包、乡村文创产业发展服务包等，通过规模化收储、专业化整合、市场化运作，把各类资源转化为优质资产包，投入二级市场再投资产生效益；跨界融合指为人才提供多元化支撑，通过建立"多元参与、优势互补、链接共创"的利益共享机制，推动人才与人才、与乡村村民之间的链接共创，助力打造新质生产力，激活源源不断的内生动力。

第三节　屏南探索的经验与启示

屏南县基于多年来的脱贫攻坚和乡村振兴实践，结合对"千万工程"的学习与运用，进一步推动了区域各项工作取得新进展。在此过程中，有以下几方面经验值得借鉴。

一、坚定理想信念，塑造发展合力

宁德是习近平曾经工作过的地方，是精准扶贫重要理念的孕育地和实践地。屏南县位于宁德市西部，虽然经济发展相对缓慢，但始终坚持"弱鸟先飞""滴水穿石"的闽东精神，立志山区要有大发展，小县也有大作为，团结带领广大党员和群众，勇于创新、不懈奋斗，致力"努力走出一条具有闽东特色的乡村振兴之路"。这种精神和信念，在屏南县委组织部和广大党员群众中都能深刻感受到，这也为屏南的全面发展注入了持续的动力，形成了发展的合力。

二、守住绿水青山，彰显后发优势

首先，屏南县坚持生态优先，绿色发展，将保护绿水青山作为发展的前提，通过科学规划，合理利用自然资源，实现了生态效益与经济效益的双赢，不仅改善了环境，也为可持续发展奠定了坚实基础。其次，充分利用后发优势，避开了传统发展模式中的弯路，直接跳转到绿色、低碳的发展路径。通过发展生态农业、乡村旅游等绿色产业，成功地将生态优势转化为经济优势，实现了高质量发展。同时，重视科技创新，通过现代技术提高环境监测效率，促进绿色转型；重视生态教育与文化传承，通过举办各类生态文化活动，增强了公众的环保意识，营造了全社会共同参与生态保护的良好氛围。

屏南的经验启示我们，经济后发地区也有潜力和优势，完全可以通过坚持生态优先、创新驱动，走出一条符合自身特点的绿色发展之路，实现经济社会与生态环境的和谐共生。

三、秉持大人才观，构建人才生态

国以才立，政以才治，业以才兴。屏南县在人才工作上大胆创新，卓有成效，为地方发展注入了强劲动力。首先，不断拓宽视野，打破地域限制，采取灵活多样的引才政策，吸引各类专业人才，特别是首创"乡村振兴特聘指导员"制度，汇聚了生态建设、文化旅游、现代农业等各领域专家，为地方发展提供了智力支持。其次，注重人才培养，建立了多层次的培训体系，提升本地人才的专业技能和综合素质，激发了人才潜能。再次，优化人才服务环境，通过提供良好的工作条件、生活环境和职业发展空间，留住人才，让人才愿意扎根基层，长期服务于地方发展。最后，强调人才与地方特色相结合，鼓励人才在生态保护、绿色经济等领域发挥专长，实现个人价值与地方发展的有机统一。

屏南县构建人才生态的成功实践启示我们，人才是推动区域发展的关键，通过创新人才政策，优化人才环境，可以有效激活人才活力，促进地方经济社会的全面进步。

四、加强专业赋能，激活传统村落

屏南县在激活传统村落的过程中，高度重视专业赋能，走出了一条独具特色的发展路径。首先，屏南县引入艺术、设计等领域的专业人才，通过艺术驻村计划，将传统村落转变为艺术创作的平台，不仅提升了村落的文化品位，也吸引了外界的关注，促进了乡村旅游的发展。其次，屏南县注重传统村落的活化利用，通过专业规划和设计，保留村落的历史风貌，同时融入现代生活元素，使古老村落焕发新生，成为集居住、旅游、文化体验于一体的新空间。再次，屏南县加强村民的技能培训，提升他们参与村落保护与开发的能力，让村民成为活化村落的主体，实现了村落的自我更新和持续发展。

屏南县的经验告诉我们，专业赋能是激活传统村落、推动乡村发展的关键，通过引入外部专业力量，结合本土特色，可以有效提升传统村落的价值，实现文化遗产的保护与经济社会发展的良性互动。

五、搭建融创平台，培育多元业态

乡村的发展要有形态、有文态，还要有业态。屏南县通过搭建融合共创平台，成功培育了多元化业态，为区域发展注入了新活力。创新性地整合了政府、企业、社会和村民等多方资源，构建了开放共享的共创平台，促进了不同领域、不同行业的跨界合作。这不仅吸引了文化创意、生态农业、乡村旅游等多元业态的集聚，还鼓励了新业态、新模式的探索与实践，形成了产业间的互补与协同效应。在此过程中，注重培育本地企业家精神，通过提供创业指导、资金支持和市场对接等服务，激发了民众的创新创业热情，推动了小微企业的蓬勃发展。同时，屏南县加强与高校、研究机构的合作，引入先进的理念和技术，提升了产业的创新能力和竞争力。

这些经验启示我们，通过搭建融合共创平台，可以有效融合各方资源，促进产业多元化发展，实现区域经济的转型升级。

综上所述，屏南县在学习运用"千万工程"经验推动乡村振兴工作的过程中，以精神为引领、以生态为底色、以人才为动力、以文化为抓手、以产业为路径，各项工作取得了显著成效。这不仅有助于推动屏南县的乡村振兴，也为其他地区提供了可借鉴的经验。

服务篇·

践行『千万工程』的探索与服务

"千万工程"和乡村振兴需要各领域服务团队的参与和助力。本篇以 2023 年实施的"千万工程·联创共富"乡村治理人才培育计划为例,从"千万工程·联创带富服务队"的视角,阐述学习运用"千万工程"经验推动区域乡村振兴的理念和实践探索,供各界参考。

第十二章

"千万工程·联创带富"的服务探索

第一节 走进"千万工程·联创带富服务队"

"千万工程·联创带富服务队"成立于 2023 年 6 月，是基于"千万工程·联创共富"乡村治理人才培育计划的策划和实施，由长期服务乡村的各类专业人士组建的团队。服务队的成立，旨在深入研究乡村发展的时代趋势和本质规律，传播推广浙江名村"先富带后富、促进共同富裕"的理念精神与方法，从产业、科技、人才、文化、组织等角度，开展中西部地区乡村联创"带富"行动，共同打造高质量发展的乡村共富示范样板。

一、服务队基本情况

（一）服务队的组建特点

"千万工程·联创带富服务队"的成员有多年服务乡村的"三农"领域专家、战略策划者、规划设计师、企业家等，主要呈现以下几个特点。

基于需求组建，来自多元主体。服务队的成员不局限于某一个或几个机构，而是坚持问题导向、需求导向，是以所服务县域的需求为基础而组建的专业人才队伍，基于乡村有什么需要什么人才，而不是我们有什么能做什么，这是基于主体角度的创新。

基于支撑组建，带着解决方案。服务队的成员大多具有多年的实战经验，有着各自的资源。这样一方面在策划项目的时候能兼顾现实情况，做到理论联系实际，另一方面能为策划提供落地支撑，帮助所服务的区域实现资源对接，推动策划项目的落地和实施。

基于合作组建，共创价值空间。服务队的成员，都是多年服务乡村的人，对乡村充满热情，能够以开放共享的心态融入团队，也能积极展开各个角度的合作共建。

与此同时，"千万工程·联创带富服务队"设置了产业发展中心、品牌融媒体中心、法务服务中心等相关职能小组，汇聚不同领域的专家等，为乡村产业发展、品牌提升、法律服务等提供及时有效的咨询指导服务。

总之，"千万工程·联创带富服务队"是一支专业化、多元化、实践型的咨询服务与运营支撑队伍，一切以基层需求为准，以为人才成长赋能、为区域发展助力为共创目标，在践行"千万工程"、服务乡村的过程中，追求团队价值和个人价值的共生共赢。

（二）服务队的成员构成

服务队具有多元化的人才支撑，主要包括以下三个方面。

多领域的专家团队。服务队汇聚了各领域专家，为区域发展提供专业、系统的咨询服务。专家团队具有结构合理、服务领域广泛、重点突出等特点，主要承担县域农业农村技术指导、策划咨询、人才培训、项目论证等服务。

比如，服务队顾问乔惠民先生是中国国土经济学会研究室主任，气候经济专家，是《低碳国土实验区共建发展纲要》《国土空间优化发展实验区共建发展纲要》《深呼吸小城共建发展纲要》《绿色国土行》及"美丽中国-深呼吸"试行团体标准主要起草人，主持或参与美丽国土名片课题研究、国土气候物候旅游休闲康养经济发展研究，中外避暑旅游目的地研究等课题。

实践型共富指导师。推动乡村振兴，"领头雁"是关键，最具代表性的便是村党组织书记。

服务队在组建过程中，非常重视"领头雁"的引领和示范作用。邀请名村强村带头人共同组建全国"百名实践型共富指导师"队伍，赋能乡村发展。一方面，邀请他们为其他乡村基层干部分享其在践行"千万工程"、推动乡村振兴过程中的好经验、好做法；另一方面，邀请他们根据特色专长，为县域主导产业赋能。

浙江花园联合党委书记、花园村党委书记、花园集团董事长邵钦祥就是其中一员。他几十年如一日立足农村、扎根农村、奉献农村，从 1981 年开始，带领老百姓在改革开放的浪潮里创业创新，使花园村实现了从穷到富、从小到大、从弱到强的成功转型，成为乡村振兴样板村。

与此同时，很多名村、强村都建有人才学院、培训基地，可作为"千万工程"的人才实训基地，并根据所属片区进行研学路线设计，为全国各地各类人才学习交流提供平台。

实战型项目运营师。 乡村振兴离不开专业的乡村项目运营人才，大体分为数据策略型、文案策划型、项目统筹型、资源获取型四种类型。对乡村项目运营人才的要求比一般企业经营人才要高，比如要了解乡村、对乡村有情怀，还要具备处理复杂关系的能力，善于充分利用政策支持，运用市场经济手段，对乡村可经营资源进行市场运作，打通"绿水青山"向"金山银山"的转化通道。

服务队汇聚了各种类型的乡村运营者，以满足乡村运营的复杂性、多样性和持续性。如邀请中国联合工程有限公司乡村振兴研究院副院长李乐华开展产业项目策划、投资和运营等全产业链服务等。

二、联创带富服务的能量支撑

"联创带富"的理论基于服务队长期以来对浙江花园村发展经验的研究总结。可以说，村庄经济的发展都经历过（或正在经历）"脱贫-致富-创富-带富-共富"的过程。服务队在推动"千万工程·联创带富"的探索与实践中，选择了新时代中国乡村发展最具代表性的 3 个村庄主体，将其发展路径、模式和经验总结并转化运用，成为服务全国乡村的能量支撑。

（一）基于浙江花园村"产城融合"的主体能量

浙江花园村是全国首个"村域小城市"试点，是浙江实施"千万工程"的样板村之一，呈现出了现代的新型主体关系。花园村在 40 年的发展过程中，创造了个私、民营和集体三者合一的"新集体"经济，一步步从勤劳致富走向创业先富，从输血帮扶走向造血谋富，从精准扶贫走向智慧创富，从服务带富走向联创共富，花园村走出乡村发展的新路径，率先成为"敢富、创富、带富、共富"全过程中最有样本意义、示范意义的自觉先行者，为全国村庄发展积蓄了巨大的主体能量。

（二）基于安徽小岗村"镇园一体"的主体能量

小岗村作为中国农村改革的主要发源地，实现自身创富带富的同时，不断输出创富带富新理念、新方法。小岗村不断把"农"字用常用好用新，结合实际抓好贯彻落实，在坚持搞好农业生产的基础上，积极发展农产品加工产业，着力推进农文旅融合，持续强化农村改革创新。作为全国少有的兼具国家级农业科技园区和特色产业园区的村庄，小岗"镇园一体"的高质量发展模式初具规模。

【路径参考】

安徽小岗村：做好"农"字文章　推进乡村全面振兴
（凤阳县委常委、统战部长，小岗村党委第一书记　李锦柱）

2024 年中央一号文件深入贯彻习近平总书记关于"三农"工作的重要论述，锚定建设农业强国目标，聚焦推进乡村全面振兴，以学习运用"千万工程"经验为引领，对"三农"工作进行了系统部署。作为中国农村改革主要发源地，小岗村不断把"农"字用常用好用新，结合实际抓好贯彻落实，在坚持搞好农业生产的基础上，积极发展农产品加工产业，着力推进农文旅融合，持续强化农村改革创新，讲好农村发展故事，不断赋予"农"字更多时代内涵，推进乡村全面振兴。

一、深刻领悟中央一号文件精神，把握小岗村"以农为本"的时代价值

40多年前，小岗村一纸契约搞起"大包干"，拉开了中国农村改革的序幕，充分发挥了"三农"的基础作用和强大动能。新时代，推进乡村全面振兴不断取得新成效，小岗村仍要紧紧围绕"农"字做文章，常讲常新，继续在农村改革发展中起到示范作用。

一是接续奋斗，加快自身发展。老典型要当新先进，要紧紧把握"农"字，聚焦乡村产业、人才、文化、生态、组织等"五大振兴"，把农村改革推深做实，把发展的势能培育好，把和谐稳定的工作抓好，走好党建引领、创新驱动、产业带动、治理联动、共同富裕的乡村振兴之路，让村庄更美、产业更旺、乡风更文明、百姓更富裕，让农村改革发源地继续在推进乡村全面振兴中走在前列。

二是以点带面，推动区域经济社会协同发展。一花独放不是春，百花齐放春满园，既要立足小岗，又要跳出小岗地域局限来谋划发展。一方面，突破"小岗"的地理概念，塑造和提升小岗品牌形象，把小岗培育成为"三农"领域的代表性和示范性品牌。另一方面，通过共同规划、共享资源、优势互补等方式，带动周边乡村抱团取暖，打"小岗牌"，走开放路，吃改革饭，唱经济戏，做发展文章，抓小岗促全县乡村振兴，推动区域经济社会协同发展。

三是示范引领，为推进乡村全面振兴提供"小岗样板"。小岗村作为中国农村的典型代表，持续探索以做好"农"字文章推进乡村全面振兴的方法路径，可以为全国大多数乡村提供借鉴。一滴水可以折射出太阳的光辉，以小岗村之窗展示凤阳之变，滁州之进，安徽之为，中国之治，这是小岗村的"旧邦新命"。

二、聚焦主要矛盾，着力推动农村发展转型升级

2024年发布的中央一号文件明确提出，"抓好粮食和重要农产品生产""强化农民增收举措""提升乡村建设水平"。小岗村要抓住影响乡村自身发展的主要矛盾，要在以下三方面拿出新举措，取得新成效。

一是扎实抓好粮食生产和重要农产品供给，推动现代农业提质增效。要胸怀"三农"国之大者，牢固树立"大食物观"，攥牢"粮袋子"，挎好"菜篮子"，端稳"果盘子"。聚焦提高粮食单产，在"小田变大田"的基础上启动新一轮高标准农田改造提升，进一步适度归并田块，合理建设改造灌排水设施，优化田间道路布局，配套农田输配电设施，提高粮食生产能力。推动小岗种业公司做优做强，支持企业自主研发水稻品种，夯实种质资源根基。

二是千方百计增加农民收入。持续促进乡村产业转型升级，一方面大力招引农产品加工企业落地，推动农业产业链条向纵深延伸；另一方面发展红色旅游、研学实践、教育培训、直播电商等乡村特色富民产业，推动乡村一二三产业融合发展，通过丰富的产业业态带动村民创新创造创业，增加就业岗位。

三是提升乡村建设水平。小岗村要瞄准党的二十大提出的"农村基本具备现代生活条件"目标，坚持乡村为农民而建，不断提高乡村基础设施完备程度、公共服务便利度、人居环境舒适度。规划先行，因地制宜，加快推进"多规合一"科学编制和落地实施，保护乡风乡韵，突出丘陵的错落有致和农田的田园风光，不搞"千村一面"。

三、建立健康食品产业链，推动农产品加工做大做强

2024年中央一号文件指出，"推动农产品加工业优化升级""壮大乡村人才队伍"。目前，小岗村已经建成了5平方千米的小岗农产品加工产业园，构建了以小岗产业园为支撑的健康食品产业链，在壮大农业产业和带动农民增收方面成效明显。健康食品产业链一头连接着农业增值和农民增收，另一头连接着百姓餐桌和健康饮食，下一步要继续紧盯"粮头食尾、畜头肉尾、农头工尾"，持之以恒建链、延链、补链、强链，打造大企业顶天立地、小企业铺天盖地、百姓创业欢天喜地的乡一是持续推进小岗产业园建设。结合园区发展定位，不断完善配套设施，加快实现园区高标准"七通一平"，提高园区产业承载能力和公共服务能力，村产业生态。

为企业引进和项目落地提供良好条件。依托国家农业科技园区，发挥小岗产投公司和小岗乡村振兴产业基金作用，深化南京经济技术开发区凤阳省际合作园区建设，整合特色资源，推动优势互补，加快产业转移、培育和升级，促进健康食品加工产业链上下游企业落地见效，实现产业集聚和要素流动。

二是大力开展招商引资。拓宽招商渠道，创新招商方式，延伸招商触角，多方位提升招商质效。办好第三届长三角绿色食品加工业大会，搭平台，聚要素。坚持专业招商。完善招商优惠政策，通过精准对接、持续跟进和策划统筹推进项目招引。坚持以商招商，产业链招商。

三是扎实做好"引智上岗"。人才振兴是乡村振兴的基础，要坚持培养与引进相结合、引才与引智相结合。通过选拔培养管理和技能培训，搭建本土人才选育平台。通过提供就业和优化设施，搭建外出人才回流平台。通过招商引资和招才引智，搭建社会人才招引平台。加强与安徽财经大学、安徽科技学院、江南大学、南京农业大学等高校深度合作，搭建高等人才下乡平台。

四、立足独特资源禀赋和特色文化，促进农文旅深度融合

2024年中央一号文件指出，"实施乡村文旅深度融合工程"。小岗村拥有独特的地域风貌、资源禀赋和人文底蕴，要立足乡村生产、生态、生活、文化等重要功能，将自然生态和文化资源转化为旅游产品，构建农文旅融合产业链，推动一二三产业有机结合。

一是不断挖掘"大包干"、沈浩同志、小岗精神的人文内涵和时代价值。系统梳理小岗村"大包干"历史脉络和党的十八大以来的发展成效，由小见大反映中国农村几十年来的深刻变迁。以"大包干"、沈浩同志和新时代小岗三个发展阶段背后的精神内涵为蓝本，打造精品红色文化和农耕文化课程，让来到小岗的每个人都获得不断前进的精神力量。依托小岗干部学院和中组部、农业农村部农村实用人才培训基地，把小岗精神转化为发展的重要支撑，融合教育培训和旅游，积极发展教育培训产业。

二是将乡村休闲和现代农业深度融合。不断创新农业的功能模块，挖掘其生态、休闲、养生、教育等多重功能。

三是精心打造乡村乡愁系列景点。乡愁是乡村旅游的魂，要践行"望得见山、看得见水、记得住乡愁"发展理念，通过老房子、老物件、老手艺，慰藉游客的怀旧情怀。丰富"当年农家"景点内容，通过还原二十世纪七八十年代的村落风貌，土墙茅顶屋舍俨然，瓜秧果树小桥流水，展示手工酿酒、古法榨油等传统手工制作技艺，打造凤阳花鼓、淮河大鼓、凤阳民歌等非遗文化舞台，让游客体验民俗，感受农耕文化。

五、围绕处理好农民和土地的关系，深化农村改革质效

2024年中央一号文件指出，"强化农村改革创新"。小岗村作为中国农村改革主要发源地，要继续当好新时代农村改革排头兵，重点要做好以下三个方面。

一是做好农村集体产权制度改革后半篇文章。巩固拓展改革成果，发展新型农村集体经济，深化"资源变资产、资金变股金、农民变股东"改革，探索将小岗品牌资源等作为集体资产纳入"三变"范围，扩大改革覆盖面。不断拓展股权证权能，发展多种形式的股份合作。继续深化集体经济股份合作社和村集体企业的双轨制经营，探索多样化发展途径，发展壮大集体经济。

二是持续深化"三权"分置改革。落实农村集体土地所有权，保障承包农户土地承包权，保护经营主体土地经营权。主动探索农村土地二轮到期延包30年试点，给农民吃下"定心丸"。有序推进适度规模土地流转，大力培育新型农业经营主体，实现农业向机械化、集约化发展，节本增效提高生产收益。稳慎推进农村宅基地改革，引导和鼓励农户腾退闲置宅基地和农房，着力激活乡村低效建设用地资源，赋予农民充分的财产权益。

三是积极探索农村金融改革。加大和金融机构合作力度，开展党建引领信用村建设，创新惠农助农金融产品，探索产业链金融在农业领域的应用，着力探索支农支小支微新举措，破解乡村融资难、融资贵问题。探索政府引导、政策扶持、市场逻辑、资本力量、平台思维、专业操作、百姓主体的产业发展路径，通过金融进村，推动新型农业经营主体壮大和村民创新创业。

（文章内容有删减）

（三）基于湖南十八洞村"村企联动"的主体能量

作为"精准扶贫"的首倡地，十八洞村坚持因地制宜，利用优势资源发展特色种养、乡村旅游、苗绣加工、山泉水加工和劳务输出五大产业，激活传统土特产资源，面向市场进行产业培育和经济重构，以特色产业推动和美乡村建设，实现了巩固拓展脱贫攻坚成果与乡村振兴有效衔接，对接国家政策发展乡村"土特产"经济，并输出脱贫致富、创富的新理念、新队伍、新方法，成为"村企联动"村庄的主要代表。

第二节 "千万工程·联创带富"的未来方向

一、联创带富服务的内容和方式

服务队在中国西部人才开发基金会的指导下，在"科创中国"乡村振兴联合体、中国国土经济学会等机构的支持下，发挥浙江花园村、航民村等共富示范作用，汇聚北京联村村信息咨询中心、超选智能科技研究院，协调相关部门、高校等多方优势，用经济组织联动微观主体，用社会治理衔接文明成果，用人才培育贯通中观支撑，为县域打造"联创共富服务综合体"。通过线上线下相结合的方式，有序承载和匹配资源，提供生产性服务、科技服务、生活性服务，通过汇集技术、人才、资金、信息、供应链等各种要素，优化区域营商环境，使区域内外、供需双方高效率、低成本、零距离对接，进而构建一个多方利益群体有效互动的生态圈。

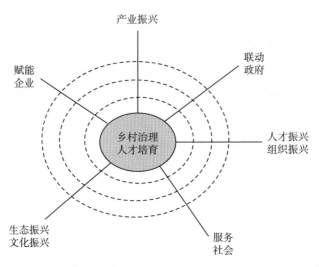

乡村治理人才培育计划与"五个振兴"的关系模型①

　　乡村治理人才培育计划以联动政府、赋能企业、服务社会为总实施路径，对"五个振兴"进行了结构化推动。一是以人才和组织振兴为切入点，通过统筹创新快速构建发展方向，是推动比较快的；二是通过挖掘地方的生态和文化资源，对接匹配相关组织并找准发力点，发展相对缓慢；三是基于上述两点，共同作用于产业，高效匹配供需，推动区域的高质量发展，实现群众高品质生活和共同富裕，快慢程度介于中间。

　　与此同时，服务队专家基于多年对乡村的研究和总结成果，提炼出"联创共富"的工作方法，其中，"联创"包括"五联"，即联合百姓——创业，联系组织——创富，联络能人——创造，联结农业——创意，联动发展——创新；"共富"包括"五富"，即富口袋、富脑袋、富心态、富康泰、富生态②。

（一）主要服务方向

　　基于乡村治理人才培育计划的乡村振兴人才队伍建设。学习运用"千万工程"经验，核心和关键在人，浙江"千万工程"凝聚了一大批有思想、有文化、有技

---

① 该模型是在中国农业大学卢凤君教授指导下，结合"卢逻辑"学思用创方法论基础模型调整而来。

② "五富"的说法出自中国农业大学卢凤君教授等编著的《现代化美丽的花园村》。

术的人才。学习运用"千万工程"的经验，需要充分激发乡村现有人才活力，吸引更多人才到乡村创新创业。

"千万工程·联创共富"乡村治理人才培育计划，聚焦培育以村党组织书记为主的县镇村三级复合型人才，对内赋能种养技术人才、文旅运营人才、文化创意人才等各类专业化能人，对外引进相关领域的专家、企业家、运营师等组成合成式人才，基于结构化与场景化相结合的培训、个体化与群体化的交流、集体化与团队化的实践赋能，帮助县域组建一支专业化、复合型、合成式的人才队伍，为县域经济社会的发展、乡村振兴提供持续有力的人才支撑，形成上下贯通、内外联动的人才格局。2023 年 10 月，"千万工程·联创共富"乡村治理人才培育计划入选第三届乡村振兴人才论坛"2023 乡村人才振兴优秀案例"。

基于标准制定和区域公用品牌打造的产业和产品赋能。产业振兴是乡村振兴的重中之重。2024 中央一号文件提出，鼓励各地因地制宜大力发展特色产业，支持打造乡土特色品牌。服务队重视挖掘地方土特产，使其成为健康生活的有机食材，加上科技与文化的赋能，推动区域特色产业增产提质、增值提效，真正实现产业的高质量发展，促进区域实现共同富裕。

服务队专注于乡村特色产品、产业的评价体系制定与创新传播，2024 年 1月发布《2023 科创中国"土特产号"专业村重点名片及深化发展研究报告》，包括"2023 大国茶村 CPPC 口碑指数重点名片""2023 蔬香百村 CPPC 口碑指数重点名片""2023 果品百村 CPPC 口碑指数重点名片"（简称大国茶村、蔬香百村、果品百村）三项研究评价优选名单。"土特产号"专业村的特征是以"土"为本、以"特"见长、以"产"做强、以"专"制胜、以"质"求精，以"小"博大。

服务队专家成员多年来服务于全国生态农产品（食材）区域公用品牌建设，推动"生态产品区域公用品牌"价值实现，先后编制《生态农产品（生态食材）团体标准》、《生态农业园区（农场/庄园）》团体标准、《航天生态农产品（生态食材）通用技术要求》团体标准等。依托团体标准，服务队联合中国农科院、中国林业与环境促进会等共同推动"中国生态好粮油""中国生态原产地""中国生态食材示范基地""中国生态美食地标"等区域公用品牌的评价认证。基于标准制定和区域公用品牌打造为产品赋能。

基于"科创中国"乡村振兴产业发展大会等平台赋能。目前，全国各地乡村振兴事业发展得如火如荼，但缺乏全国性的学习、交流、合作和展示平台。围绕服务产业和人才两大方向，服务队联合相关机构搭建了"科创中国"乡村产业发展大会和乡村振兴人才论坛等平台。

"科创中国"乡村振兴产业发展大会由中国科协"科创中国"乡村振兴联合体、中国国土经济学会主办，联合地方政府、名村及各类行业协会、标杆企业共同举办，每年一届，旨在把握乡村产业振兴发展方向，破解当前乡村产业发展中遇到的新问题，为乡村产业发展搭建交流与合作平台，引导各类经营主体参与乡村振兴。大会平台注重实效，围绕"四个一批"设计内容，即推荐和传播一批乡村产业发展典型案例、典型经验和典型模式；带出一批专业化、复合型、合成式的乡村振兴人才队伍；孵化一批特色化、链条化和融合化的乡村新产业新业态；形成一批区域招商引资以及科技组织助力乡村振兴的实践方法；探索破解乡村共富问题，实现先富带动后富实现共富的实现路径。

与此同时，服务队先期已经通过乡村治理人才培育计划实现了区域资源挖掘优质化、优质资源项目化、项目呈现清单化、清单对接精准化，在此基础上，可以通过产业发展大会帮助区域的短板产业补链、优势产业延链、传统产业升链、新兴产业建链，推动区域产业做大做强，实现区域的高质量发展和共同富裕。

2023 年 12 月，首届"科创中国"乡村振兴产业发展大会在浙江省东阳市花园村举办，吸引了全国 27 个省份的近 500 名"三农"专家学者、政府机构、乡村代表，成为全国规模最大、参会人员最广的乡村产业交流与合作平台。第二届"科创中国"乡村振兴产业发展大会计划在贵州省麻江县举办，这也将是麻江县创新招商引资方法、链接全国产业的一次契机。

相对产业合作，人才振兴的服务平台更为可贵，服务队通过与中国西部人才开发基金会联动，助力"乡村振兴人才论坛"和"新时代人才强国论坛"等人才交流的平台搭建，推荐和总结了一批地方人才振兴的典型案例，打造汇聚智慧、助力乡村振兴事业发展的平台。

总之，通过乡村治理人才培育计划的赋能、评价指标体系和区域公用品牌打造的产品赋能，产业发展大会和乡村振兴人才论坛的平台赋能，形成了"三位一体"的县域产业融合创新发展赋能支撑。

（二）重点服务内容

打造一支人才队伍。 基于乡村治理人才培育计划，帮助县域组建一支专业化、复合型、合成式的人才队伍，为县域经济社会的发展、乡村振兴提供持续有力的人才支撑。

建设三类产业园区。 服务队专家在长期服务乡村的过程中，将中国村庄分为"生产型、居住型、生活型、服务型、综合型"五种类型，呈现出递进的关系。其中生产型和居住型村庄属一般村庄，其基本要素是土地、劳动者和人力资源；生活型和服务型村庄属"特色村庄"，其资本构成包含了物质资本、人力资本、组织资本和社会资本；综合型村庄的特色在于"村镇园一体"，作为村庄发展的高级形态，引进和吸纳城市要素使"城、镇、园、村"协同发展，有效配置各种要素资源，其资本构成融入了产业资本、组织资本、社会资本和金融资本等多种形式。

综合型村庄的核心是将现代城市经济的重要元素"园区"概念引入乡村。产业园区是区域经济高质量发展的动力源，作为创新发展的新平台和城乡融合发展的新空间，园区将村庄发展、产业发展和城乡融合起来，推动了创新资源的集聚，使人才、技术和服务等要素，在配置和流动中产生叠加效应。乡村产业园区以农业生产活动为基础，是一二三产业融合的一种新型交叉型产业，它变单向的、个体的农业生产、销售为集约化、规模化生产，并结合游客观赏、品尝、消费、休闲、体验、度假等，形成区域的产业集群效应，是推动农业产业转型升级的一种有效方式。

在县域推动乡村产业园区建设，基于花园村、小岗村和十八洞村三类主体能量，以壮大村庄集体经济与增加老百姓收入为目的，由服务队在全国挑选有一定基础的县镇村，开展友好合作，并免费提供综合性服务，在此基础上双方共创三类特色产业园区。

一类是代表"村域小城市"宜居宜业现代和美的带富共富乡村发展方向的

"花园产业园"。以花园村自然发展（个私经济、民营经济）与组织发展（新集体经济）相结合的花园机制为内容，提升服务区域资源配置的商业价值（新产业、新业态），激活村社发展的活力（主题文化），提高村社生活质量，通过高质量服务提升区域内的百姓幸福感。其服务对象是服务型与综合型的村庄（县域），将其打造成区域的龙头和标杆。

二类是代表着乡村振兴宜居宜业和美的创富带富乡村发展方向的"小岗产业园"。以小岗村"中国改革第一村"的改革基因实现区域生产力和生产关系的协调跨越发展，发挥小岗村的品牌效应和制度性改革机制，从产业选择、产业发展路径、产业融合发展等方面，打造村庄和村域产业园区的协同模式。"小岗产业园"的服务对象是生活型与服务型的村庄。

三类是代表着巩固拓展脱贫攻坚成果宜居和美的致富创富乡村发展方向的"十八洞产业园"。以十八洞村坚持农民主体地位，通过专业合作社、企业等新型经营主体的参与，以及股份制等利益联结机制的应用，形成利益共同体的形式，让村庄和村民参与到市场活动中去，打造基于乡村特色资源的生产经营组织化程度高的现代化村庄。"十八洞产业园"的服务对象是生产型与居住型的村庄。

这三类产业园主要有三种新功能：一是孵化器，孵化资源、人才和科技；二是交流和合作平台，推进园区内各类要素的聚合创新；三是对接区，打通内外需求的对接通道。

发展三类村镇产业。服务队基于标准制定和区域公用品牌打造的产品赋能，依托资源积累和项目优势，服务乡村发展需求，打造三类村镇产业。

一是基于生态食材与气候环境的康养产业。康养产业作为一种新兴业态，是以健康产业为核心，集健康、旅游、养老、养生等众多功能为一体的产业模式，依托的乡村在环境、生态、气候等资源上具有独特优势，其核心在生态食材和良好的气候环境。

服务队将生态食材与生态餐饮、生态康养、生态旅游相对接，制定生态食材生产、餐饮服务和管理标准，完善生态食材和生态餐馆评价标准。打造从生态农田到生态餐桌，从生态的土地到生态的康养的完整产业链。服务队将协助区域开展"中国美食地标保护产品""生态农业园区（农场/庄园）""生态食材产品"

"生态原产地产品"等的评价与认证工作。

服务队专家持续、深入地开展"美丽中国·深呼吸小城"科普宣教、研究评价、共建发展活动。"深呼吸"是指森林与植被覆盖率高，年度空气质量优良天数多，空气负氧离子含量大，主要景观区绿色度、舒适度、美感度好等标准。简言之，就是养眼养肺、空气新鲜。从2013年立项研究，2014年发布首个"深呼吸小城"课题报告起，十年来，对标评价指数研究、评价并列为科普示范的"深呼吸小城"，已经从初始零星出现，变为当今群状、链状、带状发展态势。服务队将根据标准助力地方积极创建"深呼吸小城""深呼吸小镇""深呼吸旅游度假区"等康养品牌。

二是基于农耕、民俗与非遗的乡村特色文化产业。农耕文化、民俗文化和非遗文化都是中华民族的宝贵财富，其中农耕文化包含传统农耕元素和现代农耕元素，民俗风情囊括了饮食文化、生产习俗、生活习惯、节令节庆、村规民约、建筑等多个方面，通过创建农耕文化博物馆，策划耕读体验、耕读休闲、民俗活动演绎，非遗文化创造性转化等，打造乡村特色文化产业。

将创意产业融入乡村文化产业打造过程中，以创意产业的手法将传统文化资源转化为推动乡村发展的产业资本。以创意产业的思维整合各种乡村文化资源，为产业发展服务，提升乡村产品的附加值。如融入文化元素，增加农产品的文化艺术含量，并根据市场需求，运用新理念把农产品变为文化产品。

三是基于治理人才与自然研学的培训教育产业。依托乡村治理人才培育计划在麻江、三都、婺源和屏南等地的实践，围绕"党建＋组织＋人才＋产业"的治理模式，举办"千万工程"高级研修班及专题研修班、研讨会、交流会、专题培训。依托中国西部人才开发基金会，在服务区域共建"乡村振兴人才培训基地"，既通过乡村治理人才培育计划培育一批复合型人才，通过实践中的赋能引进合成式人才，帮助县域建立一支具有示范性、带动性的人才队伍，使之成为区域发展的人力资源和人力资本，又通过对区域乡村人才振兴和产业发展的案例梳理总结，统筹资源做共创，助力地方创新设计学习型党组织和学习型社会专题。

自然研学作为乡村旅游的新型产业形态，以营地教育为着力点，联动乡村风俗文化、农耕文明和农业生产加工与周边产业深度融合发展，可以盘活乡村闲置资源，激发乡村产业发展活力。一方面，乡村可为研学旅行提供更多旅游资源，提升教育价值。另一方面，研学旅行能够为乡村发展带来活力，推动乡村经济持续发展。以自然研学为基础的乡村培训教育产业，通过乡村研学旅行课程开发、乡村研学旅行基地建设、乡村研学旅行产品优化设计、新媒体宣传推广，让乡村旅游和研学旅行结合发展，还可以带动餐饮、住宿、娱乐、休闲、购物等多产业发展，有利于优化乡村产业结构，拉动就业创业。

推动三种乡村消费。近年来，乡村消费呈现出持续增长的趋势，消费规模逐步扩大、消费结构不断优化，一方面，农村居民的消费由吃穿等生存性消费逐渐向教育、文化、娱乐、医疗、保健等发展型消费发展；另一方面，随着乡村旅游等业态发展，城市消费者对乡村生态绿色产品和生态的需求也催生出新的乡村消费形态。

以消费为导向的乡村产品设计，应在充分考虑乡村特色和优势的基础上，满足市场需求和消费者心理，体现出乡村的独特魅力和文化内涵。服务队在推进"千万工程"地方探索的过程中，结合乡村未来发展趋势，将消费产品与现代人健康养生的需求结合在一起，助力打造三种消费场景。

一是生态消费与气养。乡村生态消费基于生产、生活、生态"三生合一"的理念，提供一种远离城市喧嚣，回归自然、宁静、简单的生活方式。它强调与大自然的和谐共处，享受慢节奏、轻松愉悦的生活态度。生态消费产品表现为三类：自然环境消费，如清新的空气（气养）等，让人们在乡村优美的生态环境中享受身心的疗愈；农业活动的消费，在田园生活中，人们亲自参与农耕活动，不仅获得健康的食物，还能更加深入地了解自然和农业知识；休闲互动的消费，田园生活为人们提供了丰富的休闲活动选择，如参与乡村集体活动和农村社会的闲暇自娱活动。

二是舌尖消费与食养。近年来，随着人们生活水平的提高和消费观念的转变，舌尖消费逐渐成为一种新的消费趋势，消费者更加注重食物的品质、口感和健康，追求新鲜、有机、绿色等高品质食材。舌尖消费与乡村食养结合在一起，作为一种自然、健康、绿色的生活方式，体现了人与自然的和谐共生。乡村食养体现在有机养生和时令养生两方面。有机养生指由乡村提供的绿色、优质、特色农产品构建的养生食品，以保证食品的安全和营养价值；时令养生以"不时不食"为理念，注重春生、夏长、秋收、冬藏的养生之法。人们会按照四季的变化来选择合适的食材和烹饪方式，以符合自然规律和人体需要。

三是文化消费与禅养。文化消费是为满足自身文化需求和精神享受而进行的消费行为。文化消费不仅涉及乡村文创旅游产品，更包括对乡村文化、民俗和历史等方面的体验与感受。通过文化消费，追求理想的生活方式和生活态度，达到精神愉悦的目的。

形成三大共享成果。一是乡村能人结构化、结构人才治理化、治理人才组织化。通过对乡村能人的分类与识别、建立数据库或档案、组织能人培训与交流、建立激励机制等，将乡村能人结构化；依托乡村治理人才培育项目，健全人才发展治理体系，加强协同协作，形成多元参与的格局，同时优化人才政策，加强对人才的"二次培养"，提升他们的综合素质和创新能力，实现结构人才治理化；通过明确目标、构建机制、注重培养、优化配置和加强评估等手段，实现更高效、更精准的人才管理和发展，提高治理人才的整体竞争力和可持续发展能力，实现治理人才组织化。

二是乡村资源特色化、特色资源项目化、项目清单对接化。将乡村地区拥有的各种资源，特别是自然资源、人文资源、农业资源等，通过深入挖掘、整合和优化，形成具有地方特色的产业和产品；将具有独特性和稀缺性的特色资源，通过深入调研、评估、规划和实施，转化为具体的、可实施的项目，以实现资源的最大化利用和价值的最大化创造，将资源优势转化为经济优势和社会优势；通过明确的清单形式来优化项目之间的对接过程。明确项目需求和资源、建立信息共享平台、定期更新项目清单、建立有效的沟通渠道等，帮助项目能够更好地管理和执行。

三是田园环境生态化、庭院社区休闲化，百姓生活文明化。通过推广生态农业、节约资源、加强生态保护和倡导绿色生活等方式，可以形成绿色、循环、低碳的农业生态系统，为农村地区的经济、社会和生态发展提供有力支撑；采取规划设计、绿化美化、设施完善等手段，将庭院空间打造成既美观又实用、既安全又舒适的庭院社区休闲场所，以满足村民和游客休闲、娱乐、交流等需求；从加强乡村教育、倡导健康生活方式、营造和谐乡村环境、弘扬乡村文化、强化法律法规意识等几个方面入手，让百姓在日常生活中逐步形成文明、健康、和谐的生活方式，提升乡村居民的生活品质，促进乡村社会的全面进步。

二、联创带富服务的落地路径

（一）服务对象及周期

乡村治理人才培育计划一般由县域政府主办、相关部门协办，以半年为一个周期，在落地县域选择 3 个乡镇、每镇 5 个村，通过多元培训（集中化宣讲＋结构化研讨＋专题化培训＋场景化研学）、系统赋能（实地调研＋方案策划＋项目清单＋资源对接）和示范总结（案例＋模式＋推广），系统赋能相关县镇村三级复合型人才，对内提升专业化人才、对外引入合成式人才，示范性打造县域乡村振兴先锋人才队伍，推动区域产业组织化、链条化、品牌化发展，形成先富带富共富的有效路径和典型案例，推动宜居宜业和美乡村建设。

（二）阶段划分及目标

按照实施进度，将整个计划划分为三个阶段：统筹创新、综合赋能、总结优化。三个阶段内容有交叉，即统筹创新中有赋能，综合赋能中也有培训，总结优化中有培训也有赋能等。

乡村治理人才培育计划阶段划分及目标效果

阶段划分		主要内容	目标效果
第一阶段	统筹创新 （2 个月）	沟通筹备	初步对接＋基础调研＋座谈沟通
		系统培训	整体化报告＋结构化研讨＋专题化培训
		调研策划	场景化调研＋清单化方案［县镇村三级］

（续）

阶段划分		主要内容	目标效果
第二阶段	综合赋能（3个月）	对内提升	专业能人培训＋项目落地指导
		对外衔接	信息分享＋资源对接＋运营指导
		示范带动	学员成为共富宣传员、指导员、教练员
第三阶段	总结优化（1个月）	跟踪服务	理念提升＋方法创新＋体系构建
		案例总结	区域发展模式、人才振兴典型案例等
		宣传推广	乡村振兴人才论坛走进地方"科创中国"乡村振兴产业大会等平台

统筹创新阶段。分为沟通筹备、系统培训、调研策划。一是沟通筹备。由县域组织部门等根据要求初选乡镇、镇选定村庄，并将基础材料提交至服务队。服务队组织相关专家赴所选镇（乡）、村进行基础调研，对入选名单进行调整和确认，并结合实际设计和优化乡村治理人才培训课程。二是系统培训。培训课程为期2天，通过"集中化宣讲＋结构化研讨＋专题化培训"等方式，提升乡村治理人才的系统认知、创新服务和现代治理等能力。内容包括如何认识中国式现代化、如何对接国家政策，国内外村庄发展模式典型案例，县域乡村振兴的问题解析与发展思路、实操方法等。三是调研策划。组织专家分批次对镇（乡）、村进行"场景化调研"和现场指导，在实践中统筹分析资源和产业发展情况，提升乡村治理人才的政策衔接、资源分析、项目策划、资源对接等能力。同时，形成清单化方案，包括每村1份村庄发展建议书、每个片区（或专题）1份发展策划书和全县1份总体实施方案，为项目的全面落地构建一套完整体系。

综合赋能阶段。分为对内提升、对外衔接、示范带动。一是对内提升。指导参加项目的镇（乡）、村开展组织联建，挖掘并赋能专业能人，同时联动各类创业平台、产业服务平台。二是对外衔接。梳理村庄资源和土特产品，通过设在京津冀、长三角和大湾区等发达区域的县域公共招商中心开展"精准化对接"，推介村庄资源和产品，引进合成式人才，同时为县域乡村治理人才提供"伴生化服务"，确保其推动发展有理念、有思路，服务村庄有方法、有支撑。三是示范带动。指导乡村治理人才中的优秀学员分享学习收获，推广学习成果，成为带富共富的宣传员、指导员、教练员，成为县域乡村振兴的生力军，推荐特色产业村参加"科创中国"乡村振兴产业大会，组织召开"乡村振兴人才论坛走进地方"等特色活动。

总结优化阶段。分为跟踪服务、案例总结、宣传推广。对上两个阶段工作情况和带富效果进行跟进和示范性总结。一方面，对带动县域共富的经验和效果进行总结，宣传推介区域发展典型案例；另一方面，对乡村治理人才发挥作用情况进行总结，遴选优秀者作为典型案例，纳入乡村振兴人才队伍，服务更大范围的乡村振兴。

(三) 落地方式和路径

乡村治理人才培育计划为社会公益性项目，在县域乡村治理人才队伍培育基础上，以多维资源和智慧平台为支撑，系统赋能县域发展。目前有四种落地方式，每种方式基于成本匹配不同的赋能和支持，包括：一是完全按照中国西部人才开发基金会公益性项目实施；二是政府购买服务与中国西部人才开发基金会公益资助相结合；三是完全由地方政府购买服务；四是结合县域相关主题培训做内容的赋能。

第十三章

联创带富服务感言集锦

第一节　服务感言

作为"千万工程·联创带富服务队"的一员，每个人都深入参与其中，有辛苦有汗水，有成长有收获，本节就服务队成员参与项目的感受进行反馈。

相逢缘分间，春风化雨时
——我与中国西部人才开发基金会的若干缘分
福建省屏南县政协原主席、屏南乡村振兴研究院副院长　周芬芳

我在尚未退休时，"人才"是每天都要摆在面前的难题，山区县人才引进更是"难中加难"。过去，人们一想到乡村的发展，多半是集中在农业产业，或者是引入工业，对于山区来说，农业没出路，工业难发展，久而久之发展陷入困境，意识更是受到局限。我在任职屏南县委宣传部长、县政协主席期间，一直就很重视屏南地方戏曲、木拱廊桥、历史名人、红色文化、民俗文化等文化遗产的挖掘保护研究，进而到传统村落的连片整体保护。尽管早期对乡村的发展模式并不清楚，但我知道那是一笔珍贵的资源和财富。果然，屏南古村文化遗产吸引了有情怀、有理想、有远见的林正碌、程美信、张勇、陈子劲、马惠东等艺术家团队以及著名"三农"问题专家温铁军团队，于是乎，由此开出另外一扇窗，也就

有了近十年来大家共同努力创造的"屏南实践"。

2022年9月18日，我有幸参加中国西部人才开发基金会主办的第二届乡村振兴人才论坛。在论坛中，屏南乡村振兴研究院推送的《弱鸟先飞——文创＋文旅推进乡村振兴的屏南探索实践》案例，入选全国乡村人才振兴优秀案例。我作为论坛嘉宾，作了题为《不拘一格，引凤来栖——文创推进乡村振兴的屏南实践》的主题发言，分享了实践过程中人才引进、培育、稳定、发展的做法体会，引起热议。

这是我第一次结缘中国西部人才开发基金会，我为基金会能够搭建乡村治理人才研究、培养、交流平台而感到高兴，这样的平台不仅务实，也很有紧迫性和必要性。我个人有着多年的基层工作经验，在实践和理论总结的反复锤炼中，我愈加明晰：解决乡村问题的关键是人才的问题；屏南文创＋文旅、保护传统村落、激活乡村发展的实践能否取得成效，关键也还是在于人才。

本来以为论坛结束，我的任务也就完成了。没有想到，我与中国西部人才开发基金会的缘分还不止于此。2023年7月，我又一次有机会参与基金会的项目，这次是贵州省黔东南麻江县"千万工程、花园联创共富综合体"创设暨乡村治理人才培训活动。这一次，我不仅通过基金会丁文锋理事长的演讲，系统性地了解到"千万工程"的三个阶段，也体会到"千万工程·花园经验"为麻江县乡村发展带来的直接赋能作用。会上，我和安徽省岳西县毛畈村党支部书记姚有志，分享了作为基层实践者的经验，都是我们在各自领域的摸爬滚打：我介绍了屏南县传统村落文化创意产业的实践结果；姚有志介绍了毛畈村从村集体经济为零蜕变为村集体经济突破百万的产业强村故事。更有基金会的专家学者为麻江提出了诸多创造性指导意见：中国国土经济学会副会长沈泽江就名村经验思考，为麻江乡村发展方向战略思考就颇有见地；北京市烹饪协会副会长王云关于麻江特色饮食及文化的建议也很有可行性……中国西部人才开发基金会在麻江的项目，不仅仅是针对乡村治理人才的培育，更有"带富服务"的方案落地。多层次、多方面的工作必定能取得良好成效。

在活动期间，麻江的状元文化、苗族印染、织锦技艺、本草苗药等特色产业让我眼界大开。麻江县委书记唐光宏带我们参观考察了麻江蓝莓创意工坊和蓝莓基地，特别震撼。麻江建成 8 万多亩蓝莓种植基地，是中国南方最大的蓝莓种植基地县，"麻江蓝莓"成为国家地理标志保护产品和证明商标。参观时，我在心里一面暗暗惊叹，一面默默感慨屏南的高山蔬菜。屏南高山露天蔬菜种植面积几万亩，年产值 4 亿元，由于地理环境和气候优势，蔬菜成长速度慢、虫害少，环保和口感方面都更有优势，蔬菜面积产量已经是大县了。要是我们也有更多人才和更好的条件，学习麻江的蓝莓产业特别是品牌建设，做强做优做大高山蔬菜产业，那该多好啊！

2023 年 9 月，贵州省三都水族自治县"千万工程·联创共富"乡村治理人才培育计划启动，我再次有幸跟随中国西部人才开发基金会的专家们一起参与为期十多天的乡村治理人才培训工作。每次活动，尽管我是作为主讲嘉宾，但实际上，每次我都受益匪浅。在三都，我跟随专家们参观了水族博物馆，了解了这里源远流长的水族文化；和各个专家小组一起调研村庄，赵艳艳、班钢、李平、唐仕明等专家在专业领域的不同调研与研究方法，让我学到不少；三都水族自治县委常委、组织部长李自胜等领导，针对我关于人才管理方面问题的请教，事无巨细，还毫不保留地将他们一套人才引进、使用、培养的材料给了我。陆重修、潘勇竹等乡村能人的爱乡之情深深感动了我，他们充分发挥协会的作用，为家乡发展出谋出力，我还参观了乡村能人创办的教育基金会，当我奉接中和镇"荣誉镇民"时，实在是受宠若惊。

三都水族自治县关于水族人世代传承的特别刺绣艺术——水族马尾绣让我印象尤其深刻：在中和镇雪花湖社区打造了别具一格的"水族马尾绣一条街"，带动了 1 000 多位绣娘就业增收，让古老的指尖技艺变成了"指尖经济"。众所周知，传统非物质文化遗产项目，一方面很珍贵，另一方面现实境况确实是举步维艰，如果不走出一条新路子，众多文化技艺就可能会消失。屏南有很多非物质文化遗产：表演类有四平戏、平讲、木偶戏；建造类有木拱廊桥营造技艺；产业类有红粬黄酒酿造技艺等，这些非遗文化都既需要传承研习，又需要走出可持续发展传播的道路来，这样才有未来可言。

多次参与中国西部人才开发基金会的项目后，我渐渐地悟出来：过去，我们在屏南引进各种人才，并且为了留住这些人才，也致力打造灵活的政策服务、发展支持机制，这样我们才能打破僵局。我们这样的工作是一个微观区域的人才振兴工作。而中国西部人才开发基金会，联动全国的智力资源，又落地到基层培训，是在做一个系统建设与支持的工作。

由此，我便生出邀请服务队专家来我的家乡屏南调研考察的念头。一个地方要发展，人才永远都是稀缺的。有幸的是，2024年3月，在基金会的支持下，服务队的专家团队真的就来了屏南。我跟随屏南县委组织部部长吴周渺全程陪同他们，参观了仙山学习馆，走访了路下、长桥、屏城、岭下、双溪、寿山、棠口、甘棠、熙岭、黛溪等十个乡镇多个村，围绕蔬菜产业、黄酒产业、食用菌产业、乡村文创产业、电商产业以及"粮食安全与大食物观行动"、人才工作等内容进行为期4天的调研。我们县委组织部部长吴周渺召集了两场专家座谈会，专家们对屏南的人才工作方法给予了充分肯定，并且表示将经验总结推广；也对屏南的各个产业提出了提质增效的建议；专家针对屏南项目印象的"八有八缺"以及打造屏南生活馆、全域深呼吸品牌、新农人联盟等都提出了别具匠心的创见……

服务队在屏南的第一次调研，开启了基金会与屏南的第一次缘分。屏南有很多资源，既是绿色的，也是生态的；既是历史的，也是文化的，在智能时代，应该重新定位屏南乡村的价值。为了可持续的发展，我们迫切地期待，能依托中国西部人才开发基金会把外面的人才引进来，把我们本土人才的智慧利用起来，把更多乡村治理人才培养起来；也期待"千万工程·联创共富"乡村治理人才培育计划能在屏南大地上播种生根。屏南是一块包容的土地，中国西部人才开发基金会就如同春风化雨，相信通过大家共同的努力，一定会让"千万工程"的实践运用花繁叶茂，硕果累累。

小蓝莓大产业，筑起千万共富路
——麻江蓝莓发展随感

广西民族大学副教授　王金凯

蓝莓，又称蓝浆果或越橘，为杜鹃花科越橘属植物，多年生低灌木，为"十大健康食品"中唯一的水果。近年来随着人们对于健康的追求，蓝莓的市场也迎来广阔的发展空间。印象中蓝莓产业的发展于国外居多，近年来从媒体与销售终端渠道也了解到国内蓝莓产业的发展也很迅速，但到底产业发展到什么程度，有什么样的特点，也还是比较模糊。2023 年 7 月，我随服务队赶赴贵州省麻江县调研。随着调研的深入，对于蓝莓这种小小浆果的印象也逐渐清晰，对于蓝莓产业的发展脉络也逐渐清晰起来，发展情况也远超出了我的预想。

麻江县地处贵州省中部，属于亚热带季风湿润气候区，这里自 1999 年引入第一株蓝莓苗，发展到 8 万多亩，蓝莓年产量达 3.89 万吨，蓝莓种植已从麻江县发展到黔东南全州，成为当地的主导产业，并辐射带动全省种植。小小的蓝莓，在贵州已形成了具有强势发展潜力的产业。对于蓝莓产业在麻江县发展壮大的关键点，也形成了更加立体而清晰的认识。

一是蓝莓发展优势明显。由于麻江蓝莓种植环境的独特性及其品质，国家质检总局于 2016 年 7 月发布了《关于批准对麻江蓝莓等 37 个产品实施地理标志产品保护的公告》，标志着"麻江蓝莓"实施地理标志产品保护获得批准和认可，以麻江县为核心的黔东南 16 个县（市）被划为产地范围。2020 年 9 月，"麻江蓝莓"纳入第二批中欧地理标志产品互认名单，使得"麻江蓝莓"品牌知名度、品牌地位得到大力提升。

二是蓝莓科技创新驱动力强。在麻江蓝莓产业发展过程中，科技创新驱动扮演着重要角色，在贵州省科技厅、农业厅和贵州科学院的支持下，麻江县于 2015 年率先建立了中国南方第一个蓝莓工程技术研究中心——"贵州（麻江）蓝莓工程技术研究中心"，依托科研种植基地，取得了"蓝莓土壤调酸技术""蓝莓病虫害防治技术""山地蓝莓品种筛选利用""山地蓝莓标准化栽培技术"和"山地蓝莓提质增效技术"等多项蓝莓栽培与管理技术成果，为蓝莓产业的规模化发展打下了坚实基础。麻江全县采取绿色有机栽培的蓝莓基地达 95% 以上，通过有机或绿色认证的蓝莓基地达 1.4 万亩。麻江部分蓝莓品种鲜果花青素含量高达 350mg/100g，是加拿大蓝莓栽培品种花青素含量的 1.4 倍，中国北方栽培品种的 1.9 倍，日本蓝莓的 2.6 倍，蓝莓科研与技术创新积累为蓝莓产业发展注入了强大的动能。

三是政策引导力度大。麻江县草莓产业的发展，离不开各层级政府的大力支持。从 20 世纪末开始试种以来，各级政府高度重视，将麻江蓝莓作为黔东南农业主导产业来抓。国家和贵州省相继出台支持优势特色产业发展的政策，2022年，《国务院关于支持贵州在新时代西部大开发上闯新路的意见》中指出"大力发展现代山地特色高效农业，做优做精特色优势农产品，提高重要农产品标准化、规模化、品牌化水平"。根据贵州省"十四五"规划，蓝莓产业被列入贵州省"农村产业革命 12 大产业"，包括蓝莓在内的水果产业高质量发展，是实现乡村振兴和农村产业革命的重要路径，在贵州省尤其受到高度重视。蓝莓产业在今后一段时间内仍将成为麻江的农业主导产业，其提质增效的空间仍然较大。

四是产业链延伸性强。麻江县围绕蓝莓主导产业，在鲜果基础之上开展深加工，延伸产业链。现有蓝莓精深加工企业 8 家，建有蓝莓加工生产线 10 条，加工产品涉及年加工蓝莓量可达到 5 000 吨；涉及速冻果、饮料、酒、果脯、果粉等 6 大类 20 多种产品，全县 70％的蓝莓用于精深加工。2024 年，汇源蓝莓全产业链项目在麻江县开始建设，项目占地近 473 亩，总投资近 50 亿元，全部达产后可实现年产值上百亿，也必将形成更大的产业集聚效应。

五是产业融合效果明显。在麻江蓝莓产业持续延伸的同时，也持续进行产业融合发展，以蓝莓为基础的麻江蓝梦谷蓝莓景区，已成为国家 AAAA 级旅游景区，以其为核心，在周边打造了乌羊麻苗寨、河坝瑶寨、药谷江村等少数民族传统村落景点，实现了产景互动、农旅融合发展。麻江县已连续成功举办了七届蓝莓文化旅游节，蓝梦谷蓝莓森林康养基地获批国家林草局、民政部、卫健委、国家中医药管理局等四部委第一批国家级森林康养基地。以蓝莓为核心的一二三产业充分融合发展，也促进了新业态的形成，成为麻江"蓝莓内核驱动"的新质生产力。

六是共富带动效果好。蓝莓产业的持续发展也成为麻江共同富裕的有效路径，麻江已基本建成全国最大的专业蓝莓交易市场 1 个，建成 3 个万亩片乡（镇）和 17 个千亩村，培育了蓝莓企业 32 家、合作社 46 个、家庭农场及大户100 余户。以党建为引领，形成利益联结紧密的"公司＋合作社＋农户"稳定产业发展模式，带动全县 3.6 万人参与产业发展并实现人均增收 1.2 万元以上。

"麻江蓝莓"成功入选中国农业品牌公益宣展典型案例、全国"土特产"推荐名单和农业农村部品牌精品培育名单。

随着麻江蓝莓产业的全方位发展，产业的延伸与融合也更加深广。根据贵州省"十四五"规划，未来将进一步大力发展现代山地特色高效农业，优化农业产业结构和区域布局，做大做强包括蓝莓在内的十二个重点农业特色优势产业，提高产品标准化、规模化、品牌化水平，促进农业与文化、旅游、康养等深度融合，推进全产业链、全供应链、全价值链建设，拓展农民增收空间，为麻江蓝莓的进一步发展明确了方向。

2024年4月25日，国务院总理李强在麻江蓝梦谷生态蓝莓产业示范园调研，察看生产车间和产品，来到田间与正在劳作的种植户交谈，了解全县蓝莓产业发展带动农旅融合情况。相信在不远的未来，麻江蓝莓必将产生更加强劲的发展效能，促进更深远的一二三产业充分融合，形成属于麻江的新质生产力，引领带动区域奔向共同富裕。

走近乡村，感受不凡

北京联村村信息咨询中心副主任　李平

2023年，正值浙江实施"千万工程"重大决策20周年，我有幸参与了东西部几个县关于乡村振兴的系列调研活动。每次深入乡村一线调研，都会亲身体验到乡村振兴的蓬勃生机与深厚底蕴。不论是现代化的浙江农村，还是"烟火江南"的江西古村，抑或是民族味十足的贵州少数民族村寨，每次走村串寨的调研让我深刻感受到，乡村不仅是我们的根，更是我们未来发展的希望所在。

2003年6月，在时任浙江省委书记习近平同志的倡导和主持下，以农村生产、生活、生态的"三生"环境改善为重点，浙江在全省启动"千万工程"，开启了以改善农村生态环境、提高农民生活质量为核心的村庄整治建设大行动。20年的持续努力造就了万千美丽乡村，造福了万千农民群众，创造了推进乡村全面振兴的成功经验和实践范例。如何更好学习运用浙江"千万工程"经验，引导社会各方面力量共同助力乡村振兴事业，这是我们组织服务队走进乡村调研、谋划乡村发展的初衷。

乡村虽偏远，却没能挡住回去的路。调研过程中的大多数村庄地理位置都很偏远，基础设施条件远不如城市。原以为驻村的都会是父母辈的老者，却不曾想到每次交流中总会有一些年轻的身影。在他们脸上看到的不是对生活的抱怨，更多的是对建设自己家乡的热情和信心。有大学毕业就回贵州老家创业的精神小伙，没有家产继承，只为酿造出他引以为傲的水族九阡酒，带领村民一起创收；有在大城市创业打拼多年的热血返乡创业人士，响应建设家乡的号召，毅然决然地回到村里带领村民一起承包抛荒地，投资发展村庄特色产业；有社会公益人士不计回报，以文创理念激活破旧的老村，吸引了一批批热爱乡村的城里人驻村发展……每每在照片和资料中看到村庄建设前后的对比，我感受到乡村发展离不开人，离不开对这片土地爱得深沉的人。在投身乡村振兴的"新农人"心中，乡村振兴不是口号，是的智慧助力乡村换新颜的初心，是实干兴村的决心。"路漫漫其修远兮，吾将上下而求索"，和他们一样，我坚信在不久的将来，乡村将成为一个更加宜居、宜业、宜游的好地方。

乡村很"土"，却"土"得让人舒服。每到一个地方，不管村民多忙，他们都非常热情地带我们去看种在地里的果蔬，参观村庄里的建筑，拜访留村发展的大户。眼中流露出淳朴的人情味，不会过多地掩饰对开拓外部农产品市场的渴望。村干部会自信地向我们介绍农产品、当地的民俗文化，因为在他们眼中这就是最好的。为了让更多的人能够买到优质的产品，提高村民收入，他们也在积极地探索农产品如何品牌化、规模化、集约化、产业化发展；为了保护传承当地民俗文化，他们通过举办庙会、戏曲演出等活动来吸引更多的人。在实干的同时，如何高调地借助外部量，这也成为我们之间聊不完的话题。"万年清水江，千年红酸汤，百年状元府，十年蓝梦谷"的麻江，"中国最美乡村"的婺源，"中国赛马之乡"的三都，"依靠文创产业走出了具有闽东特色乡村振兴之路"的屏南，一方水土养一方物产。乡村要振兴，产业是引擎。产业振兴是乡村振兴的重中之重，因地制宜地做好"土特产"文章，不仅关乎着当地特色产业发展，还关系群众的腰包。

村庄很小，但是乡村很大。花个半小时，每个村庄都能走完。但是要真正了解熟悉乡村，再多的时间可能也不够。就像那些投身乡村振兴的"新农人"，他们用的时间也许是一生。中国有超过 5 亿人住在农村，农业农村发展问题是社会全面发展的重要部分。乡村振兴不仅是经济的发展，更重要的是乡村价值如何全面地体现。在调研中我们也发现了一些问题和挑战。比如，一些乡村的产业发展结构比较单一，缺乏多元化的经济支撑；一些乡村的基础设施很薄弱，公共服务水平有待进一步提高。这些问题和挑战为我们指明了前进的方向。振兴就是发展，发展第一动力是创新。不断探索和创新，找到适合乡村发展的新模式、新路径。

走近乡村，我感受到了乡村振兴工作的非凡意义和价值。我相信，只要我们用心去感受、去体验、去实践，就一定能够发现更多乡村振兴的闪光点和可能性。让我们一起为乡村振兴贡献自己的力量，共同书写乡村振兴的美好篇章！

向未来　创和美
——践行"千万工程"的感受

北京联村村信息咨询中心顾问　王志忠

由中国西部人才开发基金会、浙江东阳花园村组织的"千万工程，联创带富"乡村治理人才培育计划在贵州省麻江县启动，随后在贵州省三都水族自治县、江西省婺源县延伸开展，本人有幸亲历了全过程，在举国上下学习运用"千万工程"经验的背景下，这项不同于以往任何形式的活动，让我受益良多，也感触良多。从三个县域实践与探索的过程中，深刻体会到了在全国践行"千万工程"的必要性。

践行"千万工程"是解决社会主要矛盾的重要途径

"千万工程"是习近平总书记亲自谋划部署推动的一项重大决策，自 2003 年在浙江启动以来，浙江从"千村示范，万村整治"示范引领，到"千村精品，万村美丽"深化提升，深刻改变了浙江乡村面貌，形成"千村向未来、万村奔共富、城乡促融合、全域创和美"的生动局面。从浙江实践"千万工程"经验来看，尤其是深入学习了浙江省花园村、航民村的发展历程与经验后，我认为，在全国推广学习运用"千万工程"经验是可行的，也是必要的。但具体的推广和应用，则要坚持实事求是，因地制宜，而不是机械地复制浙江经验。

党的十九大报告指出"中国特色社会主义进入新时代，我国社会主要矛盾已经转化为人民日益增长的美好生活需要和不平衡不充分的发展之间的矛盾"。具体来说，随着社会的发展，人民对美好生活需要不仅体现在物质上，也体现在政治、文化、社会、生态等各个方面，并随时代的发展而不断提升和扩展。改革开放以来，我国取得了举世瞩目的发展成就，但，发展不平衡不充分的问题仍然突出，主要体现农村发展不充分，区域、城乡、行业存在差距，产业结构不尽合理，尽显"三农"是现代化的短板。这些问题制约了人民群众对美好生活的向往和追求，也影响了社会的和谐稳定与持续发展。那就必须着力解决发展不平衡不充分问题，更好满足人民在经济、政治、文化、社会、生态等方面日益增长的需要。要解决我国现阶段的这一主要矛盾，践行"千方工程"不失为一个重要途径。

农村，特别是西部欠发达的农村，普遍存在发展不充分的问题，经济与东部富裕地区存在较大差距，与城市也存在差距，这些与村民所期盼的宜居宜业和美乡村需求的矛盾较为突出，这是我国现阶段主要矛盾在农村的具体表现。

作为服务队的一员，我见证了整个团队深入麻江县、三都水族自治县、婺源县的街头巷尾，走村访户，问需于民，深入了解当地的实际情况。

在调研中发现，与花园村、航民村这些东部发达地区村庄相比，贵州麻江县、三都这些地方的乡村在脱贫攻坚战上打了漂亮仗，但在基础设施、公共服务、人居环境、产业发展和乡村治理等方面仍存在较大差距。在看到差距的同时，也应该看到，这些地方虽然经济不发达，但有良好的生态环境，物产丰富。"绿水青山就是金山银山"，这些地方的发展未来可期。更可喜的是，无论是当地干部还是群众都拿出了前所未有的热情与活力，在全力以赴向美好生活迈进，他们既不盲目悲观，也不过度自满，而是扎扎实实地在学习推广"千万工程"经验的实践行动上下功夫。

浙江"千万工程"20多年，久久为功，坚持一张蓝图绘到底。如今的贵州麻江、三都，江西婺源，福建屏南的农村与20年前的浙江农村相比，那条件不知道好了多少。只要这些地方拿出浙江二十年磨一剑的韧劲，用好"千万工程"这把钥匙，久久为功，就一定能化解上述主要矛盾，定能把乡村建设为宜居宜业和美新乡村。

我们的团队在深入借鉴浙江"千万工程"经验的基础上，并结合当地的实际情况，为这些地方的发展谋划了切实可行的方案，相信在各方的共同努力下，这些建议将会对这些乡村的建设起到积极的引导作用，推动当地的农业农村现代化进程。

乡村振兴所涉及的现实问题

在走访了三县的多个乡镇后，从一个法律从业者的角度来看，我认为这些乡村还存在如下问题和隐患。

第一、土地问题。土地问题关系到发展空间，但更牵涉国家重大粮食安全战略。为确保粮食安全供给，我国对耕地采取了严格的保护措施。乡村在发展的过程，除了农业之外，还有第二产业、第三产业的发展需求，这些就需要用到土地。在国家严格管控农用地的背景下，如何科学布局，优化产业结构，破解土地难题，是当前乡村面临的一个重要课题。

第二、村集体资产处置与效益问题。为了增加村集体、村民的收入，之前村民委员会将土地出租给他人用于开办企业，且租赁期限较长。由于企业经营不善，或停业或破产，其所租用的土地、厂房闲置，但租赁期限尚未届满，出租方又不能收回，导致土地、资产闲置。

第三、法治意识的淡薄与农民收益保障问题。村民对所承包的土地享有占有、使用、收益的权利。要发展规模农业，做大产业，需要推进土地流转，从农民手中流转土地一般采取两种形式，一是将土地直接出租，二是以土地的使用权作价入股，不论采取何种形式，都有可能存在不能收取土地流转费或分红的风险。

解决问题的方法

上述现实问题在乡村中是普遍存在的，如何解决、是否能解决将影响乡村发展。我认为做到以下两项，大方向是不会出错的。

第一、党建引领，政府协调。党组织能及时把握党的政策、路线、方针，在党组织的引领下，才能高效地执行惠民政策，将有利乡村发展的政策落到实处。

通过政府协调，才能有利于土地高效利用，农民土地顺畅流转，协调建设用地指标。

第二、加强法治宣传，为农民切实提供法律保障。土地、厂房的租赁合同必须符合相关法律的规定，这样才能有效解决问题。这就需要加强法制宣传与科普，让农民成为懂法、守法、用法的人。以合同为例，首先，合同必须合法有效；其次，合同的违约条款要明确具体；再次，农户若以土地作价入股分红的形式收取土地流转费，那就需要一个代表和维护农户权益的组织介入，因为农民个体不参与经营，不清楚其经营情况，散户维权很难。

最后，我认为，我们现在推广学习"千万工程"经验，其实是在做前人栽树的事。这种事，慢不得又急不得，必须保持历史耐心，一步一个脚印，脚踏实地，才能让小树苗长成"可乘凉的参天大树"。

上述是本人的一点感悟，由于语言表达能力有限，就谈点肤浅体会。今后要加深学习，积极参与践行"千万工程"，深刻领会"千万工程"的精髓，为乡村振兴尽一点绵薄之力。

认识乡村、服务乡村

北京联村村信息咨询中心技术总监　崔俊杰

"千万工程·联创共富"乡村治理人才培育计划是一项旨在推动社会进步、改善民生福祉的重大项目。它的实施，不仅有助于提高区域乡村基础设施建设的水平，还能够将乡村的资源整合，实现联合发展，共同富裕。作为服务队一员，我深知自己肩负的责任和使命，也深知这次服务将是一次难得的学习和成长机会。

在我有幸参与服务队工作的这段日子里，我深深地感受到了"千万工程"这一伟大工程所蕴含的巨大价值和深远意义。通过亲身参与和体验，不仅加深了对项目目标和任务的理解，还积累了宝贵的实践经验，学到了服务乡村的知识和技能。

作为一个从乡村走到城市的年轻人，我一直对乡村有着无法割舍的情怀。在大城市的生活并没有改变我的初衷，我依然庆幸自己是农村出生，保持着对乡村的那份热爱。在城市工作这几年，走过很多乡村，多是作为一个旅行者去观察中国这片土地不同乡村的历史，也感受到乡村发展的差异。在行走的过程中，逐渐产生了想要为乡村做些什么的想法，深化了自己对乡村的那份热爱。城市固然繁华，但充斥的都是拥挤、忙碌的身影。乡村不该成为人们奔向大城市的遗弃之地，我希望乡村成为人们"逃离"城市的呼吸之所。

曾经通过旅游的形式了解乡村，非常浅显，有些想法也不成熟，至于服务乡村，更是无从下手。作为服务队成员，深入乡村，让我更加了解乡村的特性，村庄在环境、产业、生活各方面的困难，也深刻体会到了团队合作的重要性。乡村的发展牵扯各方面，一条路的修整，一块土地的动用，一栋房子的重建，这些工程项目涉及多个领域和部门，需要各方紧密协作、共同努力。

乡村调研过程中，通过实地走访，虽然了解到乡村发展的一些困难，但无数的人积极地为自己的乡村付出着诸多努力。调研过后，在积极与团队成员沟通交流中，分享自己的想法和见解，同时也虚心向他们学习，不断提升自己的能力和水平。在团队协作中，我逐渐学会了如何更好地发挥自己的优势，如何更好地与他人合作，共同推动项目的进展。

同时，我深刻认识到了实践的重要性。理论知识固然重要，但只有将其付诸实践，才能真正发挥其价值。在服务地方乡村发展时，我积极将所学知识应用于实际工作中，通过实际操作和亲身体验，不断加深对理论知识的理解和掌握。我也在实践中不断反思和总结，发现自己的不足和需要改进的地方，从而不断提升自己的综合素质和各方面的能力。

在服务过程中，我学到了很多服务乡村的实用知识和技能。比如，如何与不同背景的人进行有效沟通、如何处理复杂的问题等。这些技能对于我未来的工作和生活都有很大的帮助。除此之外，我还学会了如何更好地适应不同的环境和情况，这也是非常重要的能力之一。如在三都项目推进过程中，对乡村的一些问题尚不能精准定位，对乡村建设和未来发展规划也存在较片面的认知，在团队的带领，在研讨中，渐渐对乡村有了新的认识。再到婺源县做乡村调研的时候，自己已经得心应手了，能够及时发现乡村存在的问题。

中国乡村千千万，在我们看来一些很有潜力的乡村，却面临交通不便、人才流失等各种问题，在土地运用上也存在一些不合理或者无法物尽其用的地方，也有很多有想法的村干部，却不知道怎么去实施自己的想法，乡村的发展需要久久为功，效率会受制于各种因素的影响。

我期待的乡村发展，不仅仅是产业的崛起，也不局限于简单风景的打造，而更应该贴合现代人、未来人的精神需求。乡村未来的发展之路，不仅要把流失的本村村民召回，也要做到吸引"新村民"的入驻，未来是属于未来人的，满足现在和未来人的需求才是乡村振兴的目标。产业的发展确实是最快致富的手段，但不是最终目标，在物质丰富的现代社会，更需要关注人们的精神需求。

我认为，乡村振兴不是循规蹈矩地去打造雷同的景区，或去竞争各大产业市场，乡村要依据自己的地理特色、文化、风景，去打造独具一格的新乡村形式。未来，我可以作为城市和乡村之间沟通的桥梁，我去了解现在城市人们对于乡村的需求，再把这些需求变为乡村的建设，同时把乡村的资源分享到城市，让更多人去了解乡村，为乡村引流。

最后，服务乡村，最重要的是要保持责任心和使命感，我们要时刻牢记自己的职责和使命，为人民群众谋福利、促发展。只有这样才能够真正地做好服务工作，赢得人民群众的信任和尊重。

我的联创带富之旅：融入、体验、成长

北京超选智能科技研究院策划师　李琬煜

2023年7月，在美丽的贵州省黔东南苗族侗族自治州麻江县，我有幸作为服务队的一员，参与到这个充满挑战与机遇的项目中。作为一名青年，从学校实践活动到校外乡村相关项目，我一直关心，并不断积极参与与乡村及民族文化相关的各类活动。

初识麻江：憧憬与期待

作为一名热心于乡村振兴和民族文化保护的青年，我怀着一颗热忱的心加入

了服务队，赴贵州省麻江县的贤昌村、孟江村和高枧村等村庄进行调研。在项目初期，通过与服务队各位前辈们深入交流，我对"千万工程"的地方探索，以及麻江当地乡村振兴发展有了更加深刻的理解。

了解麻江：挑战与机遇

麻江自然风光优美，民风淳朴，无论是丰厚的历史文化还是丰富的自然资源，都让人感到宁静与和谐。然而，在逐渐深入了解的过程中，我也意识到要想实现"五美乡村"、推动东西部协作、促进区域乡村振兴和乡村的中国式现代化等多个目标，面临的挑战和压力并不小，但同时也对未来的发展充满无限期待。

首先是经济发展与文化传承的平衡。贤昌村、孟江村和高枧村各自拥有独特的文化和资源，如贤昌村的锌硒米和高枧村的状元文化。但这些村落在尝试提升经济发展的同时，也面临如何有效保护和利用这些文化资源的挑战。贤昌村虽然拥有得天独厚的富含锌硒的土壤资源，却在产品品牌建设和市场推广上步履维艰，未能有效转化为经济收益。其次是基础设施的薄弱。高枧村和孟江村在基础设施方面仍显不足，如道路破损、旅游设施不完善等问题，这些都限制了这些地区的发展潜力和吸引外来投资的能力。同时，环境保护与发展的矛盾也存在。孟江村拥有丰富的自然资源和生物多样性，但如何在推动经济发展的同时保持生态平衡，是一个需要解决的重大问题。

但我也同时愈发认识到机遇一直都在。首先，是文化与经济的有机结合。尽管面临挑战，但这些村庄丰富的文化资源也是独特的发展机会。我期待通过项目的实施、落地，能够切实帮助这些村庄在保护传统文化的同时，找到发展经济的方法。其次，是村民的积极参与。村民积极参与是乡村振兴的关键。随着我们项目的逐步落地，未来一定能看到更多的本地村民被培养成为致富带头人，共同推动村庄的发展。当然，可持续的发展策略也不可忽视。在项目实施过程中，逐步探索出一套既符合当地实际情况，又能促进长远发展的模式，为麻江乃至更广泛地区提供一个乡村振兴的示范样本。

深入参与：体验与感悟

在项目的推进中，我也参与了多项活动，包括农产品的品牌化推广、文化资源的整合利用以及基础设施的改善等实地调研。以下也是我参与的村落调研的主要感受。

贤昌村：锌硒米的故乡与文化的交融。在贤昌村的调研让我深刻体会到了"资源富集不如资源利用好"的真谛。这里是中国锌硒米的重要产区，村民们以种植富含矿物质的锌硒米为生。通过与当地农户和合作社的交流，我感受到了他们对提高产品知名度和增加经济收益的迫切需求。此外，贤昌村丰富的少数民族文化和历史遗迹，如义冢碑和罗成章故居，也为村庄的文化旅游开发提供了独特的资源。但这些文化资源的保护和利用还远未达到理想的效果，急需有效的策略来挖掘其文化价值。

孟江村：生态保护与乡村振兴的实践。孟江村的调研让我对生态保护有了更加深入的认识。孟江村拥有得天独厚的自然环境和生物多样性，但也面临着环境保护与经济发展的双重挑战。在这里，我见证了村民如何在保护当地生态的同时，尝试通过发展生态旅游和绿色农业来寻找新的经济增长点。孟江村的独特之处在于他们对自然资源的尊重和利用方式，这对我理解可持续发展战略也具有重要意义。

高枧村：状元文化的传承与经济融合。高枧村的调研则更多地让我感受到文化传承的力量。作为贵州省历史上状元的故乡，高枧村不仅保留了丰富的历史文化遗产，如状元府，也在努力将这些文化资源转化为村庄发展的动力。村里通过发展与状元文化相关的文化旅游项目，吸引了大量游客，促进了当地经济的发展。此外，高枧村在推广锌硒米种植和其他农产品方面的尝试，也为我提供了如何将传统农业与现代市场需求结合的珍贵洞见。

这三个村庄作为我参与服务工作的重要部分，不仅加深了我对乡村的理解，也让我体会到了文化、经济、环境保护之间的复杂联系。每个村庄都有其独特的发展路径和挑战，而这些资源禀赋和发展规划无疑将对其未来产生深远的影响。

项目总结：感激与展望

随着联创带富活动在贤昌村、孟江村、高枧村的逐步推进，我的工作不仅让我深入了解了麻江县的地域文化和社会结构，更使我对如何在现代化大潮中，在推进乡村振兴的进程中，保持和发展乡村的传统精粹有了更深的认识和实践。

在麻江县，我深刻感受到了地方政府和村民们的热情。他们对项目的支持，使我们能够共同克服种种困难，寻找到适合各村发展的具体措施。无论是贤昌村的锌硒米品牌化，孟江村的生态保护策略，还是高枧村的状元文化传承，每一步的进展都离不开他们的共同努力。这种集体的力量和对共同目标的追求，让我对乡村振兴的道路充满了信心。

希望通过我们的努力，在麻江县的每个角落都能看到乡村振兴的成果，不仅是经济上的繁荣，更包括文化和环境的和谐发展。这个项目让我深刻体会到，真正的乡村振兴，不仅仅是改变经济面貌，更是心灵的回归和文化的提升，期待在未来的日子里，能继续与麻江村民和合作伙伴携手前行，共同书写麻江乡村发展新篇章。

第二节　参与反馈

关于"千万工程·联创共富"乡村治理人才培育计划，不同的人有不同的看待角度，本节也收录了服务队成员、几个县域各层级人员代表的一些反馈和建议，在此选几篇与读者朋友们共享。

我看"千万工程·联创共富"
乡村治理人才培育计划

麻江县委宣传部宣教中心主任　金苇苇

我是麻江县的一名干部，有幸跟随服务队到 21 个村调研，前后两周的时间，通过入村寨、走企业、看产业、访民众、问民意、召开座谈会等方式，盘点资源、广纳民意，最终形成每村一份发展建议书、"三廊一片区"4 份发展策划书。在这个过程中，感触如下。

党的二十大报告指出，加快建设农业强国，扎实推动乡村产业、人才、文化、生态、组织振兴。习近平总书记强调，乡村振兴，人才是关键。全面实施乡村振兴战略的深度、广度、难度都不亚于脱贫攻坚，对人才的需求更为广泛。因此，乡村治理人才培育显得尤为重要。一方面，我们要"积极培养本土人才"，另一方面，"鼓励外出能人返乡创业，鼓励大学生村官扎根基层"。通过内部培养、外部吸引的方式，为乡村留住人才，为乡村振兴提供智力支持、人才保障。

一要建强"组织链"，加快培养乡村治理人才工程。乡（镇）党政人才，注重选配熟悉乡村振兴、基层治理等工作的干部；村党组织带头人，要注重从本村致富能手、外出务工经商返乡人员、本乡本土大学毕业生、退役军人中培养选拔，培育农村"法律明白人""法治带头人"，培育思想政治素质好、道德品行好、带富能力强、协调能力强的优秀人才。加快培养乡村治理人才，使村"两委"班子结构大幅优化，党组织更加坚强有力。

二要聚焦"新业态"，加大产业发展人才培育力度。坚持用习近平新时代中国特色社会主义思想武装人才头脑，把提升人才队伍的基本政治素质作为人才工作的重要任务，让基层人才接受"政治体检"、打扫"政治灰尘"、净化"政治灵魂"、增强"政治免疫力"。要通过组织调训，利用党校、网络干部学院等学习培训平台，按照"干什么学什么、缺什么补什么"的原则，有针对性地开展治理能力、岗位业务、群众工作等务实管用的专题培训，通过思想淬炼、政治历练、实践锻炼、专业训练，全方位提升乡村人才的制度执行力和治理能力。要建设农村创业创新孵化实训基地，培育乡村创业创新带头人，加快培育农村电商人才，实施传统乡土人才培育行动，实施劳务输出品牌计划，培育地方特色劳务品牌。着力发掘一批能工巧匠、民间艺人、致富能手，建立具有本地独特优势的乡土人才库、农村专家站。

三要完善"服务链"，强化公共服务人才优化配置。加强乡村教师队伍建设；加强乡村卫生健康人才队伍建设；加强乡村文化旅游体育人才队伍建设，实施乡村文化人才培养工程，培养一批乡村文艺社团、创作团队、乡村文化带头人；加强乡村规划建设人才队伍建设，实施乡村本土建设人才培育工程，将乡村建设工匠纳入培训对象。完善人才激励机制，增强激励的集成性和协同性，对基层治理中做出突出贡献的各类优秀杰出人才，积极推荐表彰，真正让各类人才有地位、得保护、受尊崇、享关怀，营造出浓厚的惜才、爱才、重才、用才氛围。加强人才振兴，给乡村振兴插上智慧翅膀。

"千万工程·联创共富"
乡村治理人才培育计划有感

三都水族自治县中和镇甲化村党支部书记　陆怡

作为三都水族自治县甲化村党支部书记、村委会主任，我积极按照党和政府要求学习运用"千万工程"经验，努力推动乡村振兴。

浙江"千村示范、万村整治"工程造就了万千美丽乡村，造福了万千群众，从"千万工程"实践至今浙江农村全方面都得到了蜕变，从生态环境变美逐步到农业强、农民富，在这之前我对浙江"千万工程"的了解也就止步于此。2023年9月10日至9月17日，有幸参加了三都"千万工程·联创共富"乡村治理人才培育计划培训会，丁文峰教授，等一行专家团队为我们授课实地调研中根据不同村的情况进行不同指导。专家团队的培训、调研、策划沟通等，我有幸全程参与，就如何当好一名合格的村支部书记、村主任，如何开展群众工作、推进乡村振兴、壮大集体经济等工作，有了更为系统全面的学习和了解。

同时，我还就围绕如何立足现有资源引领乡村治理、发展壮大集体经济、做深做细群众工作、建强村党组织战斗堡垒、建设美丽村庄等方面与服务队进行了沟通交流。在这过程中，我坚持问题导向，就如何"对症下药"，立足甲化村自身发展资源、优势、区位以及当前劳动力流出、农村空心化的村情与发展的不平衡问题进行了充分交流并提出了自己的意见。

从党建引领、科技赋能、筑巢引凤、现有资源等方面进行实地调研后，专家团队根据调研情况为甲化村科学规划村庄发展方向，围绕现有资源（儿童之家、马尾绣绣娘创就业基地、幸福互助院）及参与对象（幼儿、妇女、老人）做了一系列可行性报告，让我明白了推进共同富裕，是实现乡村振兴这一目标的必经之路。乡村振兴不只是巩固拓展脱贫攻坚成果，更是完善基层治理体系、发展壮大乡村产业、聚集乡村建设人才等。民之所需，行之所至，带领村民创造幸福美好生活是我们党永恒的奋斗目标。在这过程中让我明白了差距，也让我增长了见识，也更加坚定了我工作的信心。

此次参与，对我而言具有很强的指导性和针对性，让我认清了在新时代下的农村发展，迫切需要提升自身能力素质，做到有担当、有能力、有想法、有干劲、有作为，根据自身优势做适合自己的规划，实事求是解决群众所急所盼所需。我也会不负众望，脚踏实地把本职工作做好，真正成为让组织放心、群众满意的带头人，为我村全面推进乡村振兴作出新的贡献。

婺源美丽乡村建设的几点体会

婺源县许村镇党委书记　张建华

2012 年，浙江省"千万工程"正如火如荼地开展，吸引了全国各地赴浙江学习取经。当时，我作为婺源县政府办工作人员，随同县"四套班子"考察团到浙江安吉考察学习美丽乡村建设情况。在交流座谈上，安吉县农办一位副主任向我们介绍了美丽乡村建设经验和做法，她特别提到安吉美丽乡村建设最早是到婺源来学习的。我们听了很诧异，婺源还成为过他们学习的样板！但细细想来，婺源美丽乡村建设确实起步较早，历程曲折，特别是进入新时代，在借鉴学习与自我探索中走出了一条特色化道路。

婺源特色最直接的是浓郁的徽派风貌。2023 年 10 月 11 日，习近平总书记在考察婺源县石门村时指出，婺源的美丽乡村建设做到了"把传统村落风貌同现代元素结合起来，坚持中华民族的审美情趣"，这既是对婺源美丽乡村建设的高度肯定，也是对全国各地美丽乡村建设的殷切要求。婺源作为传统徽州"一府六县"之一，徽文化底蕴深厚，徽派建筑遍布乡野。在 20 世纪 80 年代，婺源县城与集镇也曾赶过拆旧房、建洋楼的时髦，但由于婺源地处山区、交通不便以及经济欠发达等客观因素，绝大部分的村庄及徽派老房子得以保存完好。21 世纪初，婺源开始意识到徽派建筑、古村落等是发展旅游的优势资源，自觉地着手旅游业发展。在新农村建设伊始，坚持规划先行，加强管控，最大限度地保护徽派建筑风貌。无论是房屋民居，还是亭台楼阁、学校厂房，甚至水利、桥梁等基础设施都坚持做到与徽派风貌相协调，与自然山水相映衬。随着经济社会的快速发展，人们对居住环境改善的迫切需求，婺源在融合现代元素过程中，也坚守不破坏徽派古村落、徽派房屋风格的前提下进行装修改造。这也是无论你走到婺源乡村哪个角落，都是浓郁的徽派风格，加之婺源良好的生态景观，一个个"望得见山、看得见水、记得住乡愁"的老家跃入眼前。在维护徽派建筑风格的同时，婺源也注重深入挖掘徽文化内涵，整理保护婺源的非物质文化遗产，把非遗文化、民俗文化等融入美丽乡村建设及乡村旅游发展中，起到立心铸魂的作用，这也让婺源的发展探索具有可持续性和独特的文化魅力。

婺源道路最突出的是找到了保护与发展中的最佳平衡点。优良的生态和深厚的文化是婺源最大的优势和品牌，如何保护好、利用好，考验的是婺源人的智慧。特别是乡村旅游业的繁荣，婺源是怎么平衡保护与发展的关系呢？首先是法治化保护。虽然县级人大没有立法权，但婺源县人大以决议的形式出台了古村落保护、天然阔叶林禁伐、主要公路沿线及景区农民建房管理等一系列文件制度，从根本上有效地把全县人民保护文化和生态的意志转化为积极行动。卓有成效的保护让婺源县获得了首批国家级生态县、徽州文化生态保护实验区、国家级森林鸟类自然保护区、国家湿地公园、国家森林公园以及 7 个中国历史文化名村、30 个中国传统村落等众多金字招牌，这又为婺源旅游发展打响了广告、增添了光彩。其次，全县一盘棋，上下一条心。婺源以全域旅游发展为目标，全县一盘棋统筹策划规划景区景点开发。因地制宜发展自然山水、田园风光、古村落、非遗民俗、休闲康养、民宿度假、研学体验等不同类型的旅游产品，避免同质化、粗放型发展。同时，盘活优质的生态与文化资源，加大生态补偿力度，发展生态经济，让老百姓吃上生态饭，比如鄣山村发展高山有机茶业户均年收入过 5 万元。大力发展旅游商品、文创产品、民宿旅游，规范诚信发展农家乐、旅游服务业等第三产业，让老百姓真正从保护中享受到发展的成果，大坂村"传帮带"发展砚台加工业，形成了歙砚制作一条街，户均年收入过 10 万元。

婺源经验最值得推崇的是主政者的战略定力。从 2001 年江泽民同志视察婺源以来，婺源县委、县政府在美丽乡村建设中一任接着一任干，接续前行，久久为功。首先，以历史担当守望婺源的文化和生态资源，更加注重发展的后劲和潜力，不搞大拆大建，不搞所谓的"大手笔、大气魄"。婺源的财力有限，我们美丽乡村建设村庄平均每个村投入 300 万元，与浙江等地差距很大，但质效很高。

主要原因是我们结合实际，不大拆大建，而是充分发动干部群众参与的积极性和能动性，投身到人居环境整治和新农村建设中来，在村庄原有的肌理上做足"绣花"功夫，呈现婺源先人村庄规划建设精致精美的本来面貌。其次，在推进美丽乡村建设中因地制宜、突出重点、以点带面。在景区所在村、历史文化名村、中国传统村落等村庄先行开展美丽乡村建设，注重修旧如旧，保持村庄原汁原味。拆除危旧房也是严格评估，对有文物价值的以及1949年前建的老房子全面修复，对确实难以保护的房子，我们探索了"全球认领、易地搬迁"等方式，一大批老宅民宿和景观村成了游客的打卡地和旅游目的地。再次，在美丽乡村建设过程中始终重视移风易俗。先后开展了微家训、文化礼堂（新时代文明实践站）文明实践活动、"幸福来串门"等，春风化雨、以文化人，塑造良好家风、淳朴民风，展现中国最美乡村最美人形象。

婺源美丽乡村建设探索实践不仅给人民群众带来实实在在的幸福，也得到了上级的肯定和学界的认可。我在江西党校学习期间，来自浙江大学的喻景权院士多次说婺源乡村振兴和美丽乡村建设做得好，是落实习近平总书记对乡村振兴指示要求的一个很好的答案。我们完全有理由相信，美丽乡村建设的婺源道路一定会行稳致远、大放光彩！

后　记

在本书付梓之际，我们心中涌动的情感难以言表。这本书，不仅是对"千万工程"经验的解读与学习运用，也是麻江探索及其他三个县域的再实践，还是无数智慧与汗水的结晶。它凝聚了团队专家数十年的实践积累，见证了"千万工程·联创带富服务队"孜孜以求的探索过程，记录了县镇村干部上下齐心的奋斗成果，形成了多个可复制可推广的服务模式及方法，它的每一页都承载着我们振兴乡村的坚定信念，也承载着人民群众对美好生活的向往与追求。

本书力图通过系统梳理，分析"千万工程"实施的背景、策略、成效与经验，介绍学习运用"千万工程"的理念、方法、成果和突破，为读者展现一个全面而立体的实践画卷。我们不仅关注"千万工程"的直接成果，如环境改善、产业发展、治理创新等，更深入探索了其背后的理念创新、方法突破、文化传承和社会动员机制，力求为各地学习运用"千万工程"经验，全面推动乡村振兴提供参考和借鉴。

本书丰富的实践案例首先归功于服务队队员的付出，他们几乎是义务参与了"千万工程"地方探索的工作，这源于他们对乡村的热爱和情怀。这些队员包括江龙亮、周芬芳、毛加庆、郭进武、高天相、姚有志、陆崇修、李其良、张建华、艾蕊、李平、李博超、李国兵、李婉煜、王金凯、王志忠、李乐华、唐仕明、崔俊杰、侯锐、刘光，等等。

乡村治理人才培育计划的实施，离不开中国西部人才开发基金会指导，离不开基金会"筑梦工程"专项基金以及浙江花园村、航民村和山东陵阳街村等名村的公益助力，离不开北京联村村信息咨询中心、北京超选智能科技研究院等机构的组织实施，也离不开麻江县委、县政府，三都水族自治县委组织部，婺源县委组织部，屏南县委组织部和屏南乡村振兴研究院的大力支持。

对于广大读者而言，这不仅仅是一本记录过去的书籍，更是一个激发思考、启迪未来的平台。我们衷心地期望，通过这些思想理念和实践案例的分享，能够激励更多人参与到国家发展、社会进步的潮流中来，共同探索更加高效可持续、更加文明和谐的发展路径。

最后，让我们以本书的出版为契机，继续学习和运用"千万工程"经验及其背后的精神——以人民为中心，勇于创新、敢于担当等。愿我们携手并进，在新时代的征程上，创造更多的辉煌与奇迹，为推动乡村振兴和中国式现代化，贡献我们每个人的热忱和力量。

本书编委会

2024 年 5 月